多维目标单元：

孕育有结构的能力

季苹 等 著

教育科学出版社
·北京·

目　　录

总论：多维目标单元与能力结构的理论分析

　　培养能力是教育学研究的基本问题，也是教育教学实践追求的目标。但"能力"的内涵是什么？不清楚其内涵和构成，"能力"这个词就会像"悟性"和"天赋"一样，成为镜中花一般的"迷"，"能力培养"就不会成为广大教师坚信的教育目标，甚至会出现有的教师将工作重点放在寻找"好苗子"上而偏离教育的现象。让"能力"的内涵和构成变得清晰，让"能力培养"的目标可以更好地实现，是教育学研究的重要责任。通过十几年的实践和理论思考，我们认为，能力不仅与知识的构成有关，而且是有结构的，多维目标单元是孕育有结构的能力的课程与教学单元。我们将在本书中分析能力的结构，并对多维目标单元进行解释，希望对广大教育工作者有所帮助。

　　总论的内容可以划分为三个部分：第一部分（第一章和第二章）解释了目标单元在本质上是能力目标单元。首先通过"目标单元"及"多维目标单元"的提出和发展，介绍我们的研究从三维目标单元走向多维目标单元也就是能力目标单元的过程，然后将其与通常的教材单元进行对比，明确能力目标单元与内容单元的不同。第二部分（第三章和第四章）是对目标单元的意义和具体目标单元设计依据的分析。具体目标单元的设计依据是知识分析和学生研究。第三部分（第五章和第六章）是对能力目标的结构和能力的结构的分析，并由此提出多维目标单元的设计依据是能力的结构。

第 一 章

目标单元及多维目标单元的提出与发展

2001 年新课程改革启动之后，大家都认为，新课程理念很好，但转化为教师的教学实践或教学行为很难。那么，转化过程中的难点到底在哪儿？为此，在北京教育学院领导的支持下，2003 年，笔者和十几个学科的近 20 位教师开始了"新课程理念转化为优质教学实践的过程研究"的课题研究。2010 年，北京教育学院进行重点学科建设，"新课程理念转化为优质教学实践的过程研究"课题和研究团队分别升格为"学科教育学"重点学科建设研究和相应的学科建设研究团队。这个研究团队一直坚持研究至今，目标单元及多维目标单元的提出与发展是这个研究团队的重要成果之一。

目标单元是在新课程改革背景下针对三维目标的实现提出的，至今大致经历了五个发展阶段。在研究中，我们将三维目标扩展为多维目标。知识与能力的关系是我们研究的核心问题之一，"能力"是我们研究的核心概念，也是多维目标中的核心概念。随着研究的深入，能力的结构逐渐清晰，而且笔者认识到，多维目标单元设计的根本依据是能力的结构。在目标单元及多维目标单元提出和发展的过程中，大家可以看到其中的发展逻辑，从而能更好地理解本书的思想。

第一阶段（2003—2006 年）：在三维目标与课时之间的矛盾中提出目标单元

2001 年新课程改革提出了课程的三维目标：知识与技能，过程与方法，情感态度与价值观。当教研部门和学校领导提出要在教案中写出三维目标的要求时，教师们常常不知道怎么写，尤其对于"过程与方法""情感态度与价值观"这两个维度的目标认识非常模糊，不知道应该怎样表述，在不得不写的情况下，表述常常很笼统。其根本原因是教师们不理解三维目标。为此，我们课题组在三维目标的界定上展开了大量的研究工作。其中，最为重要的是三维目标之间关系的研究，尤其是知识与态度、能力之间的关系的研究。这方面的研究成果主要是教育科学出版社出版的《教什么知识——对教学的知识论基础的认识》（以下简称《教什么知识》）一书以及各学科陆续展开的知识分析案例研究。

另外，笔者还发现当时在教师的实际工作中存在着三维目标与课时教案的矛盾。教师们写的教案大多是以课时为单位的课时教案，教研部门评价教学和教学设计所依据的以及学校教学管理者要求教师写的也基本是课时教案。这样一种写教案的方式客观上也"助长了"教师对知识点的关注，使教学陷入对"微观"的追求中。可是，"过程与方法""情感态度与价值观"目标绝不是在一个课时内可以实现的，课时教案也不可能对"过程与方法"和"情感态度与价值观"目标进行教学设计。因此，在三维目标与课时教案之间形成了逻辑上的矛盾。为此，课题组提出针对三维目标应该进行单元教学设计，并开始对单元和单元教学设计展开研究。

当我们开始进行单元和单元教学设计研究时，发现"单元"早已存在，但是既有的单元与我们所期待的对应三维目标的单元不同。2005 年笔者在《基础教育课程》第八期和第九期上发表的《如何落实三维目标？（一）——对教学"单元"的再理解》和《如何落实三维目标？（二）——对"单元教学设计"的探讨》两篇文章，提出了相对于"知识单元""主题知识单元"和"主题探究单元"的新单元，即对应三维目标的单元（那时候称其为"三维单元"），并指出这种单元是实现教学目标的相对完整的单位，是教学过程的质的基本单位，是衡量教师教学和教材驾驭能力的基本单位，是课程螺旋式上升的基本单位即课程设计的基本单位。另外，笔者还提出，"三维单元"要设计两到三个维度的单元，也就是说，要以教材上的一个或几个知识单元或主题知识单元为载体，设计发展学生思维能力和情感态度价值观的几个维度的单元。几个维度的单元的长度常常是不同的。现在看来，从语言表达上虽没有明确地称其为"目标单元"而是称其为"三维单元"，但在内涵的阐述上已经是"目标单元"了，而且有了"多维"的想法。

第二阶段（2006—2009 年）：知识目标与其他目标的关系引发知识分析与多维目标研究

2006 年 7 月，"三维目标与单元教学设计的研究"被立项为北京市"十一五"教育科学重点课题，这标志着"目标单元"正式列入研究计划。

在研究过程中，我们首先遇到的问题是知识目标与其他目标的关系问题。在三维目标提出之后，目标设计成为教师教学设计的重点工作。在目标设计中，"过程与方法""情感态度与价值观"等目标的设计成为难点，常常出现"贴标签"的现象。所谓"贴标签"，就是指"情感态度与价值观"等目标与所教知识没有内在的联系。随着"贴标签"现象不断受到质疑，许多教师开始问：三维目标之间的关系是什么？

教师最熟悉的是知识教学，擅长设计知识目标。"贴标签"现象实质上就是将"过程与方法""情感态度与价值观"等目标"贴"在知识教学上。这使得知识与其他目标之间的关系，即知识与过程、方法以及知识与情感、态度、价值观等的关系，成为三维目标之间的关系的核心问题。要解决这个问题，迫使我们回到对"知识"的再次认识和理解上，开启了知识论的学习和对教学的知识论基础的思考。慢慢地，我们发现以往所说的知识主要指概念和原理，是狭义的知识，而实际上，概念原理背后的方法以及情感、态度、价值观都是知识的有机组成部分，它们共同构成广义的知识。于是，2009 年笔者出版了《教什么知识》一书，提出：一个有机的知识点包含四个层面的知识——事实性知识、概念性知识、方法性知识和价值性知识，其中，价值性知识对应"情感态度与价值观"，方法性知识对应"过程与方法"，这样，"贴标签"现象自然就不会存在了。

在随后的研究中我们又发现，实际上，"过程与方法"目标中包含着思维方法、研究方法、学习方法等维度，"知识"背后有更重要的基本概念的理解等，因此，我们提出"多维目标"并开始对其进行研究。

另外，为进一步明确与以往"教材单元"的区别，我们将这种为了实现目标而设计的单元称为"目标单元"，并初步明确"教材单元"是以内容的学习（即具体知识的学习或者主题探究过程）为目标，而目标单元则是以内容的学习为载体的。

第三阶段（2009—2014 年）：在"能力"和"健康自我"的研究中进一步扩展"多维目标"的维度并初步看到自我发展能力在能力中的轴心地位

知识与能力的关系是教育学研究的核心问题，也是笔者多年来一直关注和研究的问题。"通过传授知识培养学生的能力"一直是教育学的一个基本原理，但实际上，并不是传授的所有知识都能转变为学生的能力，因此，笔者认为，"通过传授知识培养学生的能力"是一个需要研究的问题，其核心问题是"什么知识能够转化为能力"。在西方哲学家的论述中，常常将知识的"明见性"与真理以及智力、理解力、能力对应起来。而"明见性"指的是知识如何形成，即对具体知识背后的方法和价值取向的揭示。具有"明见性"的知识是能力形成的基础，也映射了"能力"的构成要素应包含具体知识、技能、方法、情感、态度、价值观等。

2009 年，我们开始了多维目标的研究。对多维目标之间关系的研究以及对知识与能力关系的研究这两条并行的研究主线逐渐交汇，使"多维目标"与"能力"的关系更加凸显。

在"新课程理念转化为优质教学实践的过程研究"中，"知识分析"和"学生研究"很快成为我们研究的两个基础内容。道理很简单，教学就是教师将知识教给学生，因此，知识分析和学生研究必然成为教师进行教学设计的两个最基本的依据。当然，我们对二者重要性的理解绝不仅仅出于教学设计的考虑。从根本上说，学生研究是课程改革乃至教育的宗旨"为了每一个学生的发展"落实的第一步，知识分析则是实现课程的三维目标或者说能力目标的基础。

在开展学生研究的过程中，我们起初主要将学生作为"知识学习者"，后来意识到要将学生看作"人"。自从提出在"人"的层面开展研究之后，笔者逐渐聚焦到对"健康自我"的研究上，并和北京市第二期名校长工作室第三工作室的校长以及团队的其他研究人员共同展开了这一研究，于2014出版了《理解自我：教育文明的基础》一书。重要的是，随着对人的发展的丰富性的理解，多维目标拓展到更全面广泛的人的发展目标。同样重要的是，我们发现学生的自我意识和自我发展能力是学生各种能力的轴心，从此开启了对能力结构的思考。

第四阶段（2014—2016 年）：能力和多维目标在"教育性"中升华出"灵魂"和"自我"

提出目标单元时，我们认为其意义是为学生发展提供更大的空间。相对于课时的"量的单位"，目标单元是"教学过程的质的单位"，是教学设计和课程设计的基本单位。

2010 年，北京教育学院进行重点学科建设，"新课程理念转化为优质教学实践的过程研究"课题和研究团队升格为"学科教育学"重点学科建设研究和相应的学科建设研究团队。这迫使我们站在"学科教育"的高度思考学科教学。我们逐渐认识到，学科教育的教育性主要体现在通过具体知识实现学生发展的目标，于是，目标单元的意义升华为"学科教学转向学科教育的实践路径"。为什么说是"升华"？原来我们所理解的目标单元是"质的单位"或称"基本单位"，其价值主要是工具价值，而"教育性"则是精神价值和伦理价值。

学科教学的教育性要体现在教学中对学生的思想引领上，还要体现在对学生能力发展的推动上。在此，能力是以情感态度价值观为灵魂的。只有形成能力，学生才能不断发展。而在能力中，我们认为自我发展能力是轴心。"教育性"重视知识对于"自我"的意义，即讲任何一个知识点时，首先要让学生理解学习这一知识的意义。为此，我们明确提出"有意义的教学"。后来，我们进一步明确，能力的"灵魂"是情感、态度、价值观，即"有灵魂的能力"，情感、态度、价值观在多维目标中永远是灵魂目标。

"教育性"的伦理价值是重视学生自我的发展。我们一直重视学生的主体地位以及学生的主动发展，归根结底是要尊重学生作为"人"的存在。"主动"不是表面的积极，而应该是真正的"自己想要"，是自我意识的觉醒；"主体地位"不是表面上的自尊，而是能够获得属于自己的学习探索和能力发展的时间和空间，是对自我的意义和能力的认可。也就是说，不重视学生"自我"的主动不是真的主动，不重视学生"自我"在根本上就没有给学生平等的地位。尊重学生自我的教育才是真正尊重学生的教育，因此，自我意识觉醒和自我发展能力在学生发展中具有伦理的意义。教育应该是促进学生自我发展能力形成的教育，促进学生自我发展应该是教育的重要原则之一。

第五阶段（2016—2018 年）：能力结构的内涵及其与多维目标单元设计的关系逐渐清晰

2016—2018 年，一方面，"学科教育学"重点学科建设研究团队开始集中研究多维目标单元的设计和实施，多维目标之间的关系让笔者逐渐清晰地意识到能力是有结构的；另一方面，团队中历史、地理、政治三个学科的研究者还研究了另外一个问题——如何真正实现综合实践活动的"综合"，让综合实践活动聚焦"问题解决能力"。这又使笔者清楚地认识到，能力最主要的就是问题解决能力。在后来的研究中我们进一步体会和认识到：问题解决能力与自我发展能力互为表里；问题解决能力整合了观察的方法、思维的方法、研究的方法和学习的方法。联系过去在《教什么知识》中提到的"方法是由上位的概念和原理转化而来的""采用什么样的方法取决于目的和资源的状况"，能力结构的内涵逐渐清晰（能力的结构非常复杂，这里所说的"清晰"是结构大致轮廓的清晰）。

在能力结构的内涵逐渐清晰的同时，笔者意识到，具体目标单元与多维目标单元的设计依据是两个层次上的考虑：具体目标单元设计的依据是知识分析及相对应的学生研究，而多维目标单元设计的依据是能力的结构及相对应的学生研究。

第二章

目标单元是与内容单元不同的
能力目标单元

"目标"和"单元"大家都很熟悉，二者合起来的"目标单元"指什么？很多研究者和教师一看就会大概猜到其含义，并且想到"要重视目标""从长远的角度考虑教学"等说法可能与此有关。是的，"目标单元"就是这些说法的完善与落实。这些说法如果停留在愿望和想法上，就无法真正落到实处；这些说法如果只有一些优秀的教师能够自觉地领悟到，而不能成为普遍性的知识，就无法成为公共的知识。

一、直观上看，目标单元不同于教材单元

直观上看，目标单元是不同于教材单元——包括教材上的知识单元、主题知识单元和主题探究单元——的一种单元。

知识单元。过去在教学和教材的编写中，由于特别强调知识的系统性，往往是按知识的逻辑安排单元的。体系越成熟的学科，如数学、物理、化学等学科，其知识单元就越突出。由于强调知识体系的完整性，以往的语文、思想品德、体育等学科往往也会按照这样的思路编写教材并进行教学。例如，语文教材往往将相同文体的文章作为一个单元，思想品德教材往往根据德目即道德规范设计单元。这种知识单元是教师最熟悉的单元。其优点是，需要传授的知识非常清晰，单元与单元之间的边界看上去也非常清晰。教师认为

按照这样的单元教学，能够直接将逻辑严谨的知识教给学生，心里踏实。但是，在知识单元的教学中，教师的注意力集中在知识上，往往忽略学生方法①的学习和情感、态度、价值观的培养。另外，在一个知识单元中很难甚至不可能教会学生某种方法或让其形成某种态度，因为一个知识单元往往比较短，而方法学习或者态度培养需要更多的内容和更长的时间。

主题知识单元。教育改革越来越强调教育与生活的联系，强调教学要贴近学生的生活，贴近学生生活中的话题，于是出现了主题单元（也称专题单元或者话题单元），并且由于强调知识的综合性，还出现了跨学科的主题单元。主题单元教学的优点是显而易见的。但是，如何通过特定的主题落实知识的掌握、方法的获得和态度的形成，是主题单元教学设计的难点。在主题单元教学中，主题是教学的明线，而知识、方法和态度都是教学的暗线。主题教学最终要落在知识、方法和态度上，暗线更需要明确，否则会停留在主题上。可是，在实际的主题单元教学中，知识、方法和态度目标往往不明确。另外，如同在知识单元中一样，方法的学习和态度的形成也不可能在一个主题单元中完成。更重要的是，确立主题单元的目的原本是将知识教学与学生的生活经验和认知过程结合起来，但实际上，由于它刚刚从过去学科意义上严格的知识逻辑体系中脱胎出来，通过主题单元传授系统知识的目的性会更强，有时甚至成为唯一的目的，"主题单元"变成了"主题知识单元"，方法的学习和态度的培养就像在知识单元中一样被忽视了。

主题探究单元。随着探究性学习和研究性学习的开展，由于强调探究过程的完整性，从而出现了"探究单元"，也可以称为"主题探究单元"。"主题探究单元"与上面提到的"主题单元"有所不同。"主题单元"实际上是话题单元，就是围绕某个话题展开学习活动，而"主题探究单元"突出强调某个需要探究的问题和探究过程的完整性。但是，对一个问题的完整的探究过程是不是就能够完成一种研究方法的学习或者一种研究态度的培养了呢？还是不能的。例如，教师想帮助学生形成一定的调查能力和保护水资源的意识，让学生开展了"北京水资源状况调查"的探究活动。从自愿结组、确定

---

① 这里的"方法"包括思维方法、研究方法、学习方法等，后同。

研究课题到小组交流汇报，活动历时三周半，学生调查方法的学习和保护水资源的意识的培养却似乎刚刚起步。因此，一个问题的解决并不意味着某种方法的掌握和态度的形成。方法的学习和态度的培养需要更长的时间。

二、本质上，目标单元是相对于"内容单元"的"能力目标单元"

在以上分析的基础上，我们对目标单元的本质与特征做进一步的分析与概括。

我们可以感受到，知识单元、主题知识单元和主题探究单元在教学中主要考虑的是当下的任务，即直接的内容目标，而需要通过这些任务形成一定的方法和情感、态度、价值观等间接目标和根本目标或被忽视，或由于单元长度不够而无法实现。由此，我们可以进一步概括，目标单元的"目标"本质上是超越具体知识和具体教学内容的目标，更多是态度、方法和学科基本概念方面的目标，这些目标具有超越具体知识的迁移价值，是学生能力形成的关键因素，是能力目标，也是根本目标（或称间接目标）。其中，能力目标与内容目标相对应，根本目标（或称间接目标）与直接目标相对应，前者要以后者为载体。因此，我们所说的目标单元是能力目标单元，与内容单元相对应。

三、是否包含具体知识与技能是能力目标与能力的区别

说到能力目标，首先要区分能力和能力目标两个概念。二者有联系，也有区别。在知识与能力关系的探讨中，探讨的是能力，而在目标单元的研究中讨论的是能力目标。二者的内涵有所不同。其区别在于，能力目标不包括事实性知识和事实性技能，也就是具体知识和具体技能。这是一个目标与手段、目标和载体的关系的问题。目标是与手段、载体相对应的，目标是通过某种手段去实现的，是通过某种载体去体现的。相对于载体而言，目标是隐含的。具体知识是教学的直接对象，是其他目标的载体。以具体知识为目标，

就会出现"没有载体"的困境。因此，目标单元区别于以具体知识的掌握为目标的教材单元。也可以说，具体知识技能是直接的内容目标，而目标单元所指的目标是间接的能力目标。另外，能力目标与能力的区别在本质上就是能力的可迁移要素与形成要素的区别。能力的形成要素自然无法离开具体知识与技能，但其可迁移要素却一定要离开具体知识与技能。

四、具体知识背后的知识是能力目标的一个维度

说到具体知识，这里内含着一种重要的知识分类：具体知识和具体知识背后的知识。例如，学科的核心概念背后有基本概念。学科的核心概念指既是日常生活的焦点又是学科研究对象的概念，如经济学中的"商品"、数学中的"函数"、历史学中的"历史人物"、化学中的"化学反应"等。但只有理解了它们背后的基本概念，才能真正理解这些核心概念。要理解"函数"，就要理解其中包含的"变量""集合""对应""增减"等基本概念。各学科的基本概念是指在本学科长期研究和发展中逐渐形成的，体现本学科独特思维方法，对诸多核心概念具有统摄意义的概念。掌握这些基本概念对于学科的理解和能力的形成非常重要。这些基本概念是学科的基本知识。因此，通过具体知识的学习理解其背后的知识是目标单元要设计的目标，也是能力目标的内容。除了基本概念，具体知识背后还有其他类别的知识，在此不一一列举，也难以列举全面，需要大家共同探索。为了在表达上更加明确清晰，在我们的研究中将"具体知识背后的知识"称为"基本知识"，"基本知识"与"具体知识"相对应，犹如"基本概念"与"核心概念"相对应。但是，考虑到"知识"一词在理解上容易被泛化，同时考虑到如果没有理解"具体知识"背后的知识，"具体知识"会变成无根的现象，以及具体知识背后的知识本质上是概念性知识，因此，我们将具体知识背后的知识称为"基本知识"或"概念性知识"。在多维目标中，其中有一维目标就是"概念性知识"或者"概念"。

第 三 章

目标单元是教学设计、课程设计
和学科教育性的基本单位

这里所说的目标单元指的是多维目标单元中某个维度的目标单元。提出"目标单元"是为了在目标与教学设计之间建立联系，使目标成为教师教学设计的核心，从而让目标落实到教学中。那么二者之间的关系是什么呢？笔者认为，目标单元不仅是教学设计的基本单位，也是课程设计和学科教育性的基本单位。

一、目标单元是教学设计的基本单位

目标单元是由三维目标与课时之间的矛盾引发的。课时作为教学设计的基本单位无法与三维目标相匹配，那么，什么能够与之匹配呢？是目标单元。目标单元是教学设计的基本单位。

（一）目标单元是学生发展和教学过程的质的基本单位

教学的根本目的是促进学生的发展，学生发展是目标单元的本体价值。从学生发展的角度看，由于有了目标和目标单元，学生发展过程的判断就变得清晰了。也就是说，学生不再是仅仅学习具体知识和技能了，通过具体知识和技能的学习在哪方面得到了发展，经过了怎样的过程，就变得清晰了。具体说，我们可以在一节课或几节课上清晰地看到学生从此岸到彼岸即从起点到目标的发展过程。而且，只有当我们看到了学生的发展，我们才能确定与其对应的目标单元结束了。例如，当我们看到学生从最初的从自身出发考虑问题转向从他人的角度考虑问题，一个目标单元就结束了；当我们看到学生从最初的只能看见看得见的变化发展到还能"看见"看不见的变化，另一个目标单元就结束了。

目标单元不仅是学生发展的过程，也是学生发展的空间。当教师将具体知识作为教学目标时，学生学到的都是些具体的知识，而当教师将具体知识作为实现目标的载体时，学生不仅获得了具体知识，还获得了其背后更为重要的形成学生能力的知识。更重要的是，学生可以将具体知识作为载体进行更加深入的探索，并获得更加自由的探索空间。因此我们说，目标单元为学生发展提供了更大的空间。

由于为学生发展提供了相对完整的时间和空间，目标单元就成了学生发展的质的基本单位，进而也就成了教学过程的质的基本单位。质的基本单位是相对于量的基本单位"课时"而言的，也是相对于以仅仅完成当下任务为目标的内容单元而言的。"质"指的是学生某一具体能力目标的实现，可以是科学探究能力的初步形成，也可以是科学探究能力中某一维目标的实现，如在科学探究中会提出问题或者知道如何确定变量等。归根结底，"质"指的是学生发生的某个变化。只要有了相应的变化，教学过程就有了质的意义，发生变化所经历的过程就成了一个具有质的意义的单位。这里要说明的是，学生的变化要通过学生相应的发展证据体现，而不是以教师完成计划中的程序为标志。

（二）目标单元是教学设计的基本单位

既然目标单元是教学过程的质的基本单位，那它就应该是教学设计的基本单位。

过去，由于以课时为单位，教师常常习惯于平均安排每课时的知识点。而实际上，不同知识点在整个知识体系中的重要性是不一样的，其难度也是不一样的。这样平均用力必然会出现有的课时间紧而有的课时间松的情况，导致有些重点和难点得不到充分学习。如果以目标单元作为教学设计的基本单位，即把几个知识点合起来安排时间，就可以在重点和难点上多花些时间。从表面上看，时间的绝对量没变，但实际上教师对时间的安排却有了更多的自主权，时间的质的意义已经不同。实践中的长短课就是为了解决完成教学任务所需时间长短不同的问题提出的。

在此需要说明的是，以知识的重要性和难度来决定教学时间的长短是在具体知识教学层面的考虑，而以目标的重要性和难度决定教学时间的长短则是更为上位的考虑。

另外，根据知识点在知识体系中的重要性和难度考虑教学时间的长短并不是教学设计的主要内容，教学目标的确立以及目标单元的设立才是教学设计的主要内容。这里要回到对教学设计的理解。教学设计是根据课程标准的要求、教材中的知识内容和学生发展的需要，确定教学目标，再根据教学目标确定作为载体的具体知识技能，并将具体的知识技能"放进"活动与过程中。根据这样的理解，将知识内容（即使是知识体系中的重要内容）直接教给学生，是不存在教学设计的，目标以及目标实现的载体（包括具体知识技能和活动过程）的确定才是教学设计的核心内容。

确定教学目标及目标实现的载体后，要确定整个活动过程所需要的课时，即目标单元的长度。至此，完成了一个相对完整的教学设计过程。因此，我们说目标单元是教学设计的基本单位。进一步说，目标单元设计是基本的教学设计。

（三）能力目标单元设计是多个基本单位的教学设计

能力目标单元应该是多维的。如学生在学习某个运动项目的时候，必然会体验到运动的乐趣与成功、学到该运动的相关知识、基本掌握并能初步运用该运动的技术和简单战术。归根结底，学生发展是整体的，能力本身是多维目标的整合，目标单元应该有多维的设计。只是在呈现上，有的直接以多维目标单元呈现，有的则以某一目标单元呈现，其他目标以隐性的方式存在。因此，能力目标单元设计实质上是多个目标的设计，是多个基本单位的设计。

在此主要论述能力目标中某个维度的目标单元的设计，多维目标单元设计将在后面集中论述。

（四）目标单元设计需要教师具备超越教材的教材驾驭能力

目标单元设计要考虑课程标准、考试、教材和学生等多个方面。教材驾驭能力是教学设计中对教材进行处理的能力，是教学设计能力的一个有机组成部分。教材驾驭能力通常被理解为教师对教材的整合能力，其中包括去除非本质的内容、整合同类知识和相关知识等，而实际上这种意义上的教材驾驭能力只是就教材论教材的整理归类，最终仍然是以教材中的具体知识作为教学的目标。而目标单元设计则需要教师根据教材中各种促进学生发展的知识内容和学生发展的起点确定使用教材的目标，然后在教具体知识的同时实现超越具体知识的目标。这样的教材驾驭能力才是超越教材的驾驭能力，是真正的教材驾驭能力。

从教材与教学设计这个侧面，我们可以看到整体的目标单元教学设计能力。这种能力同时取决于对学科知识本质和价值的把握以及对学生发展需要的把握。例如，一位物理特级教师将系统思维作为高一物理学习的基本目标，认为有了系统思维之后，学生高二和高三的学习会相对轻松很多，事实证明确实如此。这位老师就把握了物理学科的本质，满足了学生发展的需要。

因此我们相信，通过培训帮助教师进行目标单元设计有助于提高教师的教材驾驭能力和教学设计能力。

二、目标单元是课程设计的基本单位

从课程设计的角度来说，目标单元是课程设计的基本单位。在此，你可能会有疑问：课程不是包括国家课程、地方课程和校本课程吗？课程设计怎么会以目标单元为基本单位呢？要说明的是，在此所说的课程不是指以上内容。这里需要回到对"课程"这一概念的内涵的理解。关于"课程"的定义很多，笔者更倾向于这样的界定："课程可以理解为为了实现各级学校的教育目标而规定的教学科目及其目的、内容、范围、分量和进程的总和。"[①] 这

[①] 陈侠. 课程论 [M]. 北京：人民教育出版社，1989：13.

个课程的定义包含了两个层面：一个是"为了实现各级学校的教育目标而规定的教学科目"，也就是学生在学校所学习的课程的结构，其中有国家规定的国家课程、地方规定的地方课程和学校规定的校本课程；另一个是"教学科目的目的、内容、范围、分量和进程的总和"，也就是设计任何一门课程（包括学科课程和活动课程）所要考虑的基本方面。我们在此所说的课程指的是后者。

（一）课程进程设计的基本单位是目标单元

学科课程不等于学科知识和技能，而是人类积淀下来的知识技能的课程化；活动课程不等于活动，而是活动的课程化。所谓"课程化"，就是要明确传授学科知识和技能或者组织活动的"目的、内容、范围、分量和进程"等。在上述定义中可以看到，在设计这些因素时，教育目标是设计的依据。需要补充的是，课程设计还需要考虑学生的可接受性。总的来说，课程设计要"叩两端"：一端是教育的目标，一端是学生的可接受性。学科知识"课程化"就是要根据教育目标确定学科课程目标，根据学生的可接受性及其与目标之间的关系确定教学进程，即将终极目标分解为阶段性目标，将整个教学进程分解为阶段性进程。"课程化"的核心是课程目标的确定和教学进程设计都符合学生发展规律，为学生发展服务。活动"课程化"也就是确定活动目标和活动进程的过程。从以上分析看，课程设计最终要落到"进程"以及"阶段性进程"上，"阶段性进程"就是课程的基本单位。而"阶段性进程"就是将课程总目标分解为阶段目标而形成的单元，由于总目标是长时段的目标，都是能力目标，因此，"阶段性进程"实质上就是目标单元，目标单元是课程设计的基本单位。

（二）课程螺旋式上升的基本单位是目标单元

螺旋式上升是课程设计中一直被关注的重要问题，尤其是在布鲁纳的《教育过程》一书出版之后。在布鲁纳的思想中，螺旋式上升的是什么呢？为什么要提螺旋式上升？如何实现螺旋式上升呢？在布鲁纳那里，螺旋式上升的是学科的"基本原理"、由基本原理构成的"基本结构"以及基本原理与相应的基本态度合成的"基本观念"。这里有两个词需要稍做解释。第一个是"基本的"，意思是统摄性和应用性强的。"他学到的观念越是基本，几乎归结为定义，则这些观念对新问题的适用性就越宽广。真的，这几乎是同义反复，因为'基本的'这个词，从这个意义上来理解恰恰就是一个观念具有既广泛而又强有力的适用性。"① 第二个是"基本观念"，前面说了它是由基本原理与基本态度合成的。布鲁纳是这样说的："掌握某一学术领域的基本观念，不但包括掌握一般原理，而且还包括培养对待学习和调查研究、对待推测和预感、对待独立解决难题的可能性的态度。"②

为什么这些内容要螺旋式上升呢？首先，布鲁纳认为这些内容由于其广泛的、强有力的应用性而具有一般的迁移性，因此，它们是扩大和加深知识的基础，利于理解、记忆和迁移。其次，这些内容能够缩小"高级"知识与"初级"知识的差距："现在由小学经中学以至大学的进程中所存在的部分困难，不是由于早期所学材料过时，就是由于它落后于该学科领域的发展太远而把人引入迷途。这个缺陷，可以依靠在前面讨论中所提出的在教学中强调结构和原理的办法来弥补。"③

那这些内容如何实现螺旋式上升呢？或者准确地说，基本结构和基本观念如何上升呢？实际上它就是对同样内容的理解上的上升，具体说就是思维水平的上升。这一点从布鲁纳所举例子中可见一斑："由此可见，把像欧几里得或度量几何学的教学延迟到低年级的末尾，尤其是投影几何学没有早一点教给学生，似乎是极为武断的，而且多半是错误的。物理学教学也是如此，其中不少观念可以早一些在归纳和直观的水平上，进行有益于儿童的教学。这些领域的基本概念完全可以为七到十岁的儿童所接受，倘若这些基本概念不用数学用语而通过儿童自己能触摸到的具体材料来学习的话。"④ 这段话以及布鲁纳在《教育过程》中的论述重点都是强调基本结构和基本观念的重要性以及任何年龄阶段的学生都可以通过适当的方式学习这些内容。但从话语

① 布鲁纳. 布鲁纳教育论著选［M］. 邵瑞珍，等译. 北京：人民教育出版社，1989：31-32.
② 布鲁纳. 布鲁纳教育论著选［M］. 邵瑞珍，等译. 北京：人民教育出版社，1989：33.
③ 布鲁纳. 布鲁纳教育论著选［M］. 邵瑞珍，等译. 北京：人民教育出版社，1989：37.
④ 布鲁纳. 布鲁纳教育论著选［M］. 邵瑞珍，等译. 北京：人民教育出版社，1989：49.

中我们可以看到，同样的内容，不同年龄阶段的学生以不同的思维水平理解它，因此在思维水平上是上升的。这类似于进阶，只是进阶强调的是思维水平的质的飞跃，而螺旋式上升强调的是知识教学始终注意传授基本结构和基本观念并逐渐提升学习者对它们的理解。当然，随着思维水平的提高，学习者对基本观念中的基本态度和基本原理的理解都相应发生质的提升，即笔者在《教什么知识》中提到的四个层面的同步发展，这是我们以现在的眼光对布鲁纳思想的再发现和解读。这样的上升就是教育所追求的目标，这样的上升过程由目标单元构成，因此，目标单元是螺旋式上升的基本单位。

三、目标单元是学科教育性的基本单位

在学科教学的理论研究中，学科的教育性一直是大家关注的核心内容。那么，有教育性的教学和无教育性的教学有什么区别呢？

在回答这个问题之前，先要回答一个前提性的问题：存在"无教育的教学"吗？教育史上明确提出教育性教学原则的是德国教育家赫尔巴特。他说："我得立刻承认，不存在'无教学的教育'这个概念，正如反过来，我不承认有任何'无教育的教学'一样，至少在这本书中如此。"① 赫尔巴特说的不存在"无教育的教学"指的是什么？指的是不应该存在"无教育的教学"。他说："一个青年人纯粹出于得到好处的目的想向某一位教师学习什么本领和学识，这对于教育者来说是无关紧要的，就像他选择什么颜色的衣料做衣裳一样，但是他的思想范围是如何形成的，这对于教育者来说就是一切，因为从思维中将产生感受，而从感受中又会产生行动的原则与方式。利用这种连锁反应联想出可以授予学生什么样的一切，在他的心灵中播种下什么样的一切，以及考察如何使它们相互补充，即如何使它们一个接一个地衔接起来，如何使它们能够各成为其未来出现的部分的支柱，而这一切就为教育者提出了如何处理各种事物的无穷无尽的任务，并给教育者提供了取之不竭的

---

① 赫尔巴特. 普通教育学；教育学讲授纲要［M］. 李其龙，译. 北京：人民教育出版社，1989：12.

材料。……有鉴于此，我们需要一系列教育学专著（指导人们应用某一种教养手段），但这些专著全部得极严格地按照一个计划来编著。"① 这段话说明，教师进行的教学必须是有教育性的，而且是极严格的教育性。这是赫尔巴特的理想。

从现实看，学科教学中确实存在不关注教育性的情况。不关注教育性的学科教学指教师主要关心怎么把规定要教的东西教给学生，也就是怎么教，而不太关心教什么和为什么教，即不太关注教育目标及根据教育目标对"教什么"进行选择。这样的教学是工匠式的教学，没有灵魂，没有方向，没有教育性。那什么是学科的教育性呢？有时候，人们将知识的思想性作为学科的教育性，这是学科教育性的重要内涵，但不是全部内涵，可以说是学科教育性的"狭义的内涵"。这种狭义的学科教育性停留在对给定的知识内容的思想性的挖掘。而学科教育性广义的内涵是从总的教育目标出发审视某一学科，并分析该学科对于学生发展的最大价值，从而确定该学科的课程目标，再根据学科课程目标选择相应的知识，确定相应的进程，即"目标单元"。目标单元就相当于赫尔巴特想建立的极严格的教育学的"连锁反应"。

教育性的本质内涵是促进学生积极的、正向的发展，即道德或者说情感态度价值观与学习方法、思维方法等方面的有机发展。学生在情感态度价值观方面或者学习方法、思维方法方面的一个积极的变化或者说发展就是教育性的一个基本单位。因此可以说，目标单元是教学设计的基本单位，是课程设计的基本单位，也是学科教育性的基本单位。

四、目标单元是教学设计、课程设计和学科教育性的统一体

目标单元是教学设计的基本单位，是课程设计的基本单位，又是学科教育性的基本单位，这显然会产生一个问题：教学设计、课程设计与学科教育性三者是什么关系？实际上，三者是一回事，只是视角不同而已。

---

① 赫尔巴特. 普通教育学；教育学讲授纲要 [M]. 李其龙，译. 北京：人民教育出版社，1989：12.

当教师遇到给定的课程和教材的时候，仍然需要形成自己对教育目标的理解，并结合自己对学生可接受性的理解来设计教学目标，选择和重组教材，确定教学进程，形成目标单元。这个过程既是教学设计的过程，也是教师将给定的课程构建为自己的课程的过程。这时候，目标单元既是教学设计的基本单位，也是教师课程设计的基本单位。

课程设计者设计课程的过程，本质上也是根据教育目标和学生的可接受性，设计知识技能教学的进程，只是所设计的教学进程更长，螺旋式上升的过程更长，即目标单元更长，常常要跨年级甚至跨学段。

表面上看，教师进行教学设计的目标单元与课程设计者进行课程设计的目标单元相比，前者会短，后者会更长，但实际也不尽然，这取决于教师和课程设计者的能力。有的优秀教师可以设计出跨高中三年的关于某一思维方法的目标单元，而有的课程设计者编写出来的教材却缺乏这样的高度，使得教材中各个知识点孤立存在，无法为长期持续地培养学生能力提供有力的支持。

当教学设计和课程设计将目标作为设计核心的时候，只要目标是积极的、正向的，作为教学设计和课程设计基本单位的目标单元同时也就是学科教育性的基本单位。如上文所说，教育性的本质内涵就是学生道德与学习方法、思维方法等的有机的同步的发展。那么，某一种情感态度价值观的形成就是一个衡量教育性的基本单位，某一种方法的获得也是一个衡量教育性的基本单位。

既然教学设计、课程设计和学科教育性的基本单位都是目标单元，为什么还要做出这样的区分呢？教学设计和课程设计是分别针对教师和课程设计者而言的，在二者之间进行区分是有意义的。那么，为什么要在教学设计、课程设计与学科教育性之间做出区分呢？教学设计和课程设计的基本单位主要体现的是目标单元的工具价值，而教育性的基本单位体现的则是目标单元的伦理价值和精神价值。

也就是说，目标单元是教师进行教学设计和课程专家进行课程设计的统一体，是目标单元的工具价值和精神价值的统一体。这样，目标单元就成了教学设计、课程设计和学科教育性的统一体。

第 四 章

目标单元设计的内容和依据

目标单元指的是后面要分析到的"多维目标单元"中某个具体维度的目标单元，也就是一个维度的目标单元。多维目标单元设计的内容和依据将在后面论述。

一、目标单元设计的主要内容

目标单元设计的主要内容有三个：目标的确定，教材的整合，将教材转化为"情节连续剧"。

（一）目标的确定即重点目标的确定和目标内涵的明确

目标的确定实际上是指在多维目标中确定以哪一个维度的目标为重点目标。例如，在问题探究的过程中，是以让学生学会提出问题为主要目标，还是以新知识的自主建构能力的培养为主要目标，或者主要让学生学会概念的追问？重点目标的选择和确定要看学生当时的需求。如果学生不能将新问题与已有经验和已有知识建立联系，那就将"自主建构"作为重点目标；如果学生想问问题又找不到恰当的表达方式，就以"概念的追问"为重点目标……假如确定以新知识的自主建构能力的培养为重点目标，那么，需要寻找概念与概念之间的关系，也要会提出问题，这就是重点目标与其他目标。

一旦确定以让学生学会提出问题为重点目标，就要明确这个目标的内涵，例如让学生知道什么是可研究的问题、从哪些视角提出问题等。明确了目标的内涵，才能选择相应的教材内容、设计实现目标的活动，才能观察学生、收集体现学生这种能力发展状况的证据。

（二）教材的整合是以与目标相对应的知识整合其他知识

目标确定后就要选择实现目标的载体了。任何目标的实现都离不开具体的知识，但实现不同性质的目标所需要的知识的种类和顺序安排是不一样的。情感态度价值观目标、方法目标和概念原理目标分别对应着价值性知识、方法性知识和概念性知识。

例如，"珍爱生命"的态度对应的价值性知识是：（1）生命是脆弱的，需要珍爱；（2）生命一去不复返，不能轻易放弃；（3）生命在挫折中或消亡或成长，珍爱生命要勇敢而又智慧地面对挫折和挑战；（4）生命是独特的，天生我材必有用，每个人都有自己的优势和潜能，因此不要盲目攀比，扼杀自己的生命；（5）生命是父母给予的，珍爱自己的生命是对父母亲人负责，对朋友负责；（6）将心比心，珍爱他人的生命；（7）他人与自己是命运共同体，珍爱他人的生命也就是珍爱自己的生命；（8）人的生命价值体现在对社会的贡献中，珍爱生命要体现在为社会多做贡献……在以价值性知识为直接载体时，方法性知识例如"不要攀比""对亲人负责""命运共同体"，以及概念性知识如"生命的唯一性"和"生命的独特性"等，作为支撑性的知识出现。这样，知识的安排要以价值性知识为核心展开。明确了所需要的知识以及各种知识之间的关系之后，就可以在教材中寻找相关的内容，然后围绕目标进行整合。如果觉得目标对于学生来说非常重要，但缺乏相应的知识，就可以适当补充所需知识。如果教材的侧重点不是价值性知识，那么就需要进行适当的调整。这就是目标单元设计的第二个主要内容"教材的整合"。

（三）让能力目标在"问题连续体"和"情节连续剧"中生成

教材整合和调整之后，是不是直接教教材就可以了呢？学生只有通过活动才能形成能力。因此，我们要设计一系列有逻辑的活动，我们称之为"问题连续体"和"情节连续剧"。

　　关于"情节"的提出和意义，笔者在《教什么知识》一书中以"将知识放在恰当的情节中教"①为一节的题目，并做了比较详细的论述。这些观点主要是受了布鲁纳和克伯屈的启发提出的，其意义是让知识活起来。为什么提"情节连续剧"呢？目标的实现不是一蹴而就的，其内涵的丰富度决定了所需要的情节的丰富度，也就是布鲁纳说的"一连串的情节"②。这些情节不是各自孤立的，而是有着内在联系的。实际上，情节的不断展开就是目标内涵展开和实现的过程。这是一个有内在逻辑的连续的过程，缺少任何一个环节，都会导致前后脱节，内涵缺失。

　　那么，怎么设计"情节连续剧"呢？例如，要给学生讲合理消费的基本知识，其中包含两项基本内容：一是要注意消费支出各个项目之间的适当比例，如生存性消费、发展性消费和享受性消费三方面的比例；二是要根据收入情况决定支出，避免入不敷出。对应这两项内容，可以创设以下两个连续的情节。

【情节一】

　　老师：某大学生一直期盼的歌剧《茶花女》这个月终于要上演了，但是，票价比较高，要四百多元。同学们，这位大学生在什么样的经济状况下可以去看呢？在支出上需要考虑什么呢？

　　学生讨论后回答：留下购买生活必需品的钱，留下买书以及与同学外出的钱，如果还有购票的钱，就可以去看了。（他们实际上考虑了生存性消费、发展性消费和享受性消费三个方面的比例，实现了目标的第一项内容）

---

① 季苹. 教什么知识：对教学的知识论基础的认识［M］. 北京：教育科学出版社，2009：265.
② 布鲁纳. 布鲁纳教育论著选［M］. 邵瑞珍，等译. 北京：人民教育出版社，1989：53.

【情节二】

　　老师：这位大学生留下前两方面所需要的钱后，只剩下二百多元了，可是《茶花女》的演出是很难得的，难道就这样错过吗？同学们有什么办法吗？

　　学生：可以借钱啊！

　　老师：可以吗？

　　学生：只要下个月能还就可以。（目标的第二项内容实现了）

　　从上面这个例子可以看出，设计情节连续剧的前提条件是目标的内涵非常清楚，关键是将目标内涵转化为生活中的"问题连续体"。"问题连续体"就是一个问题链，学生通过对一个又一个有内在逻辑的问题的探索构建自己的知识，同时发展自己的问题解决能力。"情节连续剧"是将知识系统中的逻辑问题转化为生活中的问题链。

　　另外，在情节连续剧的设计中，还要考虑目标的性质。上面关于合理消费的情节连续剧的活动主要是情景讨论，这是适合概念性知识的"辨别"和"抽象"，但是，其他性质的知识的学习和目标的实现所需要的学习过程就不一定是情景讨论了。对此，笔者在《教什么知识》一书中曾经做过如下分析（见表4-1）：

表4-1　不同层面知识的不同的学习过程[①]

不同层面	不同性质	不同过程
事实性知识	事实性的现象、方法和技能	观察、描述、记忆
概念性知识	事实—概括—特征	归纳、抽象、辨别
方法性知识	目的（问题）—模式—资源	反思、探究、批判
价值性知识	目的—态度—情感	体验、换位思考

---

① 季苹. 教什么知识：对教学的知识论基础的认识［M］. 北京：教育科学出版社，2009：308.

事实性知识的获得需要为学生安排重在观察、描述和记忆的情节连续剧。例如，安排学生和小狗一起玩球，让学生观察、描述和记录小狗的生活习惯。方法性知识的获得需要安排有问题的情节连续剧让学生探究解决问题的方法。例如，先让学生做一道计算题，学生会想出多种算法，然后让学生讨论哪种算法最好，学生会在讨论中经过反思和批判得出好算法的判断标准并确定最好的算法，而好的算法背后是好的思维方法。

二、目标单元设计的根本依据是知识分析和学生研究

（一）表象的、具体的依据和逻辑的、根本的依据

提到教学设计的依据，教师想到的往往是课程标准、教材、考试和学生。课程标准和考试是教师进行教学设计时必须考虑的依据，而且教师常常将二者作为工作的指挥棒，会认真地将自己的教学工作与这些依据进行对照，在心态上将自己看作执行者。教师对待教材和学生的态度同样如此。教材是教师要完成的任务，是有具体进度要求的，因而常常不能成为真正地实现目标的教学材料。学生是教师面对的工作对象，教师通常会用考试这把尺子去衡量学生的学习状况，而并不想走进学生的内心世界。教师的这种心态不是偶然的，是课程标准和考试的客观要求造成的，也是老师长期以来形成的习惯。在这样的心态下，教师进行教学设计的依据更多是表象的、具体的依据。面对这些依据，教师在认识上会有不确定感，常常会觉得对课标或者考试这样理解或者那样理解都可以，这样处理教材或者那样处理教材都可以，面对学生的问题觉得这样解决或者那样解决也都可以。认识的不确定会导致行为上的"跟风"，教师会觉得这位专家说的有道理，那位专家说的也有道理，或者觉得这种做法很好，那种做法也很好。教师对这些表象的、具体的依据会按照其"刚性"程度排序，他们最关注的是作为指挥棒的考试，其次可能是有进度要求的教材，再次就是教研部门要求研究的课程标准，而学生则可能成为他们最后考虑的因素。教师认识上的"左右摇摆""不确定"和行为上的"实用主义""跟风"显然是和他们内心的专业发展愿望、理想以及他们

深知的教育所需要的笃定相背离的。那么，怎样改变这种背离的情况呢？教师怎样才能提高工作的专业水平，怎样才能有一个笃定的心态和自我呢？那就要理解表象的、具体的依据与逻辑的、根本的依据的不同。

与表象的、具体的依据相对应的是逻辑的、根本的依据，前者是露出地面或水面的花草，后者则是它们的根。两个主根是知识和学生，相对应有两个逻辑——知识的逻辑和学生的心理逻辑。从本质上看，人类知识的发展是课程标准、考试和教材等的根本来源。课程标准是课程专家和学科专家根据时代的要求、教育目的、学科的教育价值、学科的知识结构以及学生的阶段性发展特征制定的，其中时代的要求又与知识发展密切相关，因此，知识逻辑和学生的心理逻辑是制定课程标准的根本依据，也是考虑课程标准是否需要修订的根本依据。考试和教材是课程标准的衍生物，因此其根本依据也是知识逻辑和学生的心理逻辑。

知识逻辑和学生的心理逻辑并不是一看就能了解和明晰的，教师需要经过分析和研究才能理解。就像胡塞尔提醒我们的："作为一切真理之最终基础的明见性不是一种无须经过任何方法和工艺上的筹划就会随着对事态的单纯表象一同出现的自然附加物。否则人永远也不会想到去建立科学。"[①] 因此，我们需要将知识分析和学生研究作为我们的重要工作。也就是说，目标单元设计的依据是需要进行学习和研究才能理解和掌握的。

在知识分析和学生研究的基础上，教师才能理解表象的、具体的依据，从而不会出现前面提到的认识上的"左右摇摆""不确定"与行为上的"实用主义""跟风"现象。

（二）对知识的四个层面的分析是实现具体能力目标的基础之一

知识与能力的关系问题具有重要的教育意义，也是教育领域长期探讨的问题。什么样的知识能够帮助学生获得能力的发展？这是笔者在《教什么知识》一书中探讨的核心问题。在那本书中，笔者提出，任何一个知识点都包

---

① 胡塞尔. 逻辑研究：第一卷　纯粹逻辑学导引 [M]. 倪梁康，译. 上海：上海译文出版社，2006：15.

含四个层面的知识：事实性知识、概念性知识、方法性知识和价值性知识。只有包含四个层面知识的知识点才是活的知识、有机的知识。这四个层面的知识层层递进，增进着学生的理解力，进而形成学生的能力。知识包括四个层面，技能也包括四个层面：事实性的技能以及技能背后的概念性知识、方法性知识、价值性知识。由于这个观点的提出和论述相对复杂，在此就不详细阐述了。但是，知识和技能的四个层面的分析是本书中具体能力目标实现的基础，是本书思想的理论基础之一，在后面分论部分可以看到这样的分析。如果大家想深入了解这个理论的提出和具体内涵，可以看《教什么知识》一书。

随着对知识四个层面的实践研究的深入，我们发现，在知识的四个层面中，价值性知识是"灵魂"，它往往是在事实性知识出现的时候就能让人体验到，之后会推动自我对概念性知识和方法性知识的探究。这一发现一方面在实践上证明了情感态度价值观的灵魂作用，另一方面也丰富了我们对知识的四个层面的逻辑的认识。在《教什么知识》一书中，笔者提出知识的四个层面的逻辑顺序是事实性知识、概念性知识、方法性知识和价值性知识，但现在所说的逻辑顺序是事实性知识、价值性知识、概念性知识和方法性知识。是过去的逻辑错了吗？不是，这是两种不同视角的逻辑。过去的逻辑是学习者知识产生的决定逻辑，即事实性知识是由概念性知识决定的，概念性知识是由方法性知识决定的，方法性知识是由价值性知识决定的，是相对静态的因果逻辑。现在的逻辑是学习者知识形成的先后逻辑，即最初作为现象的事实性知识唤起学习者对价值性知识的体验，推动其对现象背后的概念和原理的探究，从而获得概念性知识，现象也由于概念性知识的注入而变成事实性知识，强烈的情感态度价值观继续推动学习者对概念性知识背后的方法性知识的探究，最终形成完整的具有四个层面内涵的知识，这是人的认知的逻辑。

能力目标是多维的，每一个维度的目标的实现都需要相应的知识和技能作为基础，而知识更为基础。具体知识不包含在能力目标中，却是实现能力目标中每个具体目标的基础。例如，在数学学习中，学生的自主知识建构能力是以具体的数学问题的解决能力和自我发展能力为轴心的，包含运算能力、推理能力和倾听能力等具体能力的有结构的能力。其中每一个维度的具体能

力都需要以知识的四个层面为基础。在此以几个能力目标的四个层面的知识
基础分析为例进行简要说明（见表4-2、表4-3、表4-4）。这里是按照因果
关系的决定逻辑依次分析的。

表4-2 "问题解决"能力的知识基础分析

事实性知识	好解决的问题和不好解决的问题
概念性知识	好解决的问题就是界定清楚，明确了因果关系（自然的问题）或者目的手段关系（人和社会的问题）的问题
方法性知识	科学研究要求通过控制变量确定事物各要素的关系，明确问题的症结即产生问题的原因
价值性知识	解决问题首先要搞清楚"问题"

表4-3 "自我发展"能力的知识基础分析

事实性知识	自己推动自己发展
概念性知识	发展是自己的事情
方法性知识	自我意识是推动自己发展的前提，可以制订目标，通过目标反省自己，也可以通过自己的问题反省自己，或者将"他人"作为镜子反观自己，唤醒自我意识，推动自己发展
价值性知识	自我发展才是主动的真正属于自己的发展

表4-4 "运算"能力的知识基础分析

事实性知识	算得又快又正确
概念性知识	运算法则
方法性知识	运算法则是从经验中归纳出来或者通过逻辑推理得出来的
价值性知识	运算法则的可靠性和简便性

可能有人会问，教材不就是由知识组成的吗？分析教材不就是分析知识
吗？教材呈现的只是知识，但大多情况下呈现的只是某个层面的知识，或者
是事实性知识，如一篇很好的文章，或者是概念性知识即概念、定义、原理，
或者是某种思维方法的介绍，或者是某项发明的意义和影响等，很少有对知
识的四个层面的整体呈现。如果仅仅了解知识的一个层面，学生是无法整体

有机地理解知识的。例如，感受到文章写得很好却不理解为什么写得好（概念性知识）、怎么写出来的（方法性知识）以及这篇文章的意义价值（价值性知识），就会导致学生停留在"好"的现象感受上，不能形成阅读、写作和鉴赏的能力。了解某种概念原理即概念性知识，而不知道概念原理是如何形成的，头脑中没有生动的例子，也不清楚概念原理的意义，这种概念原理在学生头脑中是"死"的，无法灵活应用。因此，教师需要对教材中呈现的知识进行四个层面的分析，这是帮助学生完整理解知识进而形成能力的前提。

（三）在"此岸"与"彼岸"之间研究学生是能力目标设计的第二个重要基础

有的教师可能会说，课程标准、考试和教材不都是在明确学生的目标吗？这是客观的要求呀！确实如此，这些要求是现实的，但是，这是我们要求学生到达的彼岸。学生的此岸在哪里？怎么到达彼岸？这是目标单元设计的重要基础。

此岸就是学生的起点。起点指的是学生学习的现状，其中包括优势和不足。不足是指与标准相比较的差距，优势往往是超越标准的那些方面。现状的调研首先要描述状态，但更要分析现状与标准相比的差距或者超越标准之处，仅仅描述是无法确定学生发展的程度的。在面对发展有差距的学生时，要重视其优势的发现和潜能的挖掘，优势是学生推动自身克服困难、缩小差距的内在动力，如同中医通过"扶正固本"解决身体问题一样。

根据起点即现状表现出来的差距找到背后的根源很重要。造成差距的原因有个体差异，也会有共性的年龄阶段特征。因此，起点背后有两个方面的原因需要分析：一个是学生共同的阶段性发展特征，一个是学生个体的发展特点。例如，三四年级的学生正处于以形象思维为主并开始从形象思维向抽象思维过渡的阶段，因此，教师在进行教学设计时既要通过形象的方式呈现知识，又要为学生提供发展抽象思维的机会和空间。在教学过程中教师会发现，每个学生的发展特点不一样，有的学生可以直接借助符号完成从形象思维向抽象思维的发展，但有的学生需要积累更多形象才能逐渐走向抽象。

找到了起点背后的原因，就找到了促进学生发展的切入点和资源（学生自身的资源是最重要的资源），也就找到了此岸到彼岸的桥梁和路径。

课程标准、考试和教材的要求是客观的，但如果不考虑学生实际情况这个客观因素，前面三个方面的客观就会变成我们的一厢情愿的主观。我们可以将前三者称为"外在的客观"或者"社会的客观"，将学生的起点及其背后的阶段性特征和个体发展特点称为"内在的客观"或者"人的客观"。目标单元就是在这两个方面的客观之间安排合理的进阶目标和过程。

（四）知识分析与学生研究是彼岸与此岸的关系

知识分析与学生研究之间是有内在联系的。通过知识分析得出知识中蕴含的可能的多维目标，并将其作为学生发展的彼岸，然后从彼岸反观学生的起点即此岸，从而确定适合学生的目标及其实现长度，这是从彼岸到此岸再到目标的学生研究过程。例如，我们认识到，情感态度价值观是"道德与法治"这一课程的核心目标，也是"珍爱生命"这一内容的灵魂目标，于是将其作为目标即学生发展的彼岸，然后反观学生的现状，发现学生对生命的脆弱还没有体验和了解，因此，将其作为学生发展的起点即此岸。

另一种过程是看到学生的起点即此岸，然后确定要发展的彼岸，并寻找蕴含彼岸即目标的具体知识载体，整合或编写相应的教材，服务于学生发展。例如，一位教师在数学的拓展性运算知识的教学中发现，有的学生能够自主运用已有的经验和知识解决新问题、获得新知识，有的学生则不能，这是学生的现状即起点或者说此岸，该教师从中看到了学生自主建构知识这一能力发展的重要性，并将其作为学生发展的目标即彼岸，进而整合拓展性运算知识作为目标单元的内容载体。

这是两个相向的过程。前一过程是从知识和社会的角度要求学生，体现教育的社会性要求，即学生必须掌握一定的知识适应社会发展；后一过程是从具体学生的角度看发展的可能性。两个过程犹如战略和战术的关系。因此，总体的逻辑是，知识分析是学生研究的基础。

在此要说明一下，知识分析中的"知识"指的是具体知识，在很多情况下，也可能是具体的"技能分析"。

（五）学科促进学生发展的独特价值是思考学科目标单元设计的出发点

知识分析的目的是寻找知识对于学生发展的价值，而学科知识的最大价值莫过于学科对于学生发展的独特价值。

为了学生发展，认真研究学生发展的状况不就可以了吗？其实不尽然。我们先要有一个对学生发展目标的设定，然后根据这个目标即"彼岸"，看到或者说诊断出学生现在的状况即"此岸"，否则，我们缺乏诊断学生现状的依据或者说标准，对学生现状的诊断就会处于盲目的、凭感觉经验的状态。学生发展的彼岸在哪里？学生发展的目标是什么？这是关于"教育目标"的大问题。课程标准、考试和教材等都是对目标的表达。对于学科教育或者学科课程标准的制定来说，首先要思考的是，该学科对于学生发展的独特价值是什么，也就是说，该学科可以帮助学生在哪些方面得到独特的发展。每个学科都是在应对人类生存和发展的问题中形成和发展起来的，面对独特的研究对象，承担着独特的研究使命和任务，并在长期的研究和发展过程中因其独特的研究对象而形成独特的解决问题的思维方式和一整套知识技能体系，成为人类智慧的重要方面，也为人类智慧的发展做出了独特的贡献。因此，学科对于人的发展的独特价值常常受到人们的重视。因此，目标单元的目标设计的出发点实际上也是学科教育的价值聚焦点，是学科价值和学生发展的交点，归根结底是学科所贡献的独特的人类智慧和情感。例如，文学对于人类的最大贡献是对于人们情感世界的叙述，作者的思想在情感的流淌中含蓄地表达着。重视学科独特价值对于学生发展的意义，并将其作为学科教育目标最重要的内容，会最大限度地实现学科的教育性。说到这里，可能会有人问：学科教育仅仅关注学科的独特价值，而不关心一些基本的情感和思维方法的培养吗？肯定不是。任何学科都不是孤立发展的，都是在与其他学科的互动中发展的，都以基本的思维方法（如类比、分析、综合等）为基础，而基本的思维方法对于学生解决问题更具有普遍意义，不能忽视。实际上，学科独特的思维方法和一般的思维方法并不是相互平行地存在的。我们知道，每个学科的思维方法都要以一般思维方法为基础，同时又对一般的思维方法做出自己独特的贡献。例如，地理学科研究人地关系需要以系统思维为基础，历史学科研究历史事实也同样需要把它作为一个系统并将其放在更大的系统中分析其中的要素和关系；同时，地理学科的"人地系统""区域"思维和历史学科的"历史要素分析法"又丰富着一般的系统思维。

可能有人会问：学科的独特价值很多，如何把握？学科所有独特的价值都来源于其独特的研究对象和研究任务，包括学科思维和学科知识。某一学科独特的研究对象和研究任务是它与其他学科的界限所在，规定了该学科的研究方向，该学科所有的思维和知识都是朝着这个方向建构的。因此，学科的研究对象和研究任务决定了学科知识建构的方向，也决定了学科思维的目标和方向，从而决定了学科思维方法的独特性。然后，学科研究对象、研究任务和学科思维方法最终形成了学科具体知识。学科思维方法往往比较抽象，但理解学科研究对象、研究任务和学科具体知识的关系，就能看到学科思维方法。例如，化学是在原子、分子水平上研究物质的组成、性质、结构、变化及其应用的一门学科。原子、分子水平的物质组成是微观的、肉眼看不见的，要借助宏观的、看得见的现象进行研究。化学的研究对象和研究任务从一开始就决定了化学学科研究的一个基本方法：宏观与微观结合，简称"宏微结合"。在化学研究中，化学反应是一个基本问题，包括化学反应的本质和基本特征、化学反应的条件、化学反应的规律等，化学的很多知识都是围绕着对这些问题的探索而形成的。也就是说，从宏微结合的角度认识化学反应是化学学科中很多具体知识建构的方向。化学反应的本质特征是有新物质生成，在一个个具体的化学反应中，通过宏微辨析看到有新物质生成便可以判断产生了化学反应，学生掌握了这样的基本原理之后，将其贯穿在对一个又一个具体的化学反应的观察和判断中，成为化学学科特有的思维。这就是在具体知识与学科研究对象和研究任务之间"看到"的学科思维。

因此，在学习每门学科的开始，学生都应该先了解学科的研究对象和研究任务，并在今后的学习过程中逐步加深对学科研究对象和研究任务的理解。对学科研究对象和研究任务的认识和理解对于学生学科知识体系的构建和学科思维的形成具有最强的统摄性，使学科学习更为本质和经济。

教师在学科研究中深入理解学科研究对象和研究任务并深入理解具体知识与学科研究对象和研究任务的关系，就能提纲挈领地把握学科，更重要的是，教师可以将学科最有价值的思维方法教给学生，提升其解决问题的能力。

三、不同性质目标单元设计的关键及其背后共同的方法论

不同性质的目标和目标单元设计的关键是不一样的，仔细分析其不同也是我们进行具体目标设计的重要依据。在此以三维目标中的概念（狭义的知识）、方法和态度为例进行分析。

虽然不同性质的目标设计的关键不同，但它们却有着相同的方法论。其相同点在于，目标的设定不是单向度的即单方面地从所要实现的目标出发，而是要将我们的目标和学生的起点之间的差距作为具体目标，这样的目标才是有针对性的，才是在学生现有基础上的发展。在这里可能会产生一个疑问：到底是以所要实现的目标为最终目标还是以要实现的目标和学生起点间的差距为目标？这样的问题产生于形而上学唯物主义的思维，即认为物质是不依赖于人们思想的东西。笔者认为，目标是有固定内涵的，但内涵的表达不应该是脱离人心的表达，而应该是打动人心的表达，是与人有联系的，从人出发的，是历史唯物主义的。目标确定的基础仍然是前面所分析的两个根本依据：知识分析和相对应的学生研究。这种双向度的视角与单向度的视角是不同的，双向度的思维方法不是一般的方法而是方法论，是以学生为本的方法论，是尊重学生历史发展的历史唯物主义的方法论。

（一）概念目标设计的关键

概念目标设计的关键是以日常概念与科学概念的差距为目标。

教师教授知识往往会从科学概念出发，而学生理解知识或者说新的概念是从自己原有的经验即日常概念出发的。学生的内心世界不是一张白纸，虽然不知道科学概念，但常常已经具有日常概念。我们的科学概念教学不能无视学生已有的日常概念。老师们常常抱怨：这个概念讲的时候学生好像明白了，怎么过段时间就忘了呢？这种情况产生的原因可能有多种，其中一种原因就是：学生学习的时候对科学概念是理解了的，但过段时间后，由于日常概念的"惯常性"，学生自动根据日常概念来做题，结果就错了。这是不是

能归因于学生的"忘性"？其实不然，这还是因为教师的教学存在问题。在概念教学中，教师不仅需要将科学概念教给学生，还要对学生已有的日常概念进行澄清。

因此，教师在教概念的时候不能单向度地将科学概念传授给学生而无视学生的起点，实质上应该寻找学生日常概念与科学概念之间的差距，并将其作为概念教学的真正目标。因此，深刻准确地理解科学概念和了解学生的日常概念是概念目标设计的两个重要基础。例如，化学讲"燃烧"，教师要准确理解化学学科中的"燃烧"，还要了解学生日常经验中的"燃烧"。然后找到二者的差距，以二者的差距作为概念教学的目标。

（二）方法目标设计的关键

方法目标设计的关键首先是对思维方法背后的视角的理解。这里所提的方法不是由陈述性知识转化为程序性知识的具体操作方法，而是学科中重要的思维方法，例如历史学科中的多中心的或者比较的思想方法，数学中公理化的思想方法等。在所有学科的发展历史中，每一个新的、重要的思维方法都是由新的视角带来的。例如，历史学科的"全球史视角"导致了历史思维由"中心论"向"中心—边缘互动论"改变。只有弄清楚视角，才能理解新的思维方法的意义和内涵，方法目标才能明确清晰。教师要做到这一点，需要对学科发展史有一定的了解。

方法的学习如同知识学习一样，学生是从已有的思维方法出发走向科学的思维方法，因此，第二个关键是要以已有的思维方法和科学的思维方法之间的差距为目标。学生已有的可能是日常的思维方法，而日常思维通常是经验思维。教师只有清楚这种区别，才能引领学生发展。那么，经验思维与科学思维的本质区别是什么呢？经验思维本质上是刺激—反应思维。例如，在电梯上升过程中实际上有加速运动、匀速运动和减速运动三个阶段，但如果突然问到"电梯向上运动的过程中，你感觉是在做什么运动"，得到的回答可能是"加速运动"。这是因为"加速"是电梯向上运动时给人的第一刺激。科学的思维是系统思维。电梯上升有三个阶段，尤其要注意的是中间有一个匀速运动阶段。要获得这个认识，需要我们回顾整个电梯上升的过程并对这一完整的过程进行梳理总结。这个过程就是系统思维的简单形态。学生已有的思维也可能是科学思维发展中相对于要学习的思维而言前一阶段的思维，如学生在学习立体思维之前已有平面思维，在学习类比思维之前已经学过比喻这种思维方式。教师要清楚前一种思维与后一种思维的本质的不同，才能引领学生的发展。

（三）态度目标设计的关键

进行态度目标设计时，首先要明确学生已有态度与所要发展的态度之间的差距，并以此作为目标。态度的培养是具体的，态度目标的设计要与学生态度的起点和发展需要相结合。我们常常会说"这个学生学习态度不够积极"，但具体在什么方面不积极和为什么不积极，却不清楚。这样笼统的判断是没有意义的。在一节语文课上，教师特别关注了班里几位学习不积极的学生，让他们多读、多回答问题。其中有一个小男孩，据笔者观察，在课上有以下一些突出的表现：（1）每次读课文或者跟着老师读黑板上的字词时，他都是无精打采地从半截读起；（2）当老师让大家举一个生活中帮助别人自己会感到快乐的例子时，他很快举起手回答"小狗看家很快乐"，在老师课后问学生对课上哪个内容感兴趣的时候，不少同学说喜欢"小狗看家很快乐"；（3）在课后研讨会主持人告诉学生可以放松一下时，大多数学生无所事事，而他却回过头去认真琢磨起摄像机来，一直到老师喊"起立"才转过身来。这些表现说明了什么？显然不能笼统地说这个小男孩学习不积极，关键是对什么积极和对什么不积极。态度的培养应该基于这些具体的观察和分析。因此，态度目标的设计必须基于学生发展需要，基于学生实际的态度和所要发展的态度之间的差距。

态度目标设计的第二个关键是，态度目标是有机地存在于所学概念和方法中，以有机的方式让学生慢慢认识到的。笔者这里所提的态度不是抽象的，而是非常具体的。所谓具体，首先体现在所学习的知识即概念和方法中。我们通常所说的"寓思想教育于教学之中"之所以实效性不强，就是因为思想教育与课堂所学知识缺乏直接的、具体的、内在的关联。新课改之后，各学科都在课标中明确了态度目标，但课标中的态度目标在总体表述上是一般意义的。例如数学中提到的"初步认识数学与人类生活的密切联系及对人类历史发展的作用，体验数学生活充满着探索与创造，感受数学的严谨性以及数学结论的确定性"等。教师在写态度目标时往往照抄课标中的提法。这样抽象的态度目标是无法具体操作和落实的。态度只有与概念和思维方法相联系时才是具体的，也才能被学生真正地理解。例如，学生只有在各个历史时期民族融合的史实中才能具体理解民族之间相互学习的关系，逐渐建立一种开放、多元的历史观，并逐渐形成一种开放、宽容的历史态度。再比如，某学生在解关于"判断两条线是否平行"的题时，在同位角相等、内错角相等、同旁内角互补三条依据中常常只能想起其中一条或两条，大大限制了他的解题思路，当老师告诉他应该用联系的观点看这三条依据（三条依据在本质上是一个内容），从而提高了该学生的解题能力时，该学生对"联系"才有了真正的理解。

态度目标设计的第三个关键是"体验"。态度不仅是理性的产物，也是情绪情感体验的产物。态度与理性认识有关，但更与本能的情绪情感体验有关。概念和方法也需要在体验中获得，但体验对于态度目标来说尤为需要。

通常，态度的培养都是"捎带手"的，处于有意无意之间，缺乏计划性。即使有计划，也往往只有教师心里清楚并慢慢渗透在教学之中。其实，适当地和学生一起分析自己的情感态度价值观，对于学生真正成为学习的主人是非常必要的。也就是说，教师需要将学生态度的发展变化显性化，让学生真正把握自己。

第 五 章

能力目标是一个有灵魂有轴心的
结构性的多维目标系统

　　知识与能力关系的探讨明确了四个层面的知识是能力形成的基础。能力是要以有结构的知识为基础的。对能力基础的认识可以映射出能力的构成，但仍然不能代替对能力本身的认识。

　　笔者对能力目标的认识经历了由表及里的过程。在这个过程中笔者逐渐认识到，能力目标是一个有灵魂有轴心的结构性的多维目标系统。与能力目标的结构性相对应，能力是有结构的。正如前面提到的，能力的结构与能力目标的结构在构成上的差别是能力包含具体知识与技能。因此，这部分虽然标题是说能力目标是有结构的，但其实也就是在论述能力是有结构的。

　　这里所说的能力是指人的整体性的一般意义上的能力。笔者认为，人的能力是有结构的，这种稳定的结构和各维度能力的具体内涵使得能力培养有规律可循。这是本研究最重要的意义。能力的结构使得人的整体性发展有了清晰的内涵。德智体美劳各方面得到发展强调的是人的全面发展，而能力结构则重在探讨人的整体性的发展。

一、能力目标的表面结构是各种方法

　　笔者对能力目标最初的认识是，能力目标由情感态度价值观、方法、概念（具体知识背后的概念）构成，情感态度价值观是能力形成的动力和方向，方法提供了解决问题的思路，概念则是对问题本质的把握，这三者缺一不可，但后来发现，这仅仅是笔者作为研究者的看法。

在实际生活和教学中，人们考察一个人的能力，主要关注的是这个人解决问题的方法的多样性、方法应用的灵活性和准确性等，看到的是这个人所掌握的具体的知识和技能。如果根据能力目标与能力的区别，将具体知识与技能作为载体从能力目标中去掉的话，能力目标的表面结构主要是各种方法。确实，在现实生活中，人们觉得一个人有能力，常常会说这个人"有办法"或者"会动脑筋"。

作为能力目标的方法不是具体动手操作的方法，而是背后的"动脑筋"的方法。

二、基本概念和原理是能力目标中方法目标的支撑性目标

方法从哪儿来的呢？从生活的角度看，经验丰富的人方法多，方法可以从经验积累中来。这只是一种现象的描述，其本质是什么呢？经验的本质是什么呢？经验绝不仅仅是岁月的累加，而是在各种困境与问题的解决中形成的。各种方法是围绕问题解决产生的，所以，后面我们会谈到问题解决是能力的轴心。问题解决是方法产生的直接动力，那方法产生的依据和基础是什么呢？从方法产生的角度看，方法是由事物的本质属性和事物之间的本质关系决定的，而对事物的本质属性的界定就是概念，对事物之间的本质关系的认识就是原理。我们将概念和原理统称为"概念性知识"。因此，方法产生的基础是包括概念和原理在内的概念性知识。例如，物理学科周莹老师以"科学探究能力"为培养目标，要帮助学生理解科学探究过程的每个环节及其方法，包括如何提出问题、如何提出假设、如何证明以及如何解释等。科学研究方法如此丰富，怎样帮助学生把握呢？周莹老师分析说，科学探究的目的是发现规律，而规律就是系统中事物之间的本质关系，这种本质关系要通过确定变量、控制变量从而对变量之间的关系逐一进行研究才能发现。科学研究过程中所有的方法在本质上就是确定变量和控制变量的方法，这是由"规律"这个概念的内涵决定的。理解了这一点，学生就能理解和把握各种科学研究方法了。

这里的概念和原理指的是学科或者跨学科的基本概念和原理，不是具体的概念和原理。具体的概念和原理只能转化为程序性知识即具体的操作方法，而基本概念和原理则像规律一样能够生出很多方法，具有统摄性和迁移性。这样的概念性知识是能力目标的一个重要方面。上述分析再次说明具体知识背后的知识是能力目标的一个方面。

在教学中，教师对于基本概念和原理是非常重视的，只是需要对方法和概念之间的联系有更多的认识和关注。

三、能力目标以积极的情感态度价值观目标为灵魂和方向

能力目标可能会引起质疑：道德目标体现在哪儿呢？首先，能力目标包含情感态度价值观目标，这里所说的情感态度价值观指的是积极的情感态度价值观。不仅如此，情感态度价值观目标是能力目标的灵魂和方向。

情感态度价值观决定着能力实现的状态：一个很能干的人如果消极悲观，天天抱怨，将一事无成，其能力无法展现；一个对社会怀有敌意的人会做出不利于社会的事情；而热爱自然、热爱人类、热爱社会的人就会为自然、为人类、为社会努力做出自己的贡献，这样的人就是心理学家阿德勒所说的具有社会情感的人。情感态度价值观是能力的动力部分，仅有方法而没有情感态度价值观，能力就会处于潜在的状态，不会变为现实。这里的动力是精神动力，正是从这个意义上说，情感态度价值观是能力的灵魂。

情感态度价值观还决定着能力的方向：在教学实践和研究中，思维方法比情感态度价值观更受关注。然而，思维所要实现的目的规定着思维的方向，这一点往往被忽视。这里的"目的"不仅仅是做成某件事情或解决某个问题，其核心是以什么样的价值观为基础做出各种选择和决定。前者是"目标"，后者是"动机"。动机作为方向，与目标一起决定着思维方法。

四、能力目标以问题解决能力和自我发展能力为轴心

能力本质上就是问题解决能力。但是，由于以往的教学主要是直接传授

知识，而不是通过问题解决让学生获得知识，因此，当提到能力发展时，教师想到的往往是具体的观察能力、记忆能力、形象思维能力、逻辑思维能力等。这些具体能力的分类培养是必要的，但由于教师主导的惯性，学生的能力常常会处于被训练的状态，失去其主体性和整体性的发展。"主体性"大家都理解，"整体性"指的是什么？直观地说，就是不要在方方面面的发展中失去整体的发展。那"整体"是什么呢？我们可以尝试从两个层面去理解：一是在具体完成某一任务的层面上，问题解决能力整合着观察能力、思维能力等，形成有机整体；二是在人格系统的能动性的层面上，自我发展能力整合着各种具体能力，包括问题解决能力，形成有机的整体。为了更准确地表达问题解决能力和自我发展能力整合其他能力形成整体能力的作用，笔者将其形象地称为"轴心"。

在理解问题解决能力的轴心作用时，需要区分问题解决能力和问题解决。前者是能力目标，后者是能力发展的方向。前面分析过，作为目标的问题解决与作为动机的情感态度价值观，一起成为方法学习或者说能力发展的方向。因此，问题解决能力不是能力发展的方向，而是整合各种具体能力的轴心。

在这两个层面的轴心能力中，问题解决能力大家都很熟悉，需要稍做解释是自我发展能力及其轴心作用。一个人所有具体能力的能动性归根结底取决于其是否具有自发性，自我意识是否觉醒，自我概念是积极的还是消极的，自我对社会的态度是否积极，自我规划能力是否形成等。也就是说，自我的状态在根本上决定着具体能力的实现状况。一个人很有才能，但自我是消极的，能力不可能获得发展。因此，要让学生的具体能力得到发展，首先要关注的是学生自我的发展。那为什么能力目标的轴心不是自我而是自我发展能力呢？"自我"是一个中性词，我们需要的是积极的自我。积极的自我不仅是天生的、本能的、自发的（例如好奇、探究、阳光等），而且在面对困难和挫折时也能持续发展，具有以理性看待自我与他人乃至社会的关系，以建立积极的自我概念为基础，以能够不断规划自我和创造性地解决问题为外在特征的能力。积极的自我不仅对待外在世界是积极的，对待自我也是积极的，具有对自我进行探索、发现、接纳和发展的美好愿望，包括对自己各种具体能力的探索、发现、接纳和发展。美国课程专家布鲁纳曾经说过："一般说来，'发现教学'所包含的，与其说是引导学生去发现'那里发生'的事情的过程，不如说是他们发现他们自己头脑里的想法的过程。它包含鼓励他们去说，'让我停一停再考虑那个'，'让我运用自己的头脑想想看'，'让我设身处地试试'。"① 这是布鲁纳对"发现教学"的深刻的解释。这段话不仅解释了自我发展能力的内涵，还解释了问题解决能力与自我发展能力二者的关系。过去，笔者在读布鲁纳的书的时候，认为发现学习就是发现问题、解决问题的过程，后来才理解到，他所说的发现学习也是发现自我和发展自我的过程。

既然明确了这种轴心地位和作用，在所有的目标单元设计中，都要自觉地将学生的问题解决能力和自我发展能力作为轴心目标。也就是说，在目标单元的实施过程中，要让学生在问题解决的过程中发展观察能力、思维能力等，只有这样发展起来的各种能力才能都朝向问题解决，从而形成有机的整体；进一步，要让学生主动探究自我，进行自我肯定和自我反思，时刻关注自己各种能力的发展状况，确定下一步自我发展能力的发展目标。

五、学科能力是以学科研究对象和研究任务为方向构建的学科知识结构与问题解决能力和自我发展能力有机结合形成的能力

通常大家说得比较多的是"学科思维"，在此笔者用"学科能力"这一表述，是想说明存在一种整体的学科能力，它整合着各种学科思维方法或者说各种具体的学科能力。那么，这种"学科能力"凭借什么而形成，又如何整合学科的各种思维呢？笔者认为，以学科研究对象和研究任务为方向构建知识结构才能形成"学科能力"。学科研究对象和研究任务是学科与学科之间的界限。各学科的思维方法以及概念体系都是在围绕学科研究对象完成研究任务的过程中形成的。因此，只有搞清楚学科的研究对象和研究任务，并有意识地围绕学科研究对象和研究任务展开学科知识和技能的教学，学生的学科意识才是最清晰的，学科思维才会有总体的方向，学科概念体系的构建

---

① 布鲁纳. 布鲁纳教育论著选［M］. 邵瑞珍，等译. 北京：人民教育出版社，1989：342.

才有正确清晰的方向，学科知识体系才有了"金字塔"的顶层。

表5-1 以学科研究对象和研究任务为方向构建的学科知识结构基础

事实性知识	遇到某个具体问题
概念性知识	属于本学科中的什么问题（问题的概念界定）
方法性知识	可以用学科中的什么方法解决
价值性知识	从学科研究对象和研究任务的角度看这个问题是否完成了探究任务，其在学科中的意义是什么，从中能够体会到学科的什么价值

要形成学科能力，首先要求学生具有以学科研究对象和研究任务为方向的学科知识结构，然后，需要学生在实际问题解决中活化自己的学科知识结构，同时，还需要学生理解"问题解决能力"，即懂得关于"问题解决能力"的相关知识结构，这样，在面对现实生活中的综合问题时，他们才能识别学科问题，知道如何解决问题。在这背后还需要学生具有自发性、自主性等自我发展能力，只有具有自我发展能力的人才敢于自主解决问题。因此，学科能力与问题解决能力、自我发展能力是有机统一的。

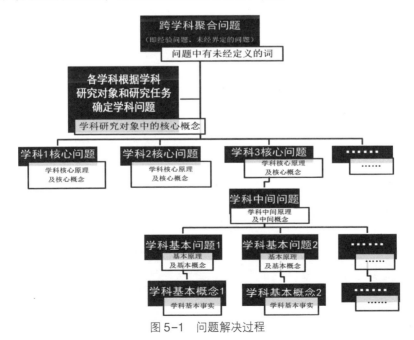

图5-1 问题解决过程

解决日常生活中各种问题的能力，即一般意义上的问题解决能力，要以学科知识和学科能力为基础。这是因为，人类的知识是以学科的方式存在的。图5-1呈现了一个现实问题（往往是跨学科问题）的问题解决过程。问题的解决归根结底要通过专家综合运用各学科的知识或者说凭借学科能力才能得以实现。

六、情感态度价值观目标本身是一个多维目标的复合体

任何人的情感态度价值观都不是单一的。以消费为例，当考虑是否为丈夫的母亲买生日礼物时，经济利益的考虑、审美观、婚姻观、道德观等成为消费观的有机组成部分。因此，情感态度价值观目标是一个多维目标的复合体。笔者同意帕森斯转述的韦伯的观点：

> 在无法找出恰当动机等主观原因的场合，也许可以以规律性来解释，而这种规律性不管有多么大的可能是正确的，仍然是不可理解的。动机是"意义的复合体"，在行动者本人或研究者看来，这种意义复合体是他的态度或行动的充分理由。对于具体行动做出正确的因果解释，是指"正确地把握了它的表面过程和动机，二者的相互关系是'可以理解的'"。①

课堂上，学生需要发展的情感态度价值观大体包括两个方面：对人和社会的情感态度价值观（希望培养学生善良正义美好的道德品质）和对所学知识与思维的情感态度价值观。前者就是立德树人，是我们在教学中特别强调的，其实现的难点是如何与具体的知识技能有机统一，与学生的生活相联系，让学生产生真实的体验，避免变成说教和贴标签。后者则常常是我们在教学中忽视的，原因是我们通常认为学习就是一件苦差事，不管喜欢不喜欢，知识技能是必须学的。从客观上来说，人的认知是在情感的推动下发生的，而

① 帕森斯. 社会行动的结构［M］. 张明德，等译. 南京：译林出版社，2003：718. 引用时有删减。

且对知识和思维的情感态度价值观也是道德形成的基础。人类的任何知识都是在解决问题的过程中形成的，是意义的产物，蕴含着情感态度价值观。只有从知识的意义开始，知识教学才是有灵魂的教学。

七、方法目标也是多维的有结构的

我们认为，方法目标包括思维方法、研究方法和学习方法三个方面。思维方法包括分析与综合、归纳与演绎、类比思维、系统思维等。研究方法包括研究过程中提出问题的方法、进行假设的方法、实验或者推理的论证方法等。学习方法包括分工与合作的方法、倾听与质疑的方法等。除了以上一般的方法，各学科还有其独特的方法，如数学学科数形结合的方法、数学建模的方法，语文学科叙事文构造的方法、情理交融的方法，历史学科的时空思维、历史要素法，化学学科宏观与微观结合的方法……这些学科思维方法是学科的宝贵财富，教师也比较熟悉，在此不再赘述。那么，上述诸多方法之间的关系和结构是什么呢？让我们站在学生的角度整理一下。

对于学生而言，他们直接面对的是学习方法问题，包括一般的学习方法和学科特有的学习方法。一般的学习方法包括上课怎么听课，下课后怎么复习和自学，如倾听的方法、交流的方法、合作学习的方法、整理总结的方法等。学科特有的学习方法指的是与学科本质相对应的方法，例如，语文学科阅读文学作品的学习方法应该是先读出文章触动情感之处，然后再体会和探究"触动"发生的原因，而不是一开始就以读出文章的道理为目标。

在学习方法中蕴含着如何提出问题（倾听和交流中）等研究方法和如何进行系统思维（整理归纳中）等思维方法。如果学习过程是问题解决过程（这是我们所倡导的学习过程），那么，学生需要学习研究过程中的研究方法，如提出问题的方法、进行假设的方法、证明的方法等，而研究方法的本质是寻找变量和通过控制变量找到变量之间的关系，从而实现获得规律的研究目的。除了一般的研究方法，还有学科独特的研究方法，如化学学科通过宏观与微观结合的方法探讨原子、分子层面的物质的组成、结构和变化。

在研究方法中蕴含着思维方法。确定变量要在系统中对各要素及其之间的关系进行分析归纳，这个过程要以系统思维、分析和归纳的思维方法为基础。化学学科中宏观与微观结合的研究方法要以学生具备将宏观与微观结合起来的思维方法为基础。

从以上分析中可以看到：（1）学习方法中蕴含着研究方法和思维方法，研究方法中也蕴含着思维方法，三者是一个由表及里的过程；（2）学习方法、研究方法和思维方法都包括一般方法和学科独特的方法。这就是目前笔者所理解的多维方法目标的结构。要说明的是，这里的方法目标中不包括具体的操作层面的方法。

八、明确能力目标的内涵与结构，使能力培养不再抽象，使人的整体性发展得以实现

通过以上分析可知，能力目标是以情感态度价值观为灵魂和方向，以问题解决能力和自我发展能力为轴心，以围绕学科研究对象和研究任务构建的学科知识结构为基础，包括情感态度价值观目标、方法目标和统摄具体知识的概念目标的有结构的目标系统（如图 5-2 所示）。

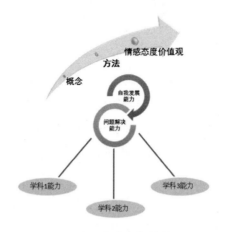

图 5-2　能力目标结构

本书分论部分的各篇文章都围绕具体的重点能力目标画出了能力目标结构图，大家可以从中体会这些图的多样性与一致性，然后再借助这些图想象

能力目标的总的结构或者说能力的结构。

明确能力的内涵和结构使得能力的培养不再抽象和神秘，而是可操作的。

培养学生的能力可能是教育教学领域最常见的说法之一，但其实现状态难以评价，而且总是不能令人满意。这与"能力"一词内涵的笼统有关。"能力"一词内涵的笼统使得能力培养难以落实到操作上。每一种重点能力目标的内涵不同，但是其能力的结构都是一样的。因此，当我们需要培养某一种能力的时候，我们只要分析其具体内涵及所需要的其他支撑性目标，从而形成对能力结构的认识并做出相应的设计就可以了。这就提供了让"能力"从笼统到具体化的路径。例如，数学学科要培养学生的解题能力，那我们就围绕学生的解题能力，分析其中的情感态度价值观、方法和基本知识的具体内涵是什么，以及学生对自己上述具体能力的觉察、认知和自己做出的能力发展规划。再如，英语学科要培养学生边听边记录信息的能力，由于它是听力的操作性表现，要以学生意识到它对提高听力水平大有裨益为前提条件，要让学生认识到它需要以对语言知识和文章结构的理解为基础，并让学生在此基础上诊断出自己的真正问题，做出该能力的发展规划。从中我们可以看到，提高学生边听边记录信息的能力的整个过程都伴随着自主学习能力的提升，说明前者是以后者为支撑的，二者是同步发展的。从上述两个例子的分析中可以看到，重点能力目标的具体内涵不同，但能力的结构总体上是一样的。

由于能力目标是有灵魂、有轴心、有结构的"多维目标"，在设计目标单元的目标时就需要认真考虑这些不同维度的目标之间的有机联系。在实践中，有侧重地考虑某个维度的目标，从研究的角度和教师发展的角度（教师需要从设计某个能力目标逐渐发展到设计能力的多维目标）来看是可以理解的，但绝不能忽视多维目标之间的关系，否则，能力目标是无法实现的。

笔者认为，人的有结构的能力是人整体性的一种具体体现。人的整体性可能还会体现在其他方面，但可以肯定，能力的结构或者说有结构的能力是人的整体性的重要内涵。具体来说，由于人的能力是有结构的，因此，无论要培养哪一种具体能力，使之真正成为人的能力，必然也要发展相关的能力，使之牢固地建立在能力结构中。这就是整体性。

第 六 章

设计能够孕育能力的多维目标单元

能力是有结构的，因此需要一个能够构造出这种结构的课程和教学模型，立体的多维目标单元就是这样的模型。多维目标单元的设计要对应能力的结构，才能孕育出有结构的能力。也就是说，多维目标单元设计的依据是能力的结构。

一、多维目标单元的内在结构和机制对应着能力的结构

在进行目标单元设计时，老师们问：目标是多维的还是一维的？多维目标单元的结构就从这个问题说起吧。

（一）"目标是多维的还是一维的"本质上是多维目标与重点目标的关系

能力目标单元应该是多维的。如在学生学习某项体育运动的时候，必然会体验到运动的乐趣与成功，学到该项运动的相关知识，基本掌握并能初步运用该运动的技术和简单战术。可是，在实际教学中，目标也可以是一维的。既然能力目标应该是多维的，怎么理解"一维目标"的合理性呢？在某个阶段，学生的困惑会聚焦到某个方面，学生的精力也需要集中于某个方面，也就是说，在某个阶段，某个维度的目标成为重点目标，而其他目标则作为辅助性的目标或者隐性目标（如自我发展能力往往是隐性目标）发挥作用。这并不意味着其他目标不存在了，只是某一维度的目标是重点目标和显性目标，

而其他目标是辅助性目标和隐性目标。

即使主观上想设计多维目标单元，在某个阶段也会以某个维度的目标作为重点目标和显性目标。以体育学科潘建芬老师设计的"篮球体前变向换手运球"多维目标单元为例，设计者提出，初一年级的多维目标设计中，技术技能目标（绕固定障碍物练习中能够做出正确的动作）是重点，认知和体能、身体技能目标是基础，自我效能目标是方向。初二年级的多维目标设计中，战术技能目标（在比赛和游戏中正确判断运用技术技能的时机）是重点，认知和技术技能目标是基础，情境中的角色决策目标是方向。初三年级的多维目标设计中，技术技能综合运用目标（熟练掌握持球起动、标志杆之间变向换手、折返处转身、终点冲刺等几个环节的动作技术）是重点，身体技能和规则意识是基础，战术技能运用是方向。

尽管阶段性目标的侧重点会有所变化，但总的来说，多维目标的重点目标前后保持一致。还以上面的例子来解释，"篮球体前变向换手运球"始终是重点目标，只是这个目标在各阶段的具体内涵有所不同：在初一年级这一目标的内涵是"绕固定障碍物练习篮球体前变向换手运球"；在初二年级它的内涵是"在比赛和游戏中正确判断运用篮球体前变向换手运球的时机"；在初三年级它的内涵是"熟练掌握运球的持球起动、标志杆之间变向换手运球、折返处转身变向换手运球、终点冲刺变向换手运球"等。

（二）重点目标的确定和设计要兼顾学生能力发展的长远需要和当下学生发展的需要

重点目标的设计是目标设计中的关键。只有重点目标确定了，才能明确所需要的其他辅助性目标，才能明确多维目标单元的总长度（后面将分析到多维目标单元的长度取决于重点目标的长度）。

那么，怎么确定重点目标呢？确定重点目标的依据是社会发展对学生的客观要求、学生终身可持续发展的需要、学科对学生发展的价值和当下学生发展需要的结合。从社会发展对学生的客观要求来看，问题解决能力就是社会要求学生发展的重点目标；从学生终身可持续发展的角度看，自我发展能力及其之下的自主学习能力以及自主建构知识的能力等是学生发展的重点目标；考虑学科对学生发展的价值，如在化学学科中，宏观与微观结合的化学思维是学生发展的重点目标。从以上三个角度提出的重点目标都是考虑学生长远需要的目标，这些目标非常重要，但如果与当下学生发展的需要脱节，学生无法感受和理解这些目标的意义，它们就难以成为学生愿意为之努力的目标。那么，如何处理长远目标和当下学生发展需要的关系呢？

目标有长期、中期和短期之分，而且重点目标在不同阶段的具体内涵是不一样的。例如，在问题解决能力目标的实现过程中，是先以新知识的自主建构能力的培养为主，还是先以理解提出问题的意义为主，抑或是先让学生学会概念的追问？这要根据当时学生的发展需要来定。如果学生表现为不自主，就以"自主"为目标；如果学生想问问题又找不到表达的途径，就以"概念的追问"为目标……数学学科顿继安老师在学生解决拓展型运算问题的过程中看到了学生"缺乏自主"的现象，就将"自主建构知识的能力"作为重点目标，这是"长远目标"问题解决能力与当下学生发展需要结合的结果。顿继安老师确定以"自主建构知识的能力"为重点目标，还考虑到了自我发展能力在学生发展中的重要作用即在能力目标中的轴心作用。短期目标回应当下学生发展的需要，是对学生的尊重，也是实现长期目标最有效的载体，往往也是长期目标的重要内涵之一。中期目标是思考长期目标与短期目标之间的关系之后设计的进阶目标。例如，化学学科何彩霞老师同样非常重视问题解决能力的培养，同时从学科知识结构出发，又非常重视对学科基本概念和原理的理解。如何兼顾这两个方面的目标，还能考虑到当下学生发展的需要呢？何老师根据自己对学生的观察，发现学生在解决问题时常常没有思路，因此将"问题解决能力"具体化为"促进学生形成解决问题的思路"。"是否发生化学反应"是化学学科的基本问题之一，何老师将这个问题作为学生探究的问题，与"形成解决问题的思路"相结合。为了让这个基本问题的研究可操作，又将其具体化为"实验探究化学反应发生的证据"，这恰恰是学生化学学习中的难点。

（三）确定重点目标还要考虑其可操作性

目标与目的不同，目的相对而言属于认识层面的，而目标则要直接引领实践并要在实践中实现，因此，其内涵要明确，要具有可操作性。例如，英语学科重视学生听力的发展，但是如果以"听力发展"为目标，显然缺乏可操作性，李宝荣老师将培养学生边听边记录信息的能力作为目标，就使得听力发展有了可操作性。再如，学习历史学科是为了理解和掌握历史规律，历史规律即"历史阶段特征和发展趋势"，但方美玲老师却以"历史要素分析法"为重点目标，这是因为"历史阶段特征和发展趋势"要通过"历史要素分析法"逐渐归纳总结得出，前者是历史研究和学习的结论，后者则是获得结论的方法，更具有可操作性。

目标的可操作性意味着目标中包含着明确的要素、技能、措施和过程等有形的东西。例如，"边听边记录信息的能力"中显然包含"信息"这一要素、"听"的过程、"记录"的方法。

目标的可操作性也使得目标与问题解决能力接近，更有利于学生能力的培养。

（四）重点目标与辅助性目标有着特定的内在关系和结构

在多维目标的设计和实施中，我们要注意的是重点目标和辅助性目标之间的内在关系。

看上去是"辅助"，但如果是情感态度价值观目标，这个目标必然是灵魂目标。缺失这个灵魂目标，能力无法生成。例如，没有自信的态度，学生就不可能有自主建构的动力，不可能有自主尝试应用已有知识解决新问题的能力。没有对人地关系的认识，学生就不能形成动态理解地理位置的思维。

看上去是"辅助"，如果是自我发展能力目标，它仍然是轴心目标。例如，以提高听力为重点目标的单元设计必须要以自我发展意识和自主学习能力为辅助性目标，但这个"辅助"实质上却起着轴心的作用。没有学生自我意识的唤醒，学生意识不到自己听力中的真正问题所在和发展的可能性，就不可能提升自己的听力。

这些目标与重点目标的关系绝不像看上去的"辅助"那么简单，而是有内在特定的关系和结构。也就是说，能力的结构或者能力目标的结构是相对稳定的。

（五）多维目标单元的内在结构依据是能力的内在结构

多维目标单元的内在结构是设计者根据能力的内在结构去设计的。如果我们的设计真的符合能力的内在结构，那多维目标单元便能够孕育出能力，否则就难以实现。因此，多维目标单元要根据能力的结构进行设计。

前面分析过，能力在本质上就是问题解决能力。能力的内在结构具有相对稳定性。首先，缺失某种具体能力不能形成最终的问题解决能力，忽视某些具体能力之间的关系也不能形成问题解决能力。以往的能力培养比较关注具体能力的训练，但忽视了具体能力之间的关系和结构。具体能力之间的关系和结构在根本上是服务于问题解决能力的，是以问题解决能力为轴心发挥作用的。其次，推动学生努力解决问题的动力最初是好奇心，但随着问题解决过程中各种困难的出现，学生对问题解决的意义的理解即情感态度价值观将成为更持久的推动力，情感态度价值观成为问题解决能力的灵魂。再次，问题解决的过程是一个动态的过程，随时会出现各种问题和机遇，学生需要自主觉察、自主分析、自主规划，而不能像听课那样被动接受，自我是真正能够掌控这个动态过程的人。因此，自我发展能力是问题解决能力背后的支撑性能力，与问题解决能力形成表里关系。最后，问题解决能力要经历提出问题和假设、设计研究方案、实验和论证、结果解释等各个环节，每个环节都需要具体的能力作为支撑，而每种具体能力又都需要以知识技能为基础。这些知识技能中有的是具体的知识技能，有的则是具体知识技能背后的知识和方法，如学科的基本概念和思维方法，甚至是跨学科的一些重要方法。这些具有重要迁移作用的知识和方法也是能力目标结构中的重要目标。

归根结底，多维目标单元设计就是要通过各种相关目标的设计在问题解决过程中变成复杂的机制作用到学生身上，最终孕育出学生的问题解决能力。

（六）任何重点目标的实现都需要对应能力结构的多维目标单元的设计

能力是有结构的，因此，无论将什么目标作为重点目标，都要根据以上所分析的能力结构，设计出相应的多维目标单元。只有这样，重点目标才能实现。也就是说，重点目标可以不同，但对应能力结构的多维目标单元的结构是大致相同的。例如，要提高学生的英语听力，需要以具体问题的解决能力如边听边记录信息的能力为轴心目标推动，而边听边记录信息的能力又要以自主学习能力为支撑性目标。边听边记录信息的能力的实现以学生产生提高边听边记录信息的能力的愿望和学会倾听、记录和整理为第一阶段目标，以理解语言知识和整篇文章的结构并据此发现真正的问题为第二阶段目标，以形成自主解决问题的策略和规划为第三阶段目标。也就是说，边听边记录信息的能力需要整合各种知识（具体知识背后的知识）和具体能力，而其灵魂目标是学生自我发展的愿望即情感态度价值观。陈红老师根据道德与法治学科育人的根本要求确定以情感态度价值观作为重点目标，也同样对应能力结构设计了多维目标。情感态度价值观目标的实现要以四个层面的知识为基础，以价值性知识转化为学生的自我体验为必要条件。因为只有真实的自我体验才能产生情感态度价值观，而体验又需要在自己亲身经历的问题解决过程中获得，价值性知识也只有在问题解决中才能转化为学生内心认可的体验。所以说情感态度价值观目标的实现需要多维目标的支撑。学生形成情感态度价值观的目标是在问题解决能力和自我体验与认可两个轴心目标的推动下实现的，是与理解价值性知识的目标同步实现的。

二、多维目标单元的纵向结构服务于有结构的能力的发展

多维目标单元与内容单元相比，后者关注的是眼前任务的完成，是横向的，而前者则是指向未来的，关注的是能力的形成，是纵向的。当然，这是相对而言的，内容单元也有一定的长度，但其关注的是内容，主要是"面"。例如，小学语文课，理解几篇科普类课文中所揭示的不同的"科学"内涵可以在一个内容单元中完成，是横向的，但是要学生学会批注以及对科普文章产生兴趣需要借助更多的内容单元即目标单元才能完成，是纵向的。如果说一个维度的目标单元是一条纵向的线的话，多维目标单元就是多条纵向的线构成的。

既然多维目标单元是纵向的，那么它的纵向发展是线性的吗？它的纵向发展是连续的还是不连续的？

（一）多维目标单元的纵向形态大多是进阶式上升形态

多维目标单元的纵向形态是线形的吗？正如几何意义上的直线、射线在真实生活中不存在一样，多维目标单元的纵向形态也不会是线形的。那是不是可以将其看作线形的，就像将铁轨看作线形的一样？多维目标单元中设计的目标应该是发展的，从形状上看可能存在多种形态。我们可以想象：一种就像线条由细变粗一样，多维目标中每个能力目标都是逐步实现的，例如历史要素分析能力从开始了解其中几个要素到了解要素之间的关系再到系统理解要素分析；另一种是阶段性上升的，也就是进阶式上升的，这种进阶式上升是多维能力目标的总体上升，其中内在的是情感态度价值观、思维方法、基本知识等的同步上升，外在的是对某一事实和某一核心概念的理解的上升。例如，张素娟老师设计的"地理位置"（核心概念）认识水平的分层递进目标单元，"认识水平"中内含从"地理位置影响区域自然差异"的客观态度到"地理位置对区域发展的意义"的主观能动态度的发展，从观察识别、归纳概括、分析说明、综合应用到动态综合应用的思维发展等过程，是多维目标的进阶式上升。具体的进阶式上升情况，可以以某个维度的目标为例来说明。例如，"珍爱生命"的情感态度价值观从站在自我的角度理解生命的脆弱以及生命的独特性因而知道要珍惜生命，发展到从他人和自我是命运共同体的角度认识到珍惜生命是对亲人和朋友负责，再发展到认识到自己是社会的一员，享受了社会的福利也应该珍惜生命为社会更多地奉献自己。这个描述虽然集中在情感态度价值观维度，但仍然可以看到进阶式上升的思维，从自我的角度到他人和自我是命运共同体的角度再到自己是社会一员的角度。多维目标单元的纵向形态是多维目标共同进阶式上升的过程。

在以上两种纵向形态即多条线条由细变粗的形态和多个维度进阶式上升的形态中，后者似乎更具有普遍性。因此，本书分论部分的文章大都提到了多维目标的进阶目标设计，也就是在多维目标的总目标即多维目标的重点目标和目标结构确定后，进行进阶目标或称阶段目标的设计。

(二) 多维目标单元的纵向发展可以是连续的，也可以是不连续的

多维目标单元是连续的还是不连续的？从实践的角度来看，可以是连续的，也可以是不连续的。连续或不连续取决于什么呢？首先，它会受到现实的教材进程的影响。教材的单元多是内容单元，即具体知识技能单元。能力目标中情感态度价值观目标和思维方法目标的具体内涵是需要与相应的具体知识技能相匹配的，当教材中前后内容单元都与之匹配的时候，目标单元就可以是连续的，否则就会出现中断而成为不连续的单元。其次，它还取决于学生发展的需要。连续的单元有利于某一目标转化为学生行为习惯的养成，类似于大家平时说的 21 天习惯养成；同时学生在发展过程中也需要停顿、消化和反思，不连续单元则可满足这一需要。因此，在决定多维目标单元是连续还是不连续时要考虑学生发展的需要。

(三) 多维目标单元是由以最长远的目标为核心的长短不一的目标单元组成的

多维目标单元有多长？多维目标单元的长度取决于重点目标。

内容单元或者具体知识技能学习的长度是在教材上看得到的，那能力目标单元到底有多长呢？能力目标单元往往比内容单元长。例如，在中学历史教学中，了解"五代辽宋夏金元——多民族的冲突与融合"可以通过 5 课时的教学完成，但要形成多民族多中心的历史发展观和历史思维需要借助多个相关的内容目标单元，而要在此基础上让学生形成多元的宽容的历史态度则需要借助更多的内容单元，时间更长。能力目标单元是由多维目标单元构成的，由于多维目标达成的时间长度不同，所以能力目标单元是由长短不同的子目标单元构成的。总体而言，多维目标单元的总长度取决于其中最长的子目标单元的长度。之所以那个子目标单元会成为最长的目标单元，多是因为设计者将这个目标作为重点目标，否则不会以这个目标的实现作为结束的标志。当我们以重点目标单元的长度作为多维目标单元的长度时，其他相对短的目标单元就要接后一个相同性质的目标单元。例如，学生"珍爱生命"的情感态度价值观的形成需要相对比较长的时间，其中需要自我意识的觉醒即

懂得尊重自己，还要能够换位思考，理解自己的生命与父母生命的关系，最终还要能将自己看作社会的一员。第一种是反省性思维，第二种是换位思考的思维，第三种是社会关系的思维，达到这些思维目标的单元相接，最终形成与达到"珍爱生命"情感态度价值观目标一样长的多维目标单元。

（四）每个目标单元的长度取决于达成目标的难度

每个目标单元的长度由什么决定？由达成目标的难度决定。这个难度对不同人来说既存在共性，又是个性化的。例如，形成类比思维与形成系统思维相比，显然所需要的时间短，对所有人都如此，这是共性。但是，"难度"又是相对的，因教师和学生的理解力而异。教师对目标的理解和把握能力与学生的学习水平都会直接影响目标单元的长度。因此，要确定目标单元的长短，既要分析达成目标的难度，又要分析教师自身和学生的学习情况。

（五）通过"问题复杂度"把握目标单元的长度

教师们可能更加关心如何设计出长短不同的目标单元，基本的设计思路是将"目标"转化为一个相应的问题。目标单元的长度是一个时间概念，但它需要放在一个空间里分析。老子《道德经》对空间和时间的解释是：原生质，质生空，空生时。也就是说，没有质量就没有空间，没有空间就没有时间。具体的解释可以是：质量所充满者为空间，空间所经历者为时间。笔者认为，思想的空间是由具有较强吸引力和一定挑战性的问题构成的。问题的复杂程度是"质"，这个"质"构成思想的空间，经历这个复杂问题的探索过程，形成了时间的长度。因此，可以通过将目标转化为相应的问题，从而形成一定长度的目标单元。

（六）以阶段性目标的设计连接长期目标和短期目标

到底设计多长的目标单元合适呢？这个问题没有确切的规定。但是，笔者想起布鲁纳的一段话，觉得很有道理："在设计课程时，人们正确地区别所希望达到的长期目标和用以达到长期目标的某些短期步骤。那些长于实际事务的人也许会说，如果不能给达到最后目标提出短期办法，谈论长期目标是没有多大用处的。许多理想主义的评论家可能会毫不犹豫地丢开短期的教育目标，理由是看不出这些目标将引向何处。我们倾向于采取中间立场。了解教育的目的虽然是有益的，但是，我们也时常可以在试图达到比较低的目标的过程中，发现或再发现新的终极的目标。"①

没有长期目标，我们就没有了理想，没有能力的不断提升；而目标太长，又会让我们感觉遥遥无期，缺乏信心；没有短期目标，理想就无法变为现实……因此，在长期目标和短期之间的阶段目标的设计是非常重要的，这也就是发展的"进阶"。

阶段目标的设计能够在理想和现实之间架起桥梁，在学生发展的彼岸（发展目标）和此岸（发展起点）之间架起桥梁，充分调动教师自身和可以利用的一切资源尤其是学生资源来"架桥"，形成一个真实的发展过程。

需要注意的是，阶段目标设计是多维目标有机同步地从一个阶段到另一个阶段的设计，而不是一个目标或者一个重点目标的阶段设计。

通过这一节的分析可以得出以下结论：由于能力是有结构的，而且其结构具有规律性，因此，无论重点目标是什么，其实现都需要设计对应能力结构的多维目标单元。这也正是多维目标单元设计的依据。但是，由于各种原因，所确定的重点目标会不同，目标实现的进阶安排也会不同，因此，多维目标单元不是固定的、一成不变的，而是多样的、动态变化的。这与规律不矛盾，是变与不变的辩证关系。总而言之，我们要设计对应能力结构的多维目标单元及其动态过程，孕育出我们希望学生能够发展出的有结构的能力。

---

① 布鲁纳. 布鲁纳教育论著选 [M]. 邵瑞珍，等译. 北京：人民教育出版社，1989：68.

分论：各学科多维目标单元教学设计

本部分介绍的是具体的多维目标单元的设计，兼顾了三点：（1）以不同目标为重点，（2）涵盖各学科，（3）体现能力的结构特征。能力的结构特征包括具体能力发展与自我发展能力的关系、问题解决能力与自我发展能力的关系、能力发展的进阶等。这部分每一章都是以某种能力为目标，而实际上是以此为重点目标的多维目标体系。这部分由北京教育学院"新课程理念转化为优质教学实践的过程研究"课题组同时也是重点学科"学科教育学"团队的老师们合作完成。每一章前面都有导读，对这一章的重点进行说明，以方便读者阅读。

第 七 章

道德与法治：以"情感态度价值观培养"
为重点的多维目标单元设计

[导读]

本章以情感态度价值观为重点目标，而其实现要以价值性知识统领的四个层面的知识为基础，以价值性知识转化为学生的自我体验为必要条件。只有体验才能产生情感态度价值观，而体验又需要在问题解决中获得，价值性知识也只有在问题解决中才能转化为学生的体验。这就是实现情感态度价值观目标所需要的多维目标的支撑状况。

情感态度价值观是教学的思想性和教育性的核心内容，大家对其重要性已达成共识。但是，情感态度价值观教育的实施状况与其重要性相比，显然不令人满意。问题出在哪儿？具体原因主要有三个：（1）情感态度价值观与知识之间的关系不清楚，导致了情感态度价值观教育与知识教学"两张皮"的问题；（2）不懂得情感态度价值观的获得需要学生的亲身体验，以知识教育的方式进行情感态度价值观教育，从而导致情感态度价值观教育的低效甚至无效；（3）情感态度价值观教育与学生生活脱节，不能解释或者解决生活中的问题，缺乏足够的说服力。综上可知，以情感态度价值观为目标的教育不能孤立地进行，而应在多维目标结构中进行，即情感态度价值观目标要在生活问题的解决、价值性知识的理解、自我体验的获得等多维目标的实现过程中实现。这个实现过程是一个多维目标之间相互作用的动态过程。

初中的"道德与法治"课程是为了适应初中生的成长需要，以初中生的生活为基础，以引导和促进初中生思想品德和法治意识的建立为根本目的的综合性课程。该课程的学科教育价值是将正确的价值引导蕴含在鲜活的生活主题之中，鼓励学生在实践中积极探究和体验，促进学生的健康发展。在课程的多维目标中，由于不同学科特点不同，每个目标的地位不同，居于主导地位的学科目标也不相同。"道德与法治"课程以情感态度价值观的建立作为首要的、统领性的目标，因此，以学科育人统整下的情感态度价值观目标单元作为教学设计的总体思路，是该课程的基本要求。

一、教师关于情感态度价值观目标的认识误区及该目标的实施难点分析

"道德与法治"课程的三维目标（笔者认为是"多维目标"）中，情感态度价值观目标是首要目标。这一规定蕴含着这样一个基本认识：情感态度价值观在一个人的道德学习和品德养成中发挥基础性的作用。道德学习应该始终与个体不断体验到的情感态度紧密相连，价值观为其深层的支撑，从而构成每个人对生活独特的觉知，最终影响着每个人品行的建立。如果缺少情感，再正确的价值观念也很难成为一个人始终遵循的行动指南。所以，"道德与法治"课程不是为了让学生记住几个概念、几个观点，而是关注学生的精神生活和情感体验过程，让学生建立起有情感温度的价值观念，形成亲社会的态度和行为，让社会认同、政治认同真正地从学生内心深处生长出来。然而，在具体的教学中，三维目标中的情感态度价值观目标却最不受重视，常常会出现以下一些现象。

现象一：用一些笼统的大词来表述情感态度价值观的目标。这种"大词现象"表现在教师设定教学目标时，写出来（算不上设计）的情感态度价值观目标是模糊的，没有与本节课内容对应的具体的情感态度价值观目标的表述。比如，讲"法治意识"时，教师通常就是讲法条，将法条的讲解等同于法治意识教育；讲生命主题时，不能将珍爱生命这一情感态度价值观目标分解为具体的能够与和生命相关的知识、能力、方法相结合的内容目标。笼统、

模糊的情感态度价值观目标，不能让学生感受到生活中珍爱生命的各种表现，从而缺少了对珍爱生命的丰富体验和整体觉知。

现象二：情感态度价值观目标脱离学生的生活，变成抽象的观念。"珍爱生命"在现实生活中与学生的哪些行为相关？与学生哪些真实体验相连接？由于脱离了学生能够直接接触到的真实、复杂的社会生活，无法与学生的生活体验连接，情感态度价值观目标变为无意义的道德说教。这反映出教师在教学中只关注价值观教育应然状态的抽象性，不关注价值选择中实然状态的复杂性，不关注运用复杂思维辨识各种观念，也不关注应然观念指导下的具体行为以及学生对应然的行为准则的意义和价值的感受和体验。比如，"人应该诚实"作为生活的应然状态，是人人都知道的，但在现实生活中，不诚实的现象随处可见，这是生活的实然状态。怎样解决"应然"与"实然"的冲突？这就需要面对生活实然状态的复杂性，体验进行价值选择时的复杂情感，建立复杂的思维，澄清原有的价值观，建立新的价值观。

现象三：教师在教学过程中对情感态度价值观目标没有给予关注，只是在最后环节通过诗配乐等方式让学生产生瞬间的情感涌动和升华，这种"愣拔现象"在课堂上时有发生。

分析产生上述现象的原因，可能会涉及教育理念、对教学的认识、教学方法等多个方面。

就教育理念来说，教育培养的是"知识人"还是全面发展的人，这一直是教育关注的重大问题。我国基础教育的三维目标，其实是基于对人的全面理解提出的。理性与情感的完美统一，才是人的完美状态。新一轮的课程改革提出核心素养，这是进一步强调教育"立德树人"的根本任务，要求基础教育在"学科中心"较为强势的背景下，更多地体现"以学生为中心"的方向，强调教育的关键在于在学生身上留下关键能力与必备品质。由三维目标向核心素养的变革，是对教育本质的认识不断提升（从教书到育人）的结果。

就对教学的认识来说，教学目标的单一性在教学中有着重要影响。一直以来，由于传统习惯，在许多教师心目中，教育教学的目标直接指向的主要就是知识的教学。又由于对考试成绩等功利性目标的追求，情感态度价值观目标变成教育教学的副产品。因此，很多教师认为，把知识目标设计好，把知识教授给学生，学生可以通过考试复制出来，就等于完成了教育教学工作。

就教学方法来说，许多教师认为情感态度价值观教育与知识教育一样，是以教师讲授，学生理解、记忆、练习、巩固为主要方式的。教师不懂得如何进行有效的情感态度价值观教育，这是对情感态度价值观的形成机制以及教育机制认识不清楚导致的。

进一步分析，自新课改提出三维目标以来，思想品德教师逐渐认识到情感态度价值观目标非常重要，但是实现起来确实有几个难点。难点一：由于情感态度价值观教育必须以一定的知识作为载体，知识是显性的，情感态度价值观是隐性的，隐性目标不好体现。难点二：就检测教学目标的达成度来说，知识目标是否达成比较好检测，而情感态度价值观目标是否达成比较难检测。在一节课中，可以通过课堂上学生的语言表述、学生的学习活动表现等看出情感态度价值观是否真正成为学生日常行为的准则，而学生能否达成知行合一，形成素养，很难看出来。这就需要长时段的目标单元设计和实施。难点三：三维目标的教育内容、教育机制、教育方法存在差异，在一节课中要整体实现有难度。三维目标的实现不是三方面的目标分散实现，也不是平铺着展开，而是需要通过课程统整力将三维目标有机整合。如何解决这些问题呢？根据"道德与法治"课程标准将情感态度价值观作为首要目标的要求，根据情感与知识的关系，我们提出以情感态度价值观这个首要目标统整其他两维目标，达成三维目标的整体实现。

由以上分析我们得出一个结论：要解决只关注纯粹的知识教学、观点教育的问题，必须依据课程标准的育人要求，以学科教育价值即情感态度价值观目标这一居于主导地位的首要目标，统整其他教学目标以及教学活动。

二、深入认识知识教育与情感态度价值观教育的差异

导致忽略情感态度价值观目标的主要原因，是教师把情感态度价值观教育与知识教育混同起来，缺少细致的划分。我们在这里所说的知识教育中的

"知识"，是狭义的知识，即学科的概念和原理性的具体知识。在心理学和教育学的研究领域，我们对知识形成机制的认识要比对情感态度价值观形成机制的认识深入得多。情感态度价值观的形成机制是什么？怎样将达成三维目标的多方面的教育统整起来，成为促进人的全面发展的教育？这些问题需要深入研究。

（一）知识教育与情感态度价值观教育的指向不同

知识是人类以经验事实为对象，在构造、累积、传授、再生经验的基础上形成的对经验世界的认识成果——概念、原理及规律。知识教育的目的是让后来者继承这些认识成果，指导自己的行动。人类认识是主体对客观世界的反映。如果认识是主体对客观世界及其规律的正确反映，就是真理性的认识。而认识是形成知识的前提条件。科学理论是系统化的科学知识，是在某一个层面或者领域关于客观事物的本质及规律的正确认识，是经过逻辑论证和实践检验并由一系列概念、判断和推理表达出来的知识体系。知识教育关注的是客观世界本来的面目，探究的是客观世界的本质及规律，以期预测客观世界的未来趋势，为人类行动提供一个客观的基础。

认识的主体是人，认识的对象及其本质——客观事物及其发展趋势不以人的意志为转移。认识是主体趋向于客体的过程，与人的情感态度似乎无关。然而，学习动力问题即"为什么要学习这一知识"被提出时，意义问题就凸显出来了。知识学习如果解决不了意义问题，学生的学习效果就会大打折扣。同时，持续强迫式的学习最终只能导致学生厌学、弃学。谈到意义问题，就与情感态度价值观密切相关了。

情感态度价值观反映的是某类客观事物对于个人和人类的意义或价值，表示的是客体对主体需求的满足关系，也是对客观事物是否满足主观需要的评价反映。从心理学的视角来说，情感是人对客观事物的内心体验。比如情感中的道德感就是人根据一定社会或阶级的道德需要和规范评价自己或他人的言行时所产生的好恶感。态度是主体对其指向的对象所持的一种具有内在结构的相对稳定的心理倾向。它是由认知、情感和意向三种成分构成的。从认知层面来说，态度是指主体对对象的了解、知觉、理解、信念和评价；从情感层面来说，态度是指主体对对象的情感体验及情绪反应，这是态度的核心成分；从意向层面来说，态度虽然还是心理活动，没有外化，但是已经具备由认知、情感决定的对于对象的行为反应倾向，即行为的直接准备状态。对学生来说，态度不仅指学习态度、学习责任，还指更高层次的生活态度、人生态度。价值观是主体对事物的作用与意义的总的看法和态度，包括基本信念和价值取向，是人们头脑中有关价值追求、价值判断、价值选择等内容的系统观点。从宏观的角度看，价值观是社会文化体系的核心；从微观层面来说，价值观是人的世界观的组成部分，是人对其生活某一方面的重要性的内在评价标准。

由此我们可以看出，情感态度价值观虽有一定的相对性，但又是不可分割的价值及其评价的连续体。情感体验是单纯的心理状态，是形成态度和价值观的基础。情感体验得到强化、稳定后成为态度，而价值观又是态度的凝练与升华，个体态度经过长时间的积淀稳定下来，就形成价值观。价值观是情感和态度内隐的评价标准，也是情感与态度深层的核心内容，属于更高层次的社会意识领域，一旦形成，反过来制约、支配情感、态度。可见，价值观是对情感、态度的提升和统领，三者共同构成了较为完整的、使学生成为完整生命个体的精神世界。一般来说，情感、态度、价值观三者是一致的，如果有冲突，情感因素起主要作用，是人在做出行为决断和行为选择时的主要根据。可见，情感态度价值观在三维目标的"一维"上，是基于三者都与主体的需要、体验、理想等联系在一起，其教育的实质都是在引导人们形成正确的价值目标，掌握价值判断的标准和方法，在实践中体悟价值选择带来的感受，在多次实践和体悟之后形成稳定的价值取向，为学生参与社会生活提供正向的情感（如爱、快乐、愉悦、温暖）、积极主动的态度、合理合意的价值观，即"建设以道德情感为基础的精神共同体，才能建立充满人性的真实的主动道德"[1]。

知识解决的是真假的问题，情感态度价值观解决的是愿意不愿意的问题以及在生活中什么最为重要的评价标准问题。"道德与法治"课程的情感态度价值观目标是其三维目标的首要目标，不是可有可无、可以随意处置的。

---

① 郑信军. 青少年的道德情感：结构与发展［M］. 杭州：浙江大学出版社，2015：1.

（二）两者学习的时间长短不同

一般来说，在三维目标的实现过程中，越具体的知识、技能、方法，学习时长越短，在课时教学结束时就可以检查其达成度，但是更为上位的思维方法、学习方法等，需要进行长期的规划、学习，可能需要用一学期或者更长的时间才能够获得。情感态度价值观同样是长期目标，需要经历由量的积累到质的变化的过程，一定是长时间体验（包括课堂内的体验与课外学生生活的体验，特别是在与他人的互动中不断加深理解的体验）、感悟、情感积累的结果。

情感态度价值观之所以难教难学，是因为其与学生个体真实生活经验中的情感体验、态度指向、内隐的价值观密切相关。越与生活接近，越能够体现出人的品质问题，也就是我们老百姓说的做人问题。与学生在生活中形成的认知相一致的情感态度价值观，学生就容易接受，并转化为行为；与学生生活认知不一致的地方，学生就难以认同，其行为就会与认知脱节。在课堂教学中，教师也会使用各种生活情境，但是对于在课堂中学习的学生来说，课堂本身可能会隔离其真实的情感态度。因为课堂上创设的情境已经不是真实发生的状况，对学生来说，是间接的体验、感知与感悟，增加了许多理性成分。现实生活很复杂，每个人的身体条件、思维方式、受教育程度、家庭背景等都有许多不同，与他人互动时的反应也会有很大不同。这就使情感态度价值观教育难度很大，需要合适的方式和较长的时间才能达成目标。

（三）两者的学习方式不同

知识的学习以理解、记忆、练习、巩固为主，而情感态度价值观的获得以体验感悟、移情共感、自我选择与内化为主。这就意味着，情感态度价值观教育若靠外在的灌输将会收效甚微。

道德学习过程有三个特点。其一，直接性。道德认识对象是人与自然、人与社会和人与自身的关系，获得道德认识更多地靠人们对现实社会生活的直接理解，而不是靠抽象严密的逻辑推理。其二，情绪感受性。道德认识是在人与人的交往实践中形成的。人与人的交往更多地是以情绪感受的形式而非认知的形式作用于主体。情绪感受良好的，就易于被人们接受、认同，并成为行为的指南。其三，情境性。人在处理与自然、社会和自身的关系时，具有情境性、具体性和时效性，人们常常根据生活的惯性解决问题，因此情感的发生及其对行为的影响常常是在瞬间"不假思索"地完成的，而不是靠理性分析。

由此，我们可以感受到，在"道德与法治"课程学习的过程中，情感态度价值观往往是人们感知的前哨，理性常常滞后于情感态度价值观而起作用。因此，道德与法治教育要以情感态度价值观目标统整其他目标。情感形成的关键是体验，因此，体验活动的设计也成为该教学设计的关键之一。

三、情感态度价值观目标单元的意义和主要特征

（一）目标单元教学设计是教学有效性的基本要求

基于前面的分析，我们认为以情感态度价值观作为首要目标整合目标单元中的其他目标，既能解决长期以来存在的情感态度价值观目标被忽视的问题，也能体现《义务教育思想品德课程标准（2011年版）》（目前课程名称已经改成"道德与法治"，但是课程标准还未改变）的要求。

然而，情感态度价值观目标的实现，靠一两节课是无法完成的，需要按单元进行组织。情感态度价值观的形成有其规律性，必须要遵循其固有的规律进行教学设计，才能够真正达成目标。

单元教学设计强调的是相对系统地解决教学问题。其优势是避免教学内容一盘散沙、无序重复；促使课程知识结构化，加强学科教学中知识、能力等的内在联系；破除教材崇拜，创造性地使用教材；增强教师专业发展的主动性。

怎样划分单元呢？目前学生使用的教材基本上是以某一学科概念或某一生活主题作为单元的编排方式。这就出现了两个问题。第一，这样划分的优势和劣势需要分析。单元按概念或者主题来进行编排，其优势在于可以促使学生对某一个主题比如"自尊""民族精神"等有一个相对全面系统的认识。

其劣势在于它可能更多地关注由概念和原理组成的显性知识，而较少关注情感态度价值观等方面的内容。第二，谁来划分单元？还是说单元都是现成的，不需要教师考虑了？答案当然是否定的。在具体的教学中，教师必须依据课程标准的要求、教学的内容、学生的需要，对知识与能力、过程与方法、情感态度价值观等学习目标进行有机整合，综合设计，最终达成多维教学目标的整体实现。完整的教学目标设计是教学的第一步，这是教学的方向性问题。因此，单元教学设计就转化为目标单元教学设计。目标单元教学设计就是根据所设定的教学目标，系统地设计一个教学过程以实现教学目标。以往的教学过程以一节课作为其量的单位，而目标单元是涵盖整个多维教学目标的质的单位。这样的教学过程往往蕴含着需要实现的多个目标，即多维目标。虽然目前各学科的三维目标有其归纳的具体依据，但是每一维目标都不是单独实现的。目标是一个体系，知识、技能、过程、方法、情感、态度、价值观都是目标体系中的目标要素，也就是说，教学目标其实是由多维目标构成的（以下笔者均把三维目标表述为多维目标）。然而，在不同课程中多维目标的地位又有所不同，"道德与法治"课程以情感态度价值观为首要目标，是基于情感态度价值观在道德品质形成中的主导作用。多维目标由于自身形成的机制不同，在一节课中不能全部实现，有不同的侧重是必然的。同时，不同性质的目标设计的关键点不同，这些在目标单元设计中都是需要关注的。

以高中新课标修订为契机的新一轮课程改革的目的就是要"立德树人"，即教育的目的是培养有德行、有知识、有素养的人。这一目标其实就是关注人的自我发展的方向、动力和水平问题。这也恰恰是提高学生学习能力、学习动力的关键。我们把它看成教育的"轴心"，它也应该成为我们目标单元设计的"轴心"。这又涉及了两个问题：一是学科发展目标以什么为主，二是多维目标是通过怎样的机制实现的。前者需要回答学科教育的主导因素，后者回答的是学科教学的具体机制问题。

（二）情感态度价值观目标单元的主要特征

由于学科的性质不同，对多维目标的首要要求也有所不同。比如科学课程关注的是人类在某一个层面或者领域，关于客观事物的本质，通过一系列概念、判断和推理表达出来的知识体系及其形成过程，那么，知识的学习可能是其首要目标。基于情感态度价值观在道德形成中的基础地位，情感态度价值观目标成为"道德与法治"课程的首要目标。这就意味着该课程在目标单元设计中需要以情感态度价值观的形成机制为核心。笔者在前面专门论述了知识教育与情感态度价值观教育在机制上的不同。情感态度价值观教育是通过体验来完成的。因此，"道德与法治"课程以情感态度价值观为核心的目标单元设计，根据课程标准的要求，不仅要有静态的多维目标的表述，比如情感态度价值观目标、能力目标、知识目标，还需要有推动静态目标完成的动态的运行机制目标，也就是过程性目标。过去在"道德与法治"课的教学设计中，无论是课时目标还是单元目标，教师都只关注静态目标，不关注过程性目标，造成多维目标的割裂，笔者认为，两者结合的目标单元设计的结构如图7-1所示。

图7-1表达了以下两层含义。

第一，由外到内，是从学生的现实生活来说的，让学生通过生活问题的不断解决，觉察其中的情感态度价值观，反思、抽象，获得对"我"而言真实的有意义的情感态度价值观。

学生对生活中一些现象的情感来自哪里？来自长期生活中的问题解决。儿童的情感形成与其家庭有很大关系，基本上是从家庭继承下来的，偶尔有偏离，也是家庭认可的。初中阶段，学生的生活范围不断扩大，如果一个人还以在家庭中的处事方式处理问题，可能就会出现问题。伴随着社会生活范围的扩大，交往范围由熟人社会逐渐向陌生人社会扩展，学生将会遇到具有不同需求和价值观的人，并和他们共同参与社会活动。在遇到问题时，不同的人会做出怎样的回应，都是不确定的。面对不同的回应，学生的内心体验是什么呢？怎样根据不同的回应调整自我、改变策略从而解决问题呢？学生有生活经验，但是缺少对生活经验的明察，他们的行为属于自发的行为（而非自觉的），需要通过情境体验、反思现象、抽象概括、行动验证（价值检验），最终形成自觉的情感态度价值观。

在学生的生活世界中，解决问题的体验一定是自我的、个体的、具体的。在具体的情境中感受到的情感才是最真实的，能够被主体认可和接受。如果

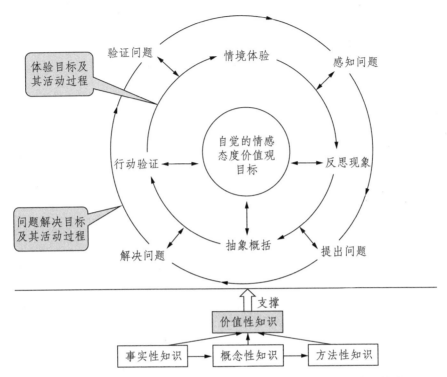

图 7-1 以情感态度价值观为重点目标的多维目标体系及其实现基础

没有生活中的问题解决，学生就不可能有充分的体验，情感态度价值观目标就无法真正实现。在生活中，问题解决、体验、情感态度价值观的获得是同步进行的，三者有着内在的有机关系，是一个相互关联的动态过程。

第二，由内到外，是从教学角度来说的，以价值性知识为核心统领设计多维目标体系。

从教学的角度来说，传统的教学目标主要描述的是教学预期的结果，即通过教师教学，学生在知识、能力、情感态度价值观等方面的发展。其特点是只描述目标，不描述过程。以价值性知识为统领设计目标是指把情感态度价值观作为核心进行目标设计，一是区别于以往以知识与能力统领目标设计的状况，二是突出多维目标的结构性，它既包括静态的教学目标，也包括实现静态目标的过程性目标。情感态度价值观目标是在体验中获得的，体验在问题解决中才是现实的、真实的、深刻的、自己的。体验活动的目的不是简单地感知经验中的情感态度价值观，而是在真实的、"活的"（不是机械的）体验情境中，理解价值性知识，让价值性知识转化为自我的经验，也让经验转化为价值性知识，完成个体体验"活化"为价值性知识的双向互动的意义建构过程。因此，情感体验目标和问题解决目标，两者都是推动静态目标达成的过程性目标，一起构成多维目标体系。

情感体验目标的实现过程：情境体验—反思现象—抽象概括—行动验证。问题解决目标实现的过程：感知问题—提出问题—解决问题—验证问题。问题解决是主体在亲身体验中通过反思、抽象、行动完成的；情感态度价值观是通过情绪、情感的体验和价值观的觉察、澄清建构起来的。没有这些相互联系的互动过程，就无法形成真正的自觉的情感态度价值观。

课堂上的体验不同于学生生活中无意识的、自发的体验，必须有知识的学习蕴含其中，解决问题的过程中有概念、方法、价值观等综合性知识的学习与运用。价值性知识是系统的，有概念、原理、方法等作为支撑，才能活化为学生自己的价值性知识，才能够让学生理解、认同、接受。

四、以"珍爱生命"为例的情感态度价值观的目标体系设计

情感态度价值观目标单元设计要以价值性知识为统领。首先要分析具体知识当中的概念性知识、方法性知识，价值性知识，确定其中的核心价值性知识，然后以核心价值性知识为统领整合其他具体知识，继而围绕学生的体验活动设计教学的体验情节，最后以问题为轴心推动学生的实际体验，使其获得情感态度价值观方面的发展。

（一）整合知识的四个层面，分析概念性知识和价值性知识，系统梳理价值性知识，初步构建以价值性知识为统领的目标体系

季苹教授在《教什么知识》一书中，对教材中显现的知识的客观存在状态进行了划分。她认为任何一个具体的知识点在客观上都存在事实性知识、概念性知识、方法性知识和价值性知识四个层面，而且四个层面之间是有机互动的；活的知识由事实性知识、概念性知识、方法性知识和价值性知识构

成，是有生命的真实的基本结构单位；四个层面的知识是相互依存的，没有概念和方法等基础，事实性知识就变成了现象，没有思维做基础的概念是假概念，方法论是由价值观规范的。由此，分析知识当中的概念性知识、方法性知识，确定其中的核心价值性知识，这是以情感态度价值观为统领的目标单元设计的第一个关键点。具体做法如下。

1. 以课程标准为纲，解读课程总体目标指向

解读课程总体目标指向就是指教师要从课程标准中，从课程总体目标中找寻具体教学内容的要求，进行科学的解读，以便确定教学的方向。

人民教育出版社 2016 年出版的《道德与法治》七年级上册第四单元"生命的思考"是以"生命"为主题进行编排的。主题单元为学生提供了多个层面的认识生命丰富性的内容。由于知识、能力、方法、情感态度价值观等不同方面目标的实现路径以及实现目标所需要的时间不同，很难将它们作为整体多维目标一次性完成，因此，主题单元设计的关键问题就变成以课程的总体要求和情感态度价值观这一首要目标统整其他几维目标。

在制定单元教学目标时，首先考虑的就是课程标准的要求。课程标准是教学的指导性文件，指引着具体内容的教学方向。

《义务教育思想品德课程标准（2011 年版）》前言中指出："初中学生处于身心迅速发展和学习参与社会公共生活的重要阶段，处于思想品德和价值观念形成的关键时期，迫切需要学校在思想品德的发展上给予正确引导和有效帮助。为适应初中学生的成长需要，思想品德课程融合道德、心理健康、法律、国情等相关内容，旨在促进初中学生道德品质、健康心理、法律意识和公民意识的进一步发展，形成乐观向上的生活态度，逐步树立正确的世界观、人生观、价值观。"[①] 可见，"道德与法治"课程就是为学生情感态度价值观的形成而设立的，该课程应该以帮助学生建立起对待"生命""成长""生活"的情感态度价值观为主要目标。

在课程总目标中，在情感态度价值观部分提到了"感受生命的可贵，养

---

① 中华人民共和国教育部. 义务教育思想品德课程标准（2011 年版）[M]. 北京：北京师范大学出版社，2011：1.

成自尊自信、乐观向上、意志坚强的人生态度"。这说明生命教育的目标重点在情感态度价值观层面，而不是具体的关于生命的生物、心理方面的知识。所使用的教学方式，应该是让学生通过体验来感受，进而形成对人生的乐观态度。从中也可以看出，以情感态度价值观目标整合"生命"内容中的其他目标是课程标准的要求。

2. 有关"生命"的教学内容在课程标准中体现在三对关系中

在课程标准的课程内容部分，有关"生命"的教学内容的情感态度价值观是多个层次的、有结构的，通过三个方面体现出来。

首先，课程围绕"成长中的我""我与他人和集体""我与国家和社会"三大重要关系构成三大内容板块，每一内容板块涉及道德、心理健康、法律和国情等方面的具体内容。其次，一个具体内容可能在三大内容板块都会涉及，需要全部梳理出来，并逐一呈现课程标准的"内容目标"，以期明确具体教学需要达到的目标。最后，分析每一个具体的内容，按照概念性知识与价值性知识进行知识分类。

以"珍爱生命"为例，"生命"的内容体现在课标中"成长中的我""我与他人和集体""我与国家和社会"三个不同板块中。

在"成长中的我"这个板块中，关于"生命"的内容从了解个体的自然生命特点开始。生命的起点是出生，终点是死亡，在生命成长中有挫折和障碍，这些属于事实性知识；肉体生命短暂，不能永恒，属于概念性知识；生命唯一且独特、感恩父母给予生命、挫折是生命的馈赠与锻造、生命宝贵等，是珍视生命的具体内容，属于价值性知识。人的生命与其他生命相比较，具有独特性。人的生命可以分为物质生命与精神生命，即我们所说的"肉体生命"或者"自然生命"与"价值生命"或者"精神生命"，两者的划分是相对的，它们有各自的特点，又统一于个体生命之中。人的肉体生命的特征是所有生命都具有的，但是人的精神生命是人区别于其他生命的关键点。在这里，对应以上概念性知识，学生要学会正确面对生命中的各种挫折，在守护肉体生命的同时，也要滋养精神生命，让人的生命焕发出其精神的特质。这就是价值性知识，即对应概念性知识的情感态度价值观。

在"我与他人和集体"这个板块中，要明白"我"这个独立个体的存在不仅与他人的存在有着密切的关系，还与家族的延续和人类文明的承继有着密切的关系。个体生命不是简单的生物遗传式的存在，而是以文化的方式展现的，既是"我"，又是"我们"。个体的存在也是人类生命的延续及精神文明的承接。在这里，我们始终存在着对"肉体生命"与"精神生命"、"我"（个体）与"我们"（群体）这两对概念性知识的相互关系的思考，并将其作为思维方法。当这些思维方法融入概念性知识时，概念便有了很强的解释力。我们在关系中把握生命，才会懂得尊重自己的生命，也尊重他人的生命，在人与人的相互关心中传递温暖，从而发现人生的意义在于创造和贡献。有了价值性知识的融入，个体生命才真正有了活力、有了温度。而这一价值性知识只有内化为学生的情感体验和行为准则，才意味着珍爱生命的情感态度价值观的形成。

在"我与国家和社会"这个板块，"我"的存在以及个人生命的展现，与国家的发展、社会的环境有着密切的关系。"我"的荣辱与国家的荣辱往往是统一的。"我"与"国家"的关系是"我"与"我们"的关系的拓展。个人的荣辱体现在建设国家、社会的过程中。积极参与公共生活、公益活动，自觉爱护公共设施，遵守公共秩序，有为国家、为社会服务的精神，生命才能焕发出艳丽的色彩，个人才能成为真正的公民。亲社会的情感，促使人形成有利于社会和他人的亲社会行为，并不断提升亲社会的能力。

从"成长中的我""我与他人和集体""我与国家和社会"几个方面探究和思考"生命"，以事实性知识和概念性知识为基础，自然分析得出价值性知识，能够帮助学生形成比较科学的生命价值观，实现知、情、意、行的统一。

（二）从"体验"视角看课标、教材内容，形成由核心价值性知识统领的目标体系

"珍爱生命"本身就是生命教育单元的情感态度价值观目标。学生对于生命已有一些体验，例如，在亲人生病去世时，体验到生命一去不复返。教师在进行生命教育前，先要把课程标准和教材中关于生命教育的内容与学生在日常生活中对生命的体验进行连接，并对其进行知识的四个层面的梳理，形成完整的"珍爱生命"的目标体系。

表7-1具体说明以上分析。

表 7-1　对《义务教育思想品德课程标准（2011 年版）》中"珍爱生命"价值性知识的解读

三大板块	二级课标维度	相关内容的课标要求	关于"生命"内容的分析	
			概念性知识分析	价值性知识分析
一、成长中的我	（一）认识自我	1.5 客观分析挫折和逆境，寻找有效的应对方法，养成勇于克服困难和开拓进取的优良品质	（1）生命是脆弱的	（1）生命是脆弱的，需要珍爱
			（2）每个生命在发展中都会遇到各种各样的困难，需要分析挫折和逆境，克服困难	（2）生命在挫折中或消亡或成长，珍爱生命要直面挫折甚至喜欢挑战，但也要智慧地面对挫折，选择适度的挑战
			（3）生命是不可逆的	（3）生命一去不复返，不能轻易放弃
	（二）自尊自强	2.2 认识自己生命的独特性，珍爱生命，能够进行基本的自救自护 2.6 体会生命的价值，认识到实现人生意义应该从日常生活的点滴做起	（1）生命的唯一（独特）性。每个生命都是独特的，需要珍惜，发挥自己的独特性	（1）生命的独特性：天生我材必有用，每个人都有自己的优势和潜能，要尊重自己的独特性，不要盲目攀比，扼杀自己的生命
			（2）人的生命可以分为自然生命（物质生命）与价值生命（精神生命），要学会用各种方法养护人的两种生命形态	（2）生命有时间的维度，即人的生命有时间历程，更有行为历程。生命的意义是在一件一件事情中体现的，需要养护自己的生命
			（3）人的价值生命在于创造，创造从小事做起	（3）每一个人都要在做具体事情中体现自己生命的意义，这就是自强
二、我与他人和集体	（二）在集体中成长	2.2 学会换位思考，学会理解与宽容，尊重、帮助他人，与人为善	（1）我的生命不仅属于自己，还属于亲人和集体	（1）珍爱自己的生命是对亲人负责，对朋友负责
			（2）他人的生命同样重要	（2）将心比心，珍爱他人的生命
			（3）在关系中把握个体生命。他人的生命与自己的生命息息相关——命运共同体	（3）他人与自己是命运共同体，珍爱他人的生命就是珍爱自己的生命。人们相互关爱，珍爱生命，这样的社会给人温暖

续表

三大板块	二级课标维度	相关内容的课标要求	关于"生命"内容的分析	
			概念性知识分析	价值性知识分析
三、我与国家和社会	（一）积极适应社会的发展	1.6 积极参与公共生活、公益活动，自觉爱护公共设施，遵守公共秩序，有为他人、为社会服务的精神	人的生命价值在对社会的贡献中体现出来	积极主动地参与社会生活，有为他人、为社会贡献的情感、态度和能力

（三）依据学生的生活体验和教材的内容编排，寻找多维目标之间的有机联系，避免彼此隔断地理解多维目标

"珍爱生命"的情感态度价值观的形成，是以相应的生命知识为基础，以科学的思维方法为依托完成的。这就需要细致地分析其中知识、方法、情感态度价值观的有机联系，达成三维目标的有机统一。"珍爱生命"是在反映生命具体特征的事实性知识和概念性知识、思考生命的方法性知识基础上形成的对"生命"的整体情感态度价值观（价值性知识）。

表7-2　关于"生命"的情感态度价值观与其他目标相对应的知识分析

	角度1	角度2	角度3	角度4	角度5	角度6	角度7
事实性知识	生命诞生，孩子与父母的长相相似；体弱的婴儿在后天的精心抚养下也能成长为健康阳光的人	各种疾病、意外，成长遇到的挫折，生命的终结：死亡	生命的时间维度：时间一去不复返	生命的存在和作用	从家族发展的延续来看，个体生命的诞生是值得庆祝的喜事	有价值的思想源远流长，科技发展为人类发展搭建了阶梯，伟大的精神如"雷锋精神"不死	人的生命状态

续表

	角度1	角度2	角度3	角度4	角度5	角度6	角度7
概念性知识	生命很奇妙，来之不易	生命脆弱又顽强，有挫折，有终结，生命有自然规律	生命是短暂的，不可逆	生命的独特性是生命价值的基础	自然生命的接续	精神生命可以永恒	贫乏与丰富、平凡与伟大、冷漠与关切

	我（个体）				我们（群体）		关系
	物质（肉体、自然）生命				精神（价值）生命		
方法性知识	生命的基因与后天塑造	各种生命都在寻找成长的有利条件，生命存在的复杂性	生命短暂，可人向往生命永恒	天生我材必有用	个体生命与他人生命相互依存：我的生命在与他人生命的关系中存在与发展	生命的传承与创新	在对立统一的关系中把握生命

思维方法1：在"我"与"我们"的关系中把握生命
思维方法2：在物质生命与精神生命的关系中把握生命的内涵
思维方法3：在各种对立统一的关系中增进对生命的理解

价值性知识	感恩父母给予生命	勇于面对挫折，对死亡的态度：向死而生	珍惜生命时间	生命是有价值的，要尊重他人的生命	勇于担当生命的责任	养护精神生命，传承责任担当；亲社会的情感态度有助于人类不断地传承和发展	
		生命至上，敬畏生命			勇于担当		
	守护自然生命			养护、滋养精神生命			

自然生命是人生存的基础，需要从身心两个方面好好守护，保证健康生命的存在；精神生命是人活着的厚度和价值体现，即使物质生活匮乏，精神生命也可以展现其靓丽的色彩

珍爱生命

由此可见，"珍爱生命"的情感态度价值观是"感恩父母给予生命""生命至上""向死而生""珍惜生命时间""生命有价值，尊重自己和他人的生命价值""提升自己生命的价值""养护精神生命，传承责任担当"等与具体知识内容相对应的细腻又具体的情感态度价值观的统一体。而"珍爱生命"的情感态度价值观的形成，无论从知识内容学习的角度看，还是从方法建立的角度看，都需要 5—6 课时来完成。

根据教材和学生学习的情况，具体课时安排见表 7-3。

表 7-3　"珍爱生命"具体课时安排

核心的情感态度价值观	具体的情感态度价值观	课时安排
珍爱生命	感恩父母给予生命，珍惜生命时间，向死而生	1 课时
	生命至上	1 课时
	生命有价值，尊重自己和他人的生命价值	1 课时
	养护精神生命，传承责任担当	1 课时
	提升自己生命的价值	2 课时

五、实现"珍爱生命"情感态度价值观目标体系的体验活动及问题设计

（一）对于体验活动的理解

情感发生的心理机制主要是体验，因此，情感态度价值观目标单元设计最为关键的就是体验活动的设计。"教育学的体验，既是一种活动，也是活动的结果。作为一种活动，即主体亲历某件事并获得相应的认识和情感；作为活动的结果，即主体从其亲历中获得的认识和情感。"[1] 由此我们认为，情感态度价值观目标实现的关键是精心地设计体验性活动，让道德与法治课由"观点讲授型"转变为"体验活动型"，目的是使"教育者有目的地把学生置

---

[1]　李英. 体验：一种教育学的话语——初探教育学的体验范畴 [J]. 教育理论与实践，2001
(12)：1.

于直接经验和专心反思中，使其增长知识、发展技能和澄清价值"①。

一般来说，在学生的日常生活经验中，情感体验是第一位的。如果没有情感态度价值观的调动，特别是正向情感，如爱、关怀、愉悦等，人就很难感受到生命的意义。爱是行为内在的情感动力。爱得越深，动力越强大。它可以让人焕发全部生命能量，创造自己生命的精神价值。这种情感及其迁移能力，设身处地理解他人感受的能力，可以增进生命与生命之间良好的关系。"移情"与"同情"不同，理解他人的感受并不表示我们与那人有相同的感受。例如，我们理解某人对某事表示出愤怒的情感，并不表示我们也有愤怒的感受。移情就是能设身处地地站在别人的角度，理解、欣赏别人的感情，也就是将自己的内心世界与对方的内心情感联系起来，站在对方的立场上体验和思考问题，其本质就是自己与对方的情感融通的过程。如果一个人有移情能力，在处理冲突事件时通常会问自己：他的做法是出于什么样的考虑？他内心的感受是什么？有没有合理性？在冲突面前，他的选择在什么程度上可以被理解？……通过这样的换位思考和追问，就能增进理解，形成良好的人际关系和道德品质，保持心理健康，生命的幸福就会展现出来。

因此，"体验是主体内在的历时性的知、情、意、行的亲历、体认与验证。它是一种活动，更是一个过程，是生理和心理、感性和理性、情感和思想、社会和历史等方面的复合交织的整体矛盾运动。体验的过程性正好内在地吻合于教育过程中学生主体对外在世界的接受与内化过程。"② 由此我们可以看出，体验活动的目的是丰富经验、促进反思、获得知识、培育情感、形成价值观。

（二）体验活动的过程设计

具体路径：组织情境体验，丰富孩子的生命体验→反思原有概念，形成新的概念→追问基本问题，构建知识结构→形成核心态度价值观，重构知识结构→落实情感态度价值观到行为。

---

① 庞维国. 论体验式学习 [J]. 全球教育展望，2011（6）：10.
② 沈建. 体验性：学生主体参与的一个重要维度 [J]. 中国教育学刊，2001（2）：41.

1. 感知日常生活情感——丰富学生的生命体验

教师在梳理核心的价值性知识后，要根据学生的经验，围绕学生体验来寻找生活情境。体验分为两种。第一种是亲历性体验，即学生在真实生活中正在经历或者已经经历过的体验。与之相应的情境—直接型体验活动设计是我们进行活动设计的首要选择。这就需要教师在对学生进行充分调研的基础上，根据教学目标设计相应的体验活动。

学生真实生活经验的唤起是情感态度价值观建立的必由之路。就"生命"教育而言，每个人在不同时期、不同关系和不同情境下都会体验到生命的状态，比如在学习中，在与父母、同学、老师的交往中，在家中亲人去世时，在遇到挫折时，都会感知到生命的特点、生命的力量、生命的温暖。就拿生命中的挫折来说，每个人遇到挫折时采取的行动不同。有些学生遭遇挫折就出走或者选择极端行为；有些学生遇到人际交往问题时，觉得动手打人才是解决问题的王道。怎样对待挫折，其中蕴含着对生命的看法。直接的体验是面对问题的体验，会让学生直面挫折问题，反思解决问题的行为是否恰当。这就需要教师广泛地了解学生遇到的各种挫折，将其作为体验活动设计的资源，从而引导学生把隐藏的情感展现出来。这是因为情感与人的内在需要紧密相连，而内在需要是人做行为决断和行为选择时的主要根据。一个人对一个事物的认知是以情感作为底色的，情感常常在人们进行深思熟虑的判断前首先被唤起。对某事产生的"喜欢"与"不喜欢"的情感，实际上是对事物在多大程度上能够满足主体需要的判断和评价。评价是基于标准的，这个标准深层的依据就是价值观。

第二种体验是间接体验，与之相应的是想象—间接型体验活动设计，即教师设计社会中他人生活的各种情境，把学生带入体验场，促使学生在心理上置身于某种情境或他人的位置。这种体验活动的设计，是针对学生不能直接体验的内容，或者在特定，非常的情况下才能遇到的情境进行的设计。比如在讲到"生命"中的"死亡"时，很多教师用电影《滚蛋吧，肿瘤君》中的片段，把学生带到生命最后的情境中，让学生体验到生命是有尽头的，我们无法选择，但是我们可以选择面对死亡的态度，以此促使学生体验故事的主人公熊顿在生命最后时刻的选择给予自己和周围人的力量。

两种体验情境是相辅相成的，都是为了让学生进入学习场中，完成"生命"体验历程。

2. 反思原有观念——建构新科学概念的基础

在体验过程中，需要学生对原有的在日常生活中形成的观念进行反思，以获得对某一个观念的澄清，丰富对某一内容的理解。

从情感态度价值观形成的过程来看，学习内容引发了一个人的某种内心需要，唤起他对生命的体验，即个体在亲身经历中，通过反复观察、感受、实践、探究，对认知、情感和行为有了深度体察、感悟、移情，最终才能够形成某些情感、态度、价值观。

而人的内在需求的满足，又是在其经验世界中不断展开的，有着强烈的情感色彩。情感形成的核心是体验，体验中的情感是人们认知生命的底色。因此，体验情境设计都应该让学生有机会还原其体验到的生活，即使是教师设计的情境，学生也可以运用想象，反思自己的日常生活，这样，教师才有可能通过具体的教学情境，促进学生不断澄清、纠正、发展对事物的认识，最终形成对诸如"生命"主题的完整的认识、合乎逻辑的判断和理性的情感态度。生活情境或者教师设计的情境是否能够促使学生接受他人或群体的观点、信念、态度，关键要看教师所设计的情境是否具有吸引力。这是对"生命"的态度由依从到认同转变的重要条件。认同是形成和转变个体信念、态度的重要环节，也是促成主体自发的生活信念显性化并发生转变的前提。

目前关于人的生命本身的教学内容，在《道德与法治》七年级上册第四单元中。在初中教材中，只有关于生命这一课，是用"生命可以永恒吗"这样的问句表述的。这个问题对于哲学研究或者一般的哲学思考来说是一个好问题，也是人生要回答的基本问题。这个问题是开放的，答案不唯一，但需要把"生命"这个概念分解为"肉体生命"和"精神生命"这对基本概念，才可以回答。这个问题有思维拓展的空间，无论我们的回答是什么，都可以再继续追问，获得更为严谨的结论。

当我们对"生命可以永恒吗"这个问题给出一个否定的回答"肉体生命不可以永恒"时，我们还可以追问什么？

当我们说"肉体生命不可以永恒"时，一定是从个体的视角说的。因此，我们只能说个体的肉体生命不可以永恒。家族的延续、人类的延续不就是一代代人的肉体生命的延续吗？这是否可以算作肉体生命的永恒呢？如果这可以算肉体生命的永恒的话，是不是可以说群体或者人类的肉体生命的延续就意味着生命是可以永恒的？这样的追问可以使思考范围扩大，即从个体的肉体生命扩大到家族乃至人类血脉相承的范围。当通过追问使得肉体生命的范围扩大后，结论发生了变化。这可以促使学生意识到，我们的任何一个结论的获得，都是有条件的，忽视条件及其变化，得出的结论通常是不可靠的。

当我们不断提出问题并追问得出结论的条件时，我们获得了相对严谨的答案：个体的肉体生命不能永恒，但是家族和人类的肉体生命可以一直延续下去。

肉体生命的特点给我们什么启发？

"珍爱生命"这一情感态度价值观，是由"感恩父母给予生命""直面挫折""向死而生""珍惜生命时间""生命有价值，尊重自己和他人的生命价值""勇于担当生命责任""养护精神生命，传承责任担当"等与具体知识相对应的细腻又具体的情感态度价值观结合成的统一体，这个统一体的核心概念就是人的价值生命。

当我们对"生命可以永恒吗"这个问题给出一个肯定的回答"精神生命可以永恒"时，我们还可以追问什么？

什么样的精神生命可以永恒？精神生命有什么特点？

追问实际是在探讨精神生命永恒的条件，我们必须意识到只有符合人类前进方向和人类根本利益的精神生命，才可以永恒。很多不符合历史发展规律的观念、精神都逐渐消亡了。

由此得出结论：符合人类根本利益的精神生命可以永恒，那些不符合人类历史发展规律的精神生命会逐渐被世人抛弃，不可以永恒。

任何关于生命的话题似乎都可以触及"珍爱生命"这个统一体，但需要注意的是，这些话题都需要通过对核心价值性知识"价值生命"的认识来完成。

教材中呈现了对"生命可以永恒吗"这个开放性问题的思考，它体现了对知识结构的把握。但是，这些是不是学生对于生命的认识呢？学生在日常生活中对于生命会有什么认识呢？

3. 形成核心情感态度价值观——重构知识结构

把习以为常的生命状态作为反思内容，提出有思维力度的生命叩问"生命可以永恒吗"，引起学生对生命的深度思考。无论学生给予肯定还是否定的回答，都必须进入"生命"内部，把宏大的"生命"概念进行拆解，即必须要把"生命"这一概念区分为物质生命（自然生命、肉体生命）和精神生命（价值生命），并准确地认识两者的不同，建立两者的联系，形成对于生命相对丰富的认识。同样，有些教师在课堂结尾设计的"长生不死是不是一件好事"的问题，既是对"好死不如赖活着"等日常生命观念的反思，也是对最初解答生命问题的思路进行了回顾与检测。

通过反思原有观念及不断地追问，可以促使学生从肉体生命（物质生命）与价值生命（精神生命）、个体生命与家族生命、生命的平凡与伟大等多个维度，重新构建对生命更为完整和深刻的认识。

4. 行为落实情感态度价值观——实践尝试、检测价值观

在生命成长的过程中，会有这样那样的困难，阻碍我们达到自己的目标，这就需要我们靠意志自觉地确定目标，进而根据目标调节自己的行为，克服困难，实现预定的目标。在克服困难和解决生命难题的过程中，坚强的意志变为人们行动的精神力量，这种力量在强烈的爱、关切等内在正向情感的驱使下，可以帮助人们排除各种困难，争取各方面的支持来解决问题。

因此，体验情境的设计要依据学生的生活经验，解决学生的生活问题，促进学生反思生命状态，从而帮助学生建构较为系统的生命成长的知识，形成相应的情感态度价值观。体验情境设计的目的，是通过体验活动，让学生在亲力亲为中形成情感态度价值观，体会系统思考的方法，建构科学的知识框架，并让知识真正成为学生生命中有意义、有价值、有情感的，能够指引其生活的有用的知识。

（三）以问题及问题解决为轴心推动体验活动，促进反思的深入，澄清并建立价值观

1. 围绕问题展开思维和心理活动

在课堂上的体验活动是具有思考力度的建构性的体验活动。思维活动以

问题的形式展开，而问题以理性逻辑的层次不断延展开来，就形成我们说的问题链。问题的提出不是教师按照教材中的知识点安排的，而应是沿着学生的困惑及思维的路径进行的。教师需要根据对学生调研的结果准备一些议题，激发学生探究的热情，鼓励学生选择自己觉得重要的问题进行探究，通过探究，对问题指向的核心概念进行新的界定，并在此基础上回答问题。教师的作用主要是引导学生不断提问，把理性的思考变成学生主动的行为。如果学生的理性思考是要回答其自身的真实问题，就比被动回答教师或者其他人的提问以及书本上的虚拟问题有力量得多。因为真实问题是学生生活中需要解决的问题，真正的问题解决能力也需要学生在实践中通过不断尝试、反思才能形成。真实的情境蕴含着问题，它们都是与学生自我发展密切相关的，也是初中学生自我觉察的关键。在过去的教育中，教师让学生体验的多数是知识，现在我们让学生体验自己的生活、感受自己的故事，把生活作为探究的对象。学生体验的是自己的行为、思维模式、感觉、情绪、渴望、价值体系，因此体验到的是个人的、立体的、全面的生活，从而指向观念的澄清和理性行为的选择。

2. 根据学生关心的问题设计问题链

一般来说有两类问题：一类是学生自身关心的问题，一类是知识结构中的知识性问题，也是学科的基本问题。学生的问题指向学生的疑惑，其中蕴含着学生现有的日常概念或者观念，是学习的起点。知识性问题指向学生要建构起来的学科知识，是学习的结果。从教学设计来说，当然应以前者为主，促进学生自我反思，获得自我能力的发展。

笔者对日常以及课堂上初中生的表现进行了观察，发现在与生命相关的话题里，对于刚刚进入初中的学生来说，如何融入新的集体、寻找自己在集体中的位置以及学习的目的等是学生较为关注的问题。我是谁？我要成为什么样的人？活着的意义是什么？学习的目的就是为考取大学吗？只关注学习及学习成绩，对生活其他方面的兴趣减少，这样的学习有意思吗？只凭自己的兴趣生活，没有更为长远的人生目标，过于注重物质，缺少对精神的追求和创造的人生是值得过的吗？遇到困难挫折如何有效地进行自我调节？轻生为什么不是好的选择？我还小，死亡离我还很远，没有必要做太多的考虑吧？

人们为什么会忌讳谈到死亡，谈死亡就是不吉利的体现吗？宠物或亲人的离去为什么会让我们悲痛？……这些问题可能都是学生日常生活中关心自我生命状态的反映。情感的匮乏、多种生命体验的缺失，导致学生往往不知道如何处理生活中的各种关系，面对挫折时不知所措。如果学生面对冲突不能进行自我缓解和释放，就会引发其对于生命价值的困惑，他们就可能做出伤害自己或他人生命的极端行为。这些情况的发生，在一定程度上反映了生命教育的缺失。教师需要在学生成长过程中，给予学生更多的引导与帮助，引导学生思考死亡，正确认识生与死的关系，有效调节不良情绪，寻找生命的价值和意义，学会"向死而生"，这些都是学生成长过程中需要正视的问题。

3. 凭借问题链推动体验活动链

从生活体验活动出发，让学生从生命的养育者、社会成员的帮助者、精神生命的支持者以及生命的诞生与终结、个体成长的感受等多个角度，思考自己该怎样活着，要成为一个什么样的人。一系列的体验活动以及问题设计，不是要告诉学生该怎样做，而是要引导学生思考自己的人生，并选择怎样过好自己的人生。

体验活动即问题链设计如下。

A. 在养育你的时候，你的什么状态会令养育你的人担忧或者欣喜？

该问题会引导学生回忆其父母或其他养育者对他的喜怒哀乐关注的时刻。"我生病时父母着急，就像一个广告里的孩子说的：为什么我生病，妈妈比我都着急？""我取得成绩时，第一个就想告诉父母，因为我知道他们看到我成长，比我还高兴。"通过回忆，学生感谢父母给予生命的体验会油然而生。

B. 拿出一张纸，取纸的长边，裁一个1厘米宽的小条。在小条最左端写上数字"0"，代表你刚出生的那年，在小条最右端把你认为人能够活到的最大岁数写上，然后以6年为一段平分这个小条。把代表你幼儿园以前的那段纸条撕去，再撕去代表小学阶段的那段纸条，再撕去代表你初中阶段的那段纸条。用现在的纸条与最初的纸条相比，你有什么感受？

该活动针对学生认为"我还小，浪费时间没有什么"而设计。教师也跟着学生一起做这个活动，让学生在撕纸的过程中感受时间的流逝、生命的流淌，让学生认识到，在生命历程中，时间过去了就再也回不来了。

C. 在你的记忆中，有什么事情让你觉得自己长大了？长大是一种什么感觉？

这个问题主要是让学生感受到成长的内涵，让他们认识到长大意味着能够为家人、集体做事情，能够承担责任，而不只是长高长胖。在这里初步区分了肉体生命（物质生命）和精神生命（价值生命）。精神生命最大的特点就是可以创造，可以承担个人作为家庭、集体、社会一员的责任，这才能体现生命的价值。

D. 如果要介绍三位对你的成长有帮助的人，你将会介绍谁？讲讲他们的故事。

这个问题会让学生感受到生命与生命相互依存、相互作用的关系，认识到每个普普通通的人都是在相互扶持中成就自己和他人的。

E. 如果让你介绍一位名人，你会选择谁？为什么？

这个问题是让学生认识到不是所有的精神生命都可以永恒，符合人类发展方向的历史人物、思想家、科学家的精神生命是可以永恒的，因为他们为人类的生存和发展做出了巨大的贡献，使得我们今天可以站在他们的肩膀上继续发展自己。

F. 有人觉得平凡的生活是不值得过的，你怎么看？

这个问题是要引导学生思考生命的平凡与伟大的关系，让学生意识到：平凡的生命也能够活出精彩；再卑微的人也可以尽自己最大的努力给这个世界增添光彩。要尊重每一个人的生命价值，努力让每一个生命都焕发出其应有的能量，这样的平凡生活是值得过的生活。

G. 综合以上活动，以"我要成为这样的人"为题，写一篇500字左右的小文章。

上述问题构成一个完整的"体验式学习活动链"。学生通过回答这些问题，能够觉知日常生活中个体生命的独特性，看到生命相互支持，体会长大就是担当，感悟生命的力量，重新建构对生命的认识。

生命的成长是初中生每天都在经历的，但在日常生活中，他们对生命的认识是缺少批判性思考的，这就需要教师在课堂上跟学生一起探讨，帮助学生不断反思，从而对生命与生命的关系、生命的历程、生命的情感、生命的价值、生命的规划等形成更为丰富的认识。生命可以永恒吗？长寿一定是件好事吗？平凡的一生就不值得过吗？怎样能够实现自己的生命价值？年轻就有权利挥霍时间吗？初中生有多种发展可能，有必要考虑人生的目标吗？对这些问题的探讨是生命教育的重要内容，能让学生感悟到成长是生命最好的姿态，成长不仅仅是长高了、长胖了等外在的变化，更多的是心灵的成长、精神上的富足；让学生体会到生命的价值感、存在感、意义感，把生命本身积极向上、向善、给予的力量展现出来。

对生命的体验和关于生命的知识需要很好地结合，共同推动学生的学习。教师要把隐藏在学生头脑中的问题呈现在课堂上，让学生进行辨析、争论，或者将其设计成问题情境，促使学生带入自己的生活体验，建构关于"生命"的全面的、完整的、个性化的知识体系，解决生活中的真实问题。

第 八 章

历史：以"历史要素分析法"为重点的多维目标单元设计

[导读]

本章以方法作为重点目标。以什么样的目标作为学科教学的重点目标，又选择什么样的内容作为实现目标的载体，这是目标单元教学设计中两个重要的问题。

第一个问题中隐含了两个问题：（1）什么目标是学科的重点目标？（2）什么样的目标在实践中更可能实现？学科的重点目标应该是体现学科研究对象和研究任务的目标。本文的历史要素分析法背后的目标是历史阶段特征和发展趋势，这正是历史研究的根本任务或者说最终目的。那么，为什么不以历史阶段特征和发展趋势而要以历史要素分析法为重点目标设计目标单元呢？这就需要回答第二个问题：什么样的目标在实践中更可能实现？首先，历史阶段特征和发展趋势要通过历史要素分析法逐渐归纳总结得出，可以说，前者是历史研究和学习的结论，后者则是获得结论的方法。因此，从能力培养的角度，后者更有利于能力的培养。其次，历史要素分析法以系统思维为基础，使学生的思维有了相对明确的方向即整体—要素—整体，也使学生的思维有了明确的过程即综合—分析—综合。因此，历史要素分析法作为目标具有明确的内涵，具有更强的可操作性。最后，由于中学生处于自我意识觉醒的时期，对历史人物有浓厚的兴趣，再加上历史人物的生动性，将在认识历史杰出人物的学习中掌握历史要素分析法作为目标对于学生更有吸引力，更容易让学生进入探究状态，从而更好地实现把握历史阶段特征和发展趋势的最终目的。

历史学习是一个"通过多种途径感知历史，学会从当时的历史条件理解历史上的人和事，并经过分析、综合、概括、比较等思维过程，形成历史概念，进而认识历史发展的时代特征和历史发展的基本趋势"[①] 的过程。认识阶段特征和发展趋势既是历史学习过程的终点，也是历史学习的目标。阶段特征和发展趋势与历史规律有什么关系？历史要素分析法在其中起着怎样的作用？即历史要素分析法在帮助学生认识阶段特征和发展趋势中能够起到怎样的作用？如何进行历史要素分析法目标单元设计？本文尝试以理解历史杰出人物为例，探讨解决上述问题的路径和方法。

一、历史要素分析法的内涵及其作为目标的意义

（一）要素分析法的内涵

"要素"是指构成事物的必要因素。它与"系统"相对，是构成系统的基本单位。每一个系统都由各种各样的因素构成，其中具有相对重要意义的因素称为构成要素。

"要素分析法"，也称"要素法"，是系统思维的基本方法，贯穿于系统思维始终。

把认识对象作为系统来考察是系统思维的出发点。系统思维假设认识对象为一个整体的系统，并从系统和要素、要素和要素、系统和环境的相互联系及相互作用中综合地考察认识对象。这种整体观的假设使人们的思维和思想有了相对明确的方向，从而极大地简化了人们对事物的认知。

系统思维是基于"把整体作为出发点和归宿"的整体观的思维方式。这

[①] 中华人民共和国教育部. 义务教育历史课程标准（2011年版）[M]. 北京：北京师范大学出版社，2012：6.

种思维方式到底是什么样的？要回答这个问题，需要全面分析整体和要素的关系。一方面，每个要素均有各自的属性，有一定的内涵和外延，但同时，要素的内涵和外延又会受到整体的限定，又是整体的体现，这是"整体中的要素观"；另一方面，整体存在于要素中，通过要素来体现，这是"要素中的整体观"。因此，既要从整体出发理解要素，又要在要素中看到整体即回归整体。根据整体和要素之间的关系，系统思维就是要在整体和要素之间来回看。这个来回看的过程也就是平时所说的"综合—分析—综合"的过程。而来回看的本质是"把整体作为分析要素的出发点和归宿"和"把要素作为理解整体的载体和中间环节"。总之，整体体现在要素中，要素是有形的，而整体是无形的。要素分析法是理解整体的重要方法。不过，分析系统要素只是中间环节，需要与前后的两个"综合"环节联系在一起。

要素分析法通过"分析"环节将前后两个"综合"联系在一起。这存在两种情况。（1）"整体中的要素观"中的综合—分析—综合。在对一个系统进行研究时，第一个"综合"是指对整体的结构和功能进行假设；中间的"分析"是指在整体假设下，分析系统各要素及其相互关系，提出满足和实现整体假设的可能性；第二个"综合"是指在系统要素分析的基础上，形成对整体的再假设。（2）"要素中的整体观"中的综合—分析—综合。在作为一个系统开展工作的时候，第一个"综合"是指提出整体目标；中间的"分析"是指在整体目标的统摄下，分析满足和实现整体目标的条件即明确各要素及其关系；第二个"综合"是指在上述系统分析的基础上，提出能够创造这些条件的各种可供选择的方案，选择最优方案实现整体目标，从而实现"把整体作为归宿"的目标。

我们所说的要素分析法通常是指第二种情况，即为使整个系统正常运转并发挥最好的作用或保持最佳状态，而对各要素进行全面、深入的分析，从而充分发挥各要素的作用。为了实现这一点，需要以第一种情况为基础。本文的历史要素分析法主要探讨第一种情况。

（二）历史要素分析法的内涵

依据不同的划分标准，中学历史课程中包含各种不同层级的"系统"。

比如，依据《义务教育历史课程标准（2011 年版）》中的"课程内容"编制的初中历史教材，呈现了历史学科的通史系统，包括中国古代史、中国近代史、中国现代史、世界古代史、世界近代史、世界现代史等断代史子系统；依据《普通高中历史课程标准（实验）》中的"内容标准"之"必修课程"和《普通高中历史课程标准（2017 年版）》中的"课程内容"之"选择性必修课程"编制的高中历史教材，呈现了历史学科的专题史系统，包括政治史、经济史、文化史等子系统；依据《义务教育历史课程标准（2011 年版）》或《普通高中历史课程标准（实验）》中的"课程目标"，初高中的历史教材呈现了历史课程的历史知识系统，包括历史人物、历史事件、历史现象、历史线索、文明成果、阶段特征和发展趋势等子系统。

历史线索的不同时空、对文明成果的各类需求分别是构成历史学科通史系统和专题史系统的核心要素，历史学习过程中不同层级的历史学科概念是构成历史知识系统的核心要素，而不同层级的历史学科概念具有不同的本质特征，这些本质特征就是不同概念系统的构成要素。

历史要素分析法，是历史研究者或学习者为了更客观全面地认识某个历史系统（如历史人物）、该系统在历史长河中的地位和作用及该系统与其他历史系统（如历史事件、历史现象等）的关系，而对该系统内各历史要素的构成（要素的成分）、各历史要素间的相互关系（要素的层次、结构）、各历史要素在该历史系统中的地位和作用（要素的功能）进行全面、深入的分析，从而充分发挥各历史要素的作用的方法。

（三）历史杰出人物的要素分析

用历史要素分析法分析历史杰出人物，就是将历史杰出人物作为系统（整体）进行要素分析，理解历史杰出人物的杰出要素。那么，历史杰出人物的"整体"（或"共性"）是什么？历史研究有假设吗？其中的要素又是什么？

纵观古今中外的历史杰出人物，其"整体"（或"共性"）是发现、提出并解决了特定时空下国家、民族或社会的重大问题（或取得了阶段突破性进展）并促进了历史的发展。例如，祖冲之精算圆周率，不仅解决了长期悬而未决的精算圆面积这一重大数学问题，而且满足了农耕文明下精细测算天体运行一年的时间以制订精确历法指导农业生产的需要，为之后的隋富唐强奠定了基础。又如，罗斯福采取救济（Relief）、复兴（Recovery）和改革（Reform）"三R新政"，以增加政府对经济直接或间接的干预，缓解了大萧条带来的经济危机与社会矛盾。

优秀的人格是使历史人物成为历史杰出人物的内在决定性因素。一般来说，优秀的人格特征主要体现为优秀的才能、良好的社会交往能力和积极进取的人生态度。从历史的角度看，这种优秀的人格特征即转换为历史杰出人物的人格特征，具体表现为：符合时代要求的优秀才能，善于听取他人意见和善于用人的品质，强烈的历史使命感和社会责任感等。

历史杰出人物要素分析的维度与一般的人格特征相结合，形成历史杰出人物要素分析的内容（如图8-1所示）。

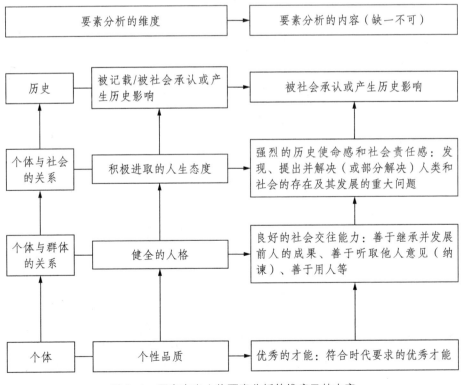

图8-1　历史杰出人物要素分析的维度及其内容

（四）对历史杰出人物进行要素分析的意义

对历史杰出人物进行要素分析对于学生理解"阶段特征和发展趋势""基本规律和大趋势"具有特殊的意义，可以从学生认知、学科逻辑两个方面体现出来。

从学生认知方面看，这是由中学生的心理发展特征和历史学习内容决定的。首先，中学生正处于自我意识觉醒和发展的重要阶段，他们大多喜欢阅读历史杰出人物的相关书籍；其次，历史杰出人物往往是各时期重要的历史人物，是重要的历史事件、历史现象、历史线索中的主角，是历史的核心。他们生动的形象能够帮助学生更加鲜活地理解历史的阶段特征和发展趋势；最重要的是，有助于实现让学生"在树立正确历史观的基础上……确立积极进取的人生态度，塑造健全的人格，树立正确的世界观、人生观和价值观"[①]这一中学阶段历史学习的最重要的目标。

从学科逻辑方面看，这是由"阶段特征和发展趋势""基本规律和大趋势"的抽象本质决定的。"阶段特征和发展趋势""基本规律和大趋势"分别是《义务教育历史课程标准（2011年版）》和《普通高中历史课程标准（2017年版）》中对历史规律的不同表述，是历史学习的终极目标。"历史规律，是历史学家对历史发展的规律性的描述和归纳，即对多次出现的具有相似性的历史现象和过程的描述，以及对导致这些现象和过程出现的内在因素和外部联系的归纳总结。所谓对历史现象和过程的描述，是把这种现象和过程的重复性直观地表达出来，也就是……'现象的规律'……所谓对现象和过程内在因素和外部联系的归纳总结，是通过对多次出现的历史现象和过程的分析，找出导致这些现象和过程在一定外部条件下出现的内在原因，也即我们所说的'本质的规律'"。[②]其中，"阶段特征""基本规律"侧重于对多次出现的具有相似性的历史现象的描述和对导致这些现象出现的内在因素的归纳总结，侧重于运用共时分析的方法（根据相关史实，准确分析影响

---

① 中华人民共和国教育部. 普通高中历史课程标准（2017年版）[M]. 北京：人民教育出版社，2018：6-7.

② 王和，周舵. 试论历史规律 [J]. 历史研究，1987（5）：10.

历史现象发生的相似性因素）归纳概括得出。"发展趋势""大趋势"侧重于对多次出现的具有相似性的历史过程的描述和对导致这些过程出现的外部因素的归纳总结，侧重于运用历时分析的方法（根据相关史实，整体认识具有相似性的发展过程以及导致这些过程出现的外部联系）归纳总结得出。

因此，通过对历史杰出人物的要素分析，学会历史要素分析法，是学生认识"阶段特征和发展趋势""基本规律和大趋势"并形成历史系统思维的钥匙。《义务教育历史课程标准（2011 年版）》中虽未明确提出历史杰出人物的要素分析，但规定了具体的历史思维方法（理解和判断史实的思维方法——时序与地域、原因与结果、动机与后果、延续与变迁、联系与综合）和一般思维方法（通过分析、综合、概括、比较形成概念，认识阶段特征和发展趋势）。理解历史杰出人物要素分析的含义，有助于学生通过多种途径感知历史杰出人物的杰出要素，逐步学会从当时的历史条件出发理解杰出要素的维度；有助于学生重视并掌握具体可操作的方法。在这一过程中，学生不仅能形成历史杰出人物（系统或整体）这一概念，而且能掌握蕴含其中的以实证为依据、透过现象看本质的思想方法，逐渐形成运用历史杰出人物这一概念去观察、发现和解决与历史人物相关的历史问题的能力。

二、历史要素分析法目标单元设计

由于历史杰出人物的相关内容散落在通史系统和专门史系统的课程内容标准以及相应的教材中，有必要依据课标对历史杰出人物的相关内容进行系统梳理并进行目标单元设计。

（一）以课标为依据，整体把握历史杰出人物内容标准

通过研读初高中课标关于历史杰出人物的内容标准，并对其进行如表8-1 至表8-4 的系统分析，我们发现：初高中历史课标中与历史杰出人物相关的内容标准，呈现出与中学生认知（由形象转向抽象，螺旋上升）相匹配的特征。

第一，关于历史杰出人物，初中课标主要采用以人带事的方法，通过重

要的历史人物、历史事件及历史现象呈现历史发展的基本线索（见表 8-1 至表 8-4）。

表 8-1 《义务教育历史课程标准（2011 年版）》中国古代史部分
出现的历史杰出人物简表

历史阶段	政治领域			文化领域（8 人）
	帝王（包括皇亲，共 10 人）	官员（6 人）	农民起义领袖（3 人）	
史前时期	炎帝、黄帝（传说）			
夏商周时期		商鞅（变法，改革使秦国逐渐强大起来）		老子、孔子（"百家争鸣"对后世的深远影响）
秦汉时期	秦始皇（秦统一中国，秦代的中央集权制度和统一措施）汉武帝（巩固"大一统"王朝；开通"丝绸之路"）		陈胜、吴广（起义）	司马迁（《史记》）张仲景、华佗（医学成就）
三国两晋南北朝时期	北魏孝文帝（改革，民族交往、交流、交融）			祖冲之（数学成就）
隋唐时期	唐太宗（"贞观之治"），唐玄宗（"开元盛世"），文成公主（入藏，民族和睦）			鉴真（东渡），玄奘（西行，佛家弟子，中外文化交流的发展）
宋元时期	成吉思汗（崛起以及蒙古军灭亡夏、金）	岳飞（抗金的事迹），文天祥（抗元的故事）		

续表

历史阶段	政治领域			文化领域 (8人)
	帝王 (包括皇亲，共10人)	官员 (6人)	农民起义领袖 (3人)	
明清时期 (至鸦片战争前)	康熙（维护国家统一）	郑和（下西洋的航海壮举），戚继光（抗倭斗争），郑成功（收复台湾）	李自成（起义推翻明朝）	

表8-2 《义务教育历史课程标准（2011年版）》中国近代史部分

出现的历史人物（群众团体、杰出人物）简表

历史阶段/专题①	政治领域 (杰出人物10人，群众团体6个)	经济领域 (1人)	文化领域 (6人)
中国开始沦为半殖民地半封建社会	林则徐（虎门销烟） 洪秀全（太平天国运动）		
近代化的早期探索与民族危机的加剧	洋务派（洋务运动） 康有为、梁启超（维新派代表） 义和团（义和团运动）		
资产阶级民主革命与中华民国的建立	孙中山（早年的革命活动；中国民主革命的先行者）		
新民主主义革命的开始	陈独秀、胡适（新文化运动的代表人物） 李大钊（传播马克思主义）		
从国共合作到国共对峙	毛泽东、朱德（井冈山会师） 中国工农红军（长征）		
中华民族的抗日战争	全民族（抗战） 中国军民（在抗日战争中英勇顽强、不怕牺牲）		
解放战争	刘邓大军（挺进大别山）		

---

① 该部分的划分参考了人民教育出版社出版的《中国历史》八年级上册目录页的内容。

续表

历史阶段/专题	政治领域 （杰出人物 10 人，群众团体 6 个）	经济领域 （1 人）	文化领域 （6 人）
近代经济、社会生活与教育文化事业的发展		张謇（兴办实业）	鲁迅、茅盾、齐白石、徐悲鸿、聂耳、冼星海

表 8-3　《义务教育历史课程标准（2011 年版）》中国现代史部分
　　　　出现的历史人物（群众团体、杰出人物）简表

历史阶段/专题	政治、经济、军事、文化等领域 （杰出人物 5 人，群众团体 3 个）
中华人民共和国的成立和巩固	中国人（体会"中国人从此站立起来了"的深刻内涵） 志愿军将士（爱国主义和革命英雄主义精神）
社会主义制度的建立与社会主义建设的探索	王进喜、雷锋、邓稼先、焦裕禄等（艰苦奋斗的精神）
中国特色社会主义道路	邓小平（对改革开放所起的重要作用）
民族团结与祖国统一	国内其他民族（风土人情和生活习惯）

表 8-4　《义务教育历史课程标准（2011 年版）》世界历史部分
　　　　出现的历史人物（群众、杰出人物）简表

历史阶段	政治领域 （杰出人物 15 人、群众团体 1 个）	经济领域 （3 人）	科学文化领域 （5 人）
世界古代史	汉谟拉比（法典） 查士丁尼（法典）		

续表

历史阶段	政治领域 （杰出人物15人、群众团体1个）	经济领域 （3人）	科学文化领域 （5人）
世界近代史	华盛顿 拿破仑（法兰西第一帝国） 马克思、恩格斯（革命活动，马克思主义） 玻利瓦尔（领导反殖斗争） 彼得一世（改革） 亚历山大二世（废除农奴制法令） 明治天皇（维新）	哥伦布（发现美洲） 麦哲伦（环球航行） 珍妮（珍妮机）	莎士比亚（戏剧） 牛顿、达尔文、巴尔扎克和贝多芬（科学、文化、艺术等方面的成就）
世界现代史	列宁（世界上第一个社会主义国家的诞生） 甘地（领导印度非暴力不合作运动） 凯末尔（领导土耳其革命） 罗斯福（新政） 世界人民（反法西斯战争） 杜鲁门（杜鲁门主义）		

第二，随着学段的增长，《普通高中历史课程标准（2017年版）》中逐渐呈现出以事带人、以现象带人的态势，历史杰出人物数量减少。例如，必修课程"中外历史纲要"中出现的历史杰出人物仅有12人。选择性必修课程中仅在"文化交流与传播"模块的活动主题——"严复、商务印书馆与中国近代文化的变革"中出现了严复这一历史杰出人物；"旨在通过一个人物和一个机构，体会'开眼看世界'对于中国近代社会变革和转型的重要性"①。选修课程也仅在"史学入门"模块设定了"编制历史人物年表"这一活动主题，"让学生通过对某个历史人物的研究，在全面了解该人物事迹的基础上，按照时间顺序编制历史人物年表，梳理并展现历史人物的主要事

---

① 中华人民共和国教育部. 普通高中历史课程标准（2017年版）［M］. 北京：人民教育出版社，2018：33.

迹"①。

第三，阶段特征是确立初高中历史中历史杰出人物的主要依据。比如，初中"中国古代史"部分的 27 位历史杰出人物，包括帝王（包括皇亲共 10 人，占总数的 37.04%）、文化领域杰出人物（8 人，占总数的 29.63%）、官员（6 人，占总数的 22.22%）、农民起义领袖（3 人，占总数的 11.11%）四类。其中，前三类历史杰出人物（24 人，占总数的 88.89%）的杰出大多与"统一"有直接或间接的关系。其中帝王的杰出涉及范围最广：自秦灭六国、秦朝建立中央集权制度、建立中国历史上第一个统一的多民族国家以来，皇帝成为最高领导者，担负着统一疆域或维护国家统一、完善管理的重大职责，涉及国内（政治、经济、文化、社会等）外（国防和外交）各个领域。官员的杰出或表现为"变法"，使国家逐渐强大起来，为其统一奠定基础；或表现为维护统一的实效。文化领域杰出人物的杰出或表现为与"统一"相关的文化需求及其成果，如孔子的儒家学说为汉武帝的"独尊儒术"以及儒学此后居于主导地位奠定了基础；或表现为与人类的生存和发展相关的文明成果，如"医圣"张仲景写成《伤寒杂病论》，建立起中医学的基本理论，华佗发明"麻沸散"实施外科手术、创造"五禽戏"帮助人们强健身体。

"趋向统一"是中国古代长期重复出现的历史现象，是中国古代史的阶段特征和发展趋势之一。科学界定"统一"的内涵和外延是理解和解释中国古代史的关键。"所谓'统一'既是'统'，又是'一'。所谓'统'，就是联合，就是把各个部分联合起来，联合起来而归于'一'，就是'统一'。"②统一国家"落实到具体史实，就是在中国的地理范围内，由一个政权把这个国家的各个部分联合起来，并对各个部分实施有效的治理"③，既包括疆域的统一，也包括在管理上完善、巩固统一。中国古代史课标内容中的历史杰出人物就包括在统一国家的建立、巩固、发展（繁荣与开放阶段、民族关系发展阶段、统一多民族国家的巩固和发展阶段）等关键节点出现的秦始皇、汉

---

① 中华人民共和国教育部. 普通高中历史课程标准（2017 年版）[M]. 北京：人民教育出版社，2018：36.

②③ 教育部基础教育司，历史课程标准研制组. 全日制义务教育历史课程标准（实验稿）解读[M]. 北京：北京师范大学出版社，2002：50.

武帝、北魏孝文帝、唐太宗、唐玄宗、成吉思汗、康熙等杰出帝王，他们分别对"统一"做出了杰出贡献。秦始皇统一了中国，建立了中央集权制度，开创了统一多民族国家的基业；汉武帝进一步巩固了"大一统"的西汉王朝；北魏孝文帝改革，促进了民族交融，推动了中华民族的发展；唐太宗和唐玄宗时期的接连盛世标志着中国历史进入盛唐时期；成吉思汗奠定了版图最大的元朝统一的基础；而清朝的康熙大帝更是为维护国家统一立下了汗马功劳。因此，杰出帝王是初中历史学习中最为典型的历史杰出人物。

高中阶段的历史杰出人物主要是在人类历史走向近代民族独立（国家主权的维护）、国家富强（近代化）的过程中，对人类和社会的发展起到重大促进作用的人物。高中阶段可进一步围绕"历史杰出人物的要素分析"设计"解释历史杰出人物"单元。

（二）确立历史杰出人物要素分析的总目标及阶段目标

1. 历史杰出人物要素分析的总体目标

总目标：按照初高中历史学习进度，遵循历史学习过程，逐步了解、理解历史杰出人物要素的构成及其相互关系、各历史杰出人物要素在历史人物系统中的地位和作用，进而掌握历史要素分析法并运用该法分析、解决历史问题。

初中阶段总目标：

（1）对课标中要求掌握的中国古代史中的历史杰出人物进行分类；

（2）按各历史杰出人物杰出的维度列举其杰出的要素；

（3）分析导致各类历史杰出人物杰出的要素和各个杰出维度间的联系；

（4）掌握历史杰出人物要素分析法的内涵，并逐步在历史学习中运用该方法。

高中阶段总目标：

（1）经历"假设—归纳概括—验证假设"和"整体—要素—整体"或者说"综合—分析—综合"的历史杰出人物要素分析的研究过程；

（2）理解历史杰出人物的杰出要素的内涵；

（3）理解历史杰出人物的杰出要素与一般优秀人格的要素的异同；

（4）养成主动运用历史杰出人物要素分析法的习惯；

（5）能够将历史杰出人物的杰出要素作为自己学习的内容。

2. 以初高中课标中历史杰出人物的相关内容为载体设计阶段目标

根据初高中课标中历史杰出人物相关内容不同层级的要求，以其为载体的阶段目标也将呈现出以下层次差异。

初中阶段，按照教学进度可将总目标分解为以下阶段目标：

（1）按教学顺序（也是历史的时序）让学生感知历史杰出人物的杰出史实，在梳理中理解不同类别的历史杰出人物的杰出要素；

（2）学生能够运用纵向考察法精选历史杰出人物所处时代的阶段特征的相关史料，通过列表等方式比较各个帝王功过的异同，尝试分析归纳各类历史杰出人物的共同内在要素和各个杰出要素间的联系（初步定义历史杰出人物）；

（3）通过教师示范课"理解历史杰出人物——唐太宗"，学生能够初步掌握历史要素分析法的完整过程和操作步骤（尤其是明确概括出成为历史杰出人物的要素）；

（4）学生能够通过合作学习认识历史杰出人物与历史阶段特征和发展趋势的关系，定义"历史杰出人物"，提炼成为历史杰出人物的要素，并进行全班成果交流展示，掌握口头表达历史要素分析法的方法；

（5）学生能够围绕明确"历史杰出人物"的内涵和成为历史杰出人物的要素，设计"历史要素分析法"学习成果板报。一方面，让学生汲取历史杰出人物的经验和智慧，从而形成正确的人生态度、人格和个性品质；另一方面，通过历史要素分析法目标单元的学习，让学生掌握历史要素分析法的步骤，尤其掌握通过要素分析解释历史现象、阶段特征、发展趋势的方法。

（6）学生能够将历史杰出人物的要素分析路径和步骤运用于初中中国近代史以后的历史杰出人物相关内容的学习中。

实现初中历史杰出人物要素分析阶段目标的整体教学实施设计见表8-5。

表8-5　实现初中历史杰出人物要素分析阶段目标的整体教学实施设计

教学内容		整体教学实施设计
中国古代史	秦始皇	随课教学，让学生感知秦始皇的功过和他在历史长河中的地位和作用，在梳理中理解他作为政治类别历史杰出人物的表现
	汉武帝	随课教学，让学生通过纵向考察法精选与统一相关的史料，列表比较秦始皇与汉武帝功过的异同，尝试定义"历史杰出人物"
	唐太宗 唐玄宗	教师在教学中示范"理解历史杰出人物——唐太宗"，凸显理解历史杰出人物的方法——要素分析法
	成吉思汗 康熙	课上：（教师课前准备好相应的材料）学生选择其中一个历史杰出人物，分组认识帝王与历史阶段特征和发展趋势的关系，为"历史杰出人物"下定义，分析成为历史杰出人物的要素，在此基础上进行全班展示交流（形式不限），掌握科学地理解历史杰出人物的方法（口头表达） 课后：围绕"历史杰出人物"的定义和成为历史杰出人物的"要素"，设计"理解历史杰出人物"板报，初步掌握通过要素提炼分析历史现象、阶段特征和发展趋势的方法（书面表达）
中国近代史 中国现代史 世界历史		教师将历史杰出人物要素分析法应用于历史课堂教学相关内容中，同时为学生自觉运用历史杰出人物要素分析法学习相关内容搭建平台。例如，在"世界近代史"学习快结束时，举办"我最崇拜的科学家"活动，让学生运用历史杰出人物要素分析法分析自己崇拜的一位科学家及崇拜的原因

　　高中阶段，依据高中课标的相关内容标准以及高中生的认知水平，按照教学进度，让学生通过自主探究的方式（自主确定想要研究的历史杰出人物、自主搜集并考证研究所需要的材料），探究不同类别历史杰出人物各杰出要素间的关系以及各杰出要素与历史杰出人物整体的关系，在全面理解并主动分析历史杰出人物杰出要素的过程中，自觉地将历史杰出人物的杰出要素作为自己学习的内容（详见表8-6）。

表8-6 实现高中历史杰出人物要素分析阶段目标的整体教学实施设计

教学内容		整体教学实施设计
必修课程『中外历史人物纲要』	春秋战国时期的政治、社会及思想变动； 老子、孔子（学说）；孟子、荀子、庄子（百家争鸣）	1. 学生根据个人兴趣，选定左侧12位历史杰出人物中的一位作为研究对象 2. 研究经历"假设—归纳概括—验证假设"和"整体—要素—整体"或者说"综合—分析—综合"的历史杰出人物要素分析的完整过程 3. 结合课标要求，按照历史杰出人物杰出要素的内涵搜集并考证相关材料 4. 从个人生平和其所处时代发生的大事两个角度编制该历史杰出人物年表，明晰历史杰出人物的杰出要素与一般优秀人格的要素的异同。 5. 自主分析另外11个历史杰出人物的杰出要素
	辛亥革命与中华民国的建立 孙中山（三民主义）	
	社会主义建设道路的探索 毛泽东（对中国革命和社会主义建设的贡献，毛泽东思想对近现代中国的深远影响）	
	改革开放新时期与中国特色社会主义进入新时代 邓小平（邓小平理论对建设中国特色社会主义的重要指导意义）；习近平（新时代中国特色社会主义思想是全党全国人民为实现中华民族伟大复兴而奋斗的行动指南）	
	马克思主义的诞生 马克思（马克思主义产生的时代背景以及意义） 马克思、恩格斯（理论探索与革命实践）	
	世界大战、十月革命与国际秩序的演变 列宁（十月革命爆发的原因、过程）	

续表

教学内容	整体教学实施设计
选择性必修课程『文化交流与传播』 活动主题：严复、商务印书馆与中国近代文化的变革	1. 根据历史杰出人物杰出要素的内涵搜集、考证并编制严复的个人生平和所处时代的大事年表 2. 分组探究并交流以下三个报告： (1) 严复为什么从一个学习海军知识的留学生变为一个积极译介近代西方学术著作的思想家？ (2)《天演论》等译著中的进化论思想对中国人的精神世界产生了哪些影响？ (3) 商务印书馆这类出版机构在传播近代文化、启迪民智方面扮演了怎样的角色？ 3. 讨论严复能够成为历史杰出人物的关键要素有哪些

（三）"历史要素分析法"目标的实现需要多维目标的支撑

如图 8-2 所示，"历史要素分析法"目标的实现蕴含于历史学习过程的"形成概念"和"认识特征趋势"阶段，既需要运用历史学习的一般方法（计算历史年代、阅读教科书和历史读物等），也需要运用历史特有的思维方法（时序与地域、原因与结果、动机与后果、延续与变迁、联系与综合）和一般思维方法（分析、综合、概括、比较）；借助历史研究中的考证等方法，完整体验历史研究的全过程；借助历史表达中的解释历史问题等方法表达研究结论。

"历史要素分析法"目标的实现需要多维目标的支撑，如图 8-3 所示。历史要素分析法的"综合—分析—综合"是一种系统思维过程，需要在"时序与地域""动机与后果"两个系统中提炼历史要素。研究历史要素的目的是为了认识历史规律，而历史规律表现为两个方面：因果关系，阶段特征和发展趋势。这也是一个提出假设—归纳概括（收集资料、考据、提炼要素）—验证假设的研究过程。用历史要素分析法可以实现认识历史规律这一上位目标，但这需要其他方面的学习目标、研究目标作为支撑。系统思维与研究方法是并列的，"时序与地域""动机与后果"是系统思维下的两个子目标。

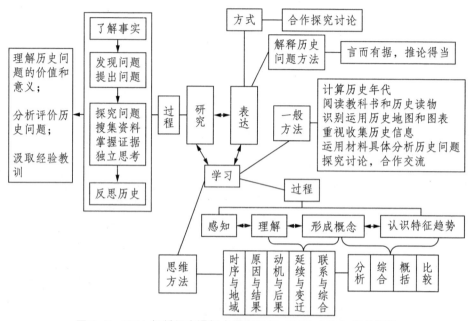

图 8-2　2011 年版历史课标中课程目标"基本方法"结构图①

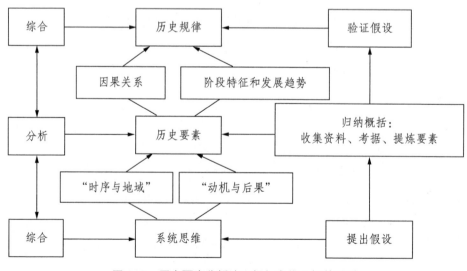

图 8-3　历史要素分析法目标与多维目标的关系

---

①　方美玲.历史学科范畴及其教育价值［J］.历史教学，2018（7）：24.

　　下面通过"历史杰出人物的要素分析学习过程设计：以示范课'理解历史杰出人物——唐太宗'为例"说明让学生掌握历史要素分析法这一目标是如何通过多维目标支撑实现的。

三、历史杰出人物的要素分析学习过程设计：以示范课"理解历史杰出人物——唐太宗"为例

　　本案例通过以下三个环节实现历史研究过程、历史学习过程和历史表达过程的统一。

环节一：比较帝王功过，通过提出假设—归纳概括—验证假设，让学生经历历史杰出人物要素分析法的研究过程

　　鉴于秦始皇、汉武帝、唐太宗分别以"千古一帝""雄才大略""杰出的开明皇帝"彪炳史册，所以课标在教学活动建议中特别规定：设计表格，列出秦始皇、汉武帝与唐太宗的历史功过。[①]

　　提出假设：古代杰出帝王或历史杰出人物出现在人类发展的不同时段、不同领域，对人类和社会的存在和发展起着重大的促进作用。

　　归纳概括：历史杰出人物具有哪些维度的杰出要素？要找到答案，需要通过以下四步完成。

　　第一步，"搜集并精选资料"。由于学生的主要学习资料是教科书，因此教科书中促进和妨碍"统一"的相关内容成为理解古代杰出帝王的重要资料，资料精选的主要标准是"与阶段特征关联密切"和"必不可少"。

　　第二步，将资料经过考据转变为证据，即将阅读所获取的信息转化为证据。"'考'就是研究，'据'是指有根据。"[②]通过比较证据进行考据，从而探知该信息的原意，并确定其真实性，这是史料实证的关键环节。

---

　　① 中华人民共和国教育部. 普通高中历史课程标准（实验）［M］. 北京：人民教育出版社，2003：25.

　　② 李隆国. 史学概论［M］. 北京：北京大学出版社，2009：143.

第三步，运用"五个 W"组织证据，理解古代杰出帝王（历史杰出人物）。"五个 W"是指何人（Who）、何事（What）、何地（Where）、何时（When）、为何（Why）。让学生在笔记本上将这些问题记下，在阅读过程中通过提问帮助学生选择信息并接近主题。以下尝试运用"三个 W"（因均专指上述三帝统治时期的疆域空间，故略去"五个 W"中的 where 和 when）列表进行梳理，结果见表 8-7。

表 8-7　秦始皇、汉武帝与唐太宗的历史功过、历史地位

何人（Who）	杰出的表现 何事（What）	成就杰出的原因 （要素分析）为何（Why）	过失	历史地位
秦始皇（嬴政）	灭六国，完成统一大业。结束长期争战混乱的局面，建立中国历史上第一个统一的多民族国家	满足了当时要求疆域统一这一重大社会需求	"急于求成和暴虐"：征收沉重的赋税，连年在全国范围内大规模征徭役和兵役，使成千上万农民背井离乡，脱离农业生产，使社会经济遭到严重破坏；法律严苛，族诛连坐；刑罚残酷；焚书坑儒	从疆域、政治制度、经济和文化措施等多个维度建立了我国历史上第一个统一的多民族国家
	自称"始皇帝"；在中央设立三公九卿制	开创中央集权制度，成功确立巩固统一的政治制度		
	废除分封制，建立郡县制，开创此后中国地方行政的基本模式	开创中央直接管辖地方的制度，确立了巩固统一的政治举措		
	统一文字	确立了巩固统一的文化举措		
	统一货币和度量衡	确立了巩固统一的经济举措		
	车同轨，修筑全国道路（陆路），开凿灵渠（水运）	确立了巩固统一的交通举措		
	北击匈奴，修筑长城。秦朝时我国的疆域东至东海、西到陇西、北至长城一带、南达南海，是当时世界上的大国之一	开疆拓土，实现了疆域的进一步统一		

续表

何人 (Who)	杰出的表现 何事（What）	成就杰出的原因 （要素分析）为何（Why）	过失	历史地位
汉武帝（刘彻）	实施"推恩令"，削弱诸侯国的势力；建立刺史制度，加强中央对地方的控制；确立察举制选拔人才	从政治维度巩固大一统王朝	后期穷兵黩武，造成巫蛊之祸；征和四年（公元前89年），下罪己诏	具有促进中华民族发展和融合的雄才大略；其文治奠定了中国传统文化的统治基础；武治确立了当时中国的版图；开辟丝绸之路，加强东西方交流
	"罢黜百家、独尊儒术"，将儒学立为正统；兴办太学，培养儒士。从此，儒学居于主导地位，为历代王朝所推崇，影响深远	从思想维度巩固大一统王朝		
	将铸币权和盐铁经营权收归中央；统一调配全国物资、平抑物价。很大程度改善了国家财政状况，为许多政策的推行奠定了经济基础	从经济维度巩固大一统王朝		
	派遣张骞两次出使西域，促进了汉朝与西域之间的相互了解与往来	从民族关系维度巩固大一统王朝		
	开辟陆海"丝绸之路"，沟通欧亚陆上、东南亚海上交通道路，促进中国与其他国家和地区的贸易和文化交流	从中外关系维度巩固大一统王朝		
	东并朝鲜、南吞百越、西征大宛、北破匈奴。攘夷拓土、国威远扬，奠定了汉朝疆域的基本范围，开创了汉武盛世的局面	实现了汉朝疆域的进一步统一		

续表

何人 (Who)	杰出的表现 何事（What）	成就杰出的原因 （要素分析）为何（Why）	过失	历史地位
唐太宗（李世民）	鼓动父亲李渊起兵反隋，即晋阳起兵；唐朝建立后，消灭各地割据势力	对唐朝的建立和统一做出了重要贡献	发动"玄武门之变"；贞观后期统治不如前期	"贞观之治"和接下来的"开元盛世"，政治开明，经济发展，在民族关系、对外交流、科学技术、文学艺术等多方面都有很大的建树，呈现出繁荣、富强的盛唐景象，中国成为当时世界上具有影响力的强大国家
	吸取隋亡教训，勤于政事	通过个体勤政确保帝位巩固		
	虚心纳谏；广纳贤才；把帝王和百姓的关系比喻为舟与水的关系；从善如流；知人善任；爱民如子	成功解决个体（唐太宗）和群体（官员）的关系：通过爱才爱民举措，借力发展统一多民族国家		
	进一步完善三省六部制，明确中央机构的职权及决策程序；制定法律，减少刑罚；增加科举考试科目，鼓励士人报考，进士科逐渐成为最重要的科目；严格考察各级官吏的政绩	推行政治革新措施，确立了完善统一的政治举措		
	减轻人民的劳役负担，鼓励发展农业生产	推行经济革新措施，确立了完善统一的经济举措		
	击败东西突厥，加强对西域的统治	开疆拓土，进一步完善疆域统一		
	唐蕃和亲；任用少数民族人士为官，被北方和西北地区的各族首领尊奉为"天可汗"；促进民族交往与交融，形成开放的社会风气	实行开明的民族政策，确立了完善统一的民族关系举措		
	唐诗、书法、绘画、音乐、歌舞、石窟和雕刻成就斐然	繁荣而开放的社会（统一多民族）在文化领域的表现		
	鼓励玄奘西行天竺取经、回国译经，促进中国佛教的发展和中外交流（《大唐西域记》是研究中外交流史的珍贵文献）	繁荣而开放的社会（统一多民族）在宗教领域的表现		

第四步，比较表 8-7 的数据，在发现三位杰出帝王的异同点及其成就间的联系中概括历史杰出人物杰出要素的内涵并验证假设。

相同点：他们均是中国历史上的杰出帝王，其杰出均表现为对中国历史发展做出了重大贡献，对统一多民族国家的形成、巩固和发展具有持续、巨大的促进作用——统一和拓展疆域，管理上注重创建、完善巩固统一的中央集权制度和措施。在他们的共同作用下，古代中国统一的版图日渐辽阔，巩固统一的制度和举措日渐完备，中国在世界上的影响越来越大。

不同点：三者最大的不同是分别处于中国历史上统一多民族国家形成、巩固和发展的不同时期——秦始皇处于割据时期，汉武帝和唐太宗均处于统一时期。时代的不同决定了他们治术的不同。（1）对待百姓方面：秦始皇赋税徭役沉重；汉武帝和唐太宗轻徭薄赋。（2）思想方面：秦始皇崇尚法家；汉武帝独尊儒术；唐太宗善于纳谏，广开言路，思想开放。（3）对外政策方面：秦始皇开拓疆域；汉武帝崇尚武力，多次发动对外战争；唐太宗注重对外友好往来。

“人类的融合统一”是“历史的方向”，“合久必分只是一时，分久必合是大势”。① 统一多民族国家的建立、巩固和发展是中国历史发展的必然趋势，也成为中国古代史的阶段特征。“融合统一”成为历史赋予各个帝王的重任。史实证明，秦始皇、汉武帝、唐太宗都成功地完成了历史赋予他们的“融合统一”的重任。他们之所以能够胜任，均与其个体的雄才大略、勤于政事、行事果敢、胸襟开阔密不可分，这是造就杰出的内因。这为他们虚心纳谏、广纳贤才、知人善任、重民爱民奠定了基础，更是他们能够关注并解决社会重大问题的核心要素。

验证假设：历史杰出人物的杰出要素与阶段特征和发展趋势紧密相关，其中，优秀的人格特征是其能够成为历史杰出人物的内在决定性因素。

---

① 赫拉利.人类简史：从动物到上帝［M］.林俊宏，译.北京：中信出版集团，2017：插页.

环节二：师生课堂探究"理解历史杰出人物——唐太宗"①，体验历史杰出人物要素分析法

鉴于课标、教材较全面、具体地呈现了唐太宗的相关内容，能够全面地反映出"历史杰出人物"的内涵及其杰出要素；此外，七年级下学期开学时学生经过了一个学期的历史学习，历史知识有了一定的积累，很有必要通过"理解历史杰出人物——唐太宗"的课堂探究活动，让学生完整体验历史要素分析法。

为使课堂探究更具有针对性、时效性，在课前对教学内容和学情进行分析的基础上制订恰当的教学目标成为关键。

1. 课前分析教学内容——明确学习的内容、目的

（1）"杰出"的史实表现：聚焦唐朝的政治、经济、民族关系和对外关系。

在中国古代历史上，唐朝的实力是很强大的，尤其是唐前期（唐太宗统治时期），政治清明，经济、文化繁荣，民族关系融洽，对外交流活跃。

（2）"杰出"的历史作用：完成唐朝历史上由乱世到治世的转变。

唐太宗吸取隋亡教训，顺应时代潮流，积极采取各项措施，促进了社会的进步，为"开元盛世"的出现奠定了基础，对后世产生了深远的影响。

（3）"杰出"的教育价值：在历史的发展进程中理解历史杰出人物的价值。

理解唐太宗这个历史杰出人物，是理解唐朝的一把钥匙。通过分析唐太宗杰出的表现及其原因，可以对隋唐政治、经济、民族关系和对外关系进行对比总结，使知识系统化，同时还可以引导学生学习分析理解历史杰出人物的方法。

在学完唐朝的政治、经济、民族关系和对外关系以后，有必要开设"理解历史杰出人物——唐太宗"专题课，通过梳理知识间的纵横关系，引领学

---

① 本课例是在清华附中朱培老师 2008 年市级骨干教师研究课"评价历史人物——唐太宗"基础上局部调整而成的。

生既了解历史的纵向发展趋势，又发现历史现象之间的横向联系，以更全面地认识唐初的历史，并在学习历史杰出人物分析法的过程中，初步掌握历史要素分析法。

2. 问卷调查——了解学生对杰出帝王杰出要素的认知水平

比如，清华附中的朱培老师在课前设计了如下的问卷：

我们已经在中国古代史的学习中学习过好几位皇帝，比如秦始皇、汉武帝、北魏孝文帝、唐太宗、武则天、唐玄宗等。我们应当怎样认识和评价这些帝王？

一、你认为杰出帝王的标准是什么？以下是一组判断题，请你认真思考，根据已有知识做判断。在你认为正确的表述后边的括号里画"√"，不正确的画"×"。

1. 帝王应当奋发有为，为了实现自己的设想可调动全国的人力、物力、财力。　　　　　　　　　　　　　　　　　　　　（　　）

2. 帝王具有至高无上的权力，全国的事情无论大小，都由帝王做决策。　　　　　　　　　　　　　　　　　　　　　　　　（　　）

3. 为了显示帝王的威严和地位，帝王应当修建豪华的皇宫，过最豪华的生活。　　　　　　　　　　　　　　　　　　　　（　　）

4. 帝王应该对人民收取重税，以便满足国家和帝王本人的需要。

（　　）

5. 帝王要通过不同的途径，选拔有才能的人做大臣，辅佐自己，维护统治。　　　　　　　　　　　　　　　　　　　　　　（　　）

6. 帝王要制定严密的法律制度，用严厉的手段惩罚犯罪的人，维护社会安定。　　　　　　　　　　　　　　　　　　　　（　　）

7. 帝王有统治思想，同时，在不影响社会稳定的前提下，允许不同思想的存在。　　　　　　　　　　　　　　　　　　　（　　）

8. 帝王应该想办法与周边的民族或国家和平相处、平等交往，避免不必要的战争。　　　　　　　　　　　　　　　　　　（　　）

二、请把你认为成为杰出帝王最重要的三点列出来并按照它们的重要性排序。

三、我们刚刚学过有关唐太宗的许多故事，他是中国古代历史上杰出的帝王。关于这位帝王，你有什么问题想要问吗？

通过问卷收集到的数据及其分析结果可作为确立教学目标、设计教学过程问题串的依据。

3. 确立"理解历史杰出人物——唐太宗"的教学目标

在详细分析教学内容和充分调查学情的基础上，确立如下教学目标。

知识目标：通过对唐太宗治国思想和措施的分析，加深对唐太宗（杰出）和贞观之治（阶段特征）的认识。

能力目标：通过归纳教材上已学过的相关内容，考据教师提供的史料，学会运用历史杰出人物要素分析法理解历史杰出人物。

情感态度价值观目标：通过归纳唐太宗的杰出功绩，分析其杰出的原因，认同并汲取唐太宗这一历史杰出人物在人生态度、人格和个性品质等方面的经验和智慧，为学习历史杰出人物的杰出要素奠定基础。

教学重点和难点：探索如何引导初一学生通过历史要素分析法理解历史杰出人物。

4. 让学生在"问题串"的探究中接近唐太宗这一历史杰出人物

（1）通过源自学生的问题串实现教学目标。

要实现上述教学目标，教师需利用课前调研中学生提出的关于唐太宗的问题，结合教学目标整理成问题串，搭建从学生已知到学习目标的桥梁。

【探究1】李世民为何能成为唐太宗？

问题1：李世民是在"玄武门之变"后成为唐太宗的，他为何能够成为唐太宗？

【探究2】为何说唐太宗是中国历史上杰出的帝王？

问题2：唐太宗采取了哪些措施，促使"贞观之治"局面出现？

问题 3：唐太宗经历了隋朝的灭亡，他从中吸取了什么教训？

问题 4：唐太宗的治国思想是什么？

问题 5：唐太宗是怎样选用官员的？

问题 6：唐太宗为什么用各种不同的方法选用官员？

问题 7：唐太宗为什么能够在大臣当朝提出反对意见的情况下克制怒火？

问题 8：唐太宗"存百姓"的思想及其治国措施为何能使百姓安居乐业，促进社会稳定、经济发展？

【探究 3】如何定义"历史杰出人物"？成就历史杰出人物的杰出要素有哪些？

问题 9：唐太宗的后期统治发生了什么变化？为什么会发生这种变化？

问题 10：古代学者为何总体"高评唐太宗"？这是否是全面的唐太宗？

问题 11：你认为什么是历史杰出人物？成就历史杰出人物的杰出要素有哪些？

（2）围绕问题串出示精选的史料，全面呈现从李世民到唐太宗再到杰出帝王的过程，列举其杰出的表现，分析其杰出的原因。

①老师补充"玄武门之变"相关材料（见材料 1），呈现从李世民到唐太宗的过程，让学生探究他为何能成为唐太宗。

· 材料 1 ·

玄武门之变是唐高祖武德九年六月初四（公元 626 年 7 月 7 日），由当时唐高祖李渊的次子秦王李世民在唐王朝的首都长安城（今陕西省西安市）大内皇宫的北宫门——玄武门附近发动的一次流血政变。在李家父子起兵反隋的过程中，李建成、李世民兄弟二人配合默契，直到唐朝建立。唐高祖即位后，李建成为太子，常驻宫内处理事务，为文官集团代表。李世民为秦王，继续率领武将集团带兵出征，功劳也最大。太子自知战功与威信皆不及李世民，心有忌惮，就和弟弟齐王李元吉联合，一起排挤和陷害李世民；李世民集团亦不服太子，双方持续明争暗斗。经过长期的斗争，李世民集团逐步占了上风，最终李世民设计在玄武门杀死了自己的长兄皇太子李建成和四弟齐王李元吉，被立为新任皇太子，并继承皇帝位，是为唐太宗，年号贞观。

[分析] 李世民能够成为唐太宗的主要原因：雄才伟略，做事果敢，具有杰出的军事、政治才能，做事有勇有谋，行事果断。

②让学生分组阅读教材，呈现李世民从唐太宗到杰出帝王的过程，并列举其杰出的表现，分析其杰出的原因。

将全班学生按座位分成五组，各组分领表8-8的任务，运用"五个W"的方法阅读教材相关内容，寻找答案。

表8-8 "寻找李世民从唐太宗到杰出帝王的表现及其结果"的任务分工

学生分组	阅读任务		表现	结果
1组	唐太宗个体勤政		略	经过唐太宗23年的治理，唐朝由初期的乱世走向了治世，开创了唐朝的盛世局面（史称"贞观之治"），为以后"开元盛世"的出现奠定了基础。唐代的中国成为当时世界上具有影响力的强大国家。
2组	皇帝个体与群体关系的处理		略	
3组	皇帝个体与社会关系的处理	政治	略	
4组		经济 军事	略	
5组		民族关系 对外关系	略	

进一步分析：唐太宗为何要采取上述治国之策？

③出示相关精选材料，分析唐太宗治国思想形成及实施的原因。

· 材料2 ·

彼炀帝……恃其富强，不虞后患，驱天下以从欲，罄万物而自奉……上下相蒙，君臣道隔，民不堪命，率土分崩。

——《贞观政要》

[分析] 唐太宗从隋朝灭亡中看到，隋炀帝滥用民力导致隋朝迅速灭亡。唐太宗的治国思想是什么？

・材料 3・

　　君，舟也；人，水也。水能载舟，亦能覆舟。

　　为君之道，必先存百姓。

——《贞观政要》

[分析]　人民既可以支持帝王，也可以推翻帝王的统治，为君之道先要让百姓安居乐业。概括得出唐太宗"存百姓"的治国思想。

通过提问挖掘学生已有认知：你认为哪个措施最能体现唐太宗"存百姓"的思想？为什么？

"存百姓"思想需要有官员去实施，需要采用正确的方法。

・材料 4・

表8-9　唐太宗选用官员简表

官员姓名	唐太宗选用官员的路径和类别
魏征	敌对力量
马周	破格提拔
程知节	农民起义将领
长孙无忌	士族
阿史那社尔	少数民族将领

[分析]　唐太宗选拔人才的路径有制度选拔（包括科举制）、破格提拔等。选用的官员既有亲信旧臣，也有以前政敌的部下；既有少数民族将领，也有原来农民起义的将领；既有贵族，也有平民。可谓广纳贤才，知人善任。

唐太宗为什么用各种不同的方法选用官员？

> ·材料 5·
>
> 天下英雄入吾彀中矣。
>
> 朕今举行能之人，非无端偏爱，乃其有益于百姓也。
>
> ——唐太宗

[分析] 唐太宗把任用各级官吏的权力统归朝廷，并任用来自不同阶层、观点不同的优秀人才为官，为他们提供了施展才华的机会，使他们忠心耿耿为朝廷效力，有利于政权的稳定；同时，这些人会从不同角度思考社会问题，提出很多真知灼见，有利于政治革新。这有利于巩固和发展中央集权的政治制度，加强对唐朝统一疆域的管理。

唐太宗为什么能够在大臣当朝提出反对意见的情况下克制怒火？

> ·材料 6·
>
> 以人为镜，可以知得失。
>
> 人主多恶正直，阴诛显戮，无代无之。朕践祚以来，正直之士比肩于朝，未尝黜责一人。
>
> ——唐太宗

追问：以人为镜可以知谁的得失？唐太宗所说的对正直大臣"阴诛显戮"的皇帝最有可能是谁？隋炀帝杀敢于直言的大臣的后果是什么？唐太宗怎么就能抑制怒火呢？

[分析] 在唐太宗的鼓励下，大臣进谏蔚然成风，仅魏征进谏就有二百多次。唐太宗集思广益，达到了君臣共治的效果。"兼听则明"，唐太宗不愧为一代明君。

唐太宗"存百姓"的思想及其治国措施为何能使百姓安居乐业，使社会稳定、经济发展？

· 材料 7 ·

贞观四年"天下大稔，流散者咸归乡里，米斗不过三四钱，终岁断死刑才二十九人。东至于海，南极五岭，皆外户不闭，行旅不赍粮，取给于道路焉"。

——《资治通鉴》

[**分析**] 统一多民族国家是百姓安居乐业、社会稳定、经济发展的必要条件，也是时代发展的必然趋势，因此要求帝王为臣民提供统一的疆域、越来越完善的巩固统一的举措（随着疆域的不断扩大、民族的增多，对中央机构的管理能力和地方官员的数量、来源、质量均提出了更高的要求，因此中央机构的管理制度、选拔官员的途径等均需要革新）。唐太宗李世民的治国思想及其举措极大地满足了唐朝的发展需要和日益强大的"统一多民族国家"的时代需求，所以他能够成为中国历史上的杰出皇帝。

（3）补充材料引领学生了解晚年的唐太宗，分析"高评唐太宗"现象出现的原因。

唐太宗统治后期在政策上出现了什么变化？

唐太宗统治初期，想重修毁于战火的乾元殿，但大臣张玄素认为这样做会耗费民力，导致国家灭亡。唐太宗听取了他的建议。但是，贞观十一年，唐太宗对待征发徭役问题的态度发生了变化。

· 材料 8 ·

（贞观）十一年，（马）周又上疏曰："今百姓承丧乱之后，比于隋时才十分之一。而供官徭役，道路相继，兄去弟还，首尾不绝。远者往来五六千里，春秋冬夏，略无休时。"

——《旧唐书·马周传》

补充：马周给唐太宗提出意见后，他表示接受。

[**分析**] 材料显示，贞观十一年，徭役增多，百姓负担加重。

出现上述现象的原因：贞观前期唐太宗君臣励精图治，各项制度的革新大体完成，成效显著；唐太宗的统治地位越来越稳固后，他开始滋生自满情绪，作为专制君主，权力几乎不受任何限制。总体来说，唐太宗后期统治不如前期。

古代学者为何总体"高评唐太宗"？这是否是对唐太宗全面的评价？

·材料 9·

隋末农民起义决定了唐初统治者指导思想的形成，对农民实施相对让步的政策是形成"贞观之治"的原因。

——汪篯：《唐太宗"贞观之治"与隋末农民战争的关系》

[分析] 唐初统治者包括唐高祖、唐太宗。唐太宗统治时延续了唐高祖的政策，"贞观之治"并不是唐太宗一人的功劳。

·材料 10·

武德九年（635 年）六月四日……"玄武门事变"……一直缠绕着李世民，使他心神不宁。为了掩盖事实真相，他只好凭借皇权，打破封建社会惯例看起居注……房玄龄按照唐太宗的意图，"删略国史"，对六月四日之事"语多微文"，"玄武门事变"的真相就这样被掩盖了。

——祺然《唐太宗为何要看起居注?》

[分析] 这给我们揭示了一个事实，那就是唐太宗打破了史官"秉笔直书"的史学传统，记述唐太宗时代历史的《旧唐书》和《贞观之治》中对唐太宗的记载都做了隐恶扬善的处理，使得史料失真，影响了后人对唐太宗的评价。

·材料 11·

"夫太宗之于正心修身之道、齐家明伦之方，诚有愧于二帝三王之事矣。然其屈己而纳谏，任贤而使能，恭俭而节用，宽厚而爱民，亦三代而下绝无而仅有者也!"

——戈直《贞观政要题辞》

[**分析**] 材料显示，唐太宗李世民的缺点是逼父杀兄、不忠不孝，优点是纳谏、爱民。总体评价是肯定的。

史实表明，唐太宗是中国历史上的杰出帝王。因为"杰出帝王"是历史杰出人物中的典型（特殊），所以可用"历史杰出人物"的定义和性质（一般）去理解它。

（4）凸显理解历史杰出人物的方法——探究什么是历史杰出人物、怎样才能成为历史杰出人物。

界定"历史杰出人物"的维度：①历史时空；②杰出人物杰出的表现——对人类进化、社会存在及其发展的重大功绩、地位和作用。

分析"成为历史杰出人物的要素"的维度：①个体——个性品质维度；②个体与群体的关系——健全人格维度；③个体与社会的关系——积极进取的人生态度维度；④留下被历史记载（被社会承认）或产生历史影响的证据。

例如，历史杰出人物是在人类发展的不同时段、不同领域，对人类进化和社会的存在及发展起着重大的促进作用，在历史长河中留下痕迹的人物。

成为历史杰出人物的要素（同时具备）：①具备优秀的个性品质（如才能和毅力等）；②能成功处理人际关系（如善于继承前人成果、纳谏、善于用人等）；③发现、提出并解决（或部分解决）人类和社会存在与发展的重大需求；④被社会承认或产生历史影响。

（5）通过板书呈现总体设计意图。

理解历史杰出人物——唐太宗

探究1：李世民为何能成为唐太宗？

探究2：为何说唐太宗是中国历史上杰出的帝王？

●吸取隋亡教训和治国思想

- 唐太宗的治国措施及成效

探究3：理解历史杰出人物的一般方法有哪些？

- 如何界定"历史杰出人物"？

界定"历史杰出人物"的维度：

①历史时空；

②杰出的表现。

- 成为历史杰出人物的要素有哪些？

分析"成为历史杰出人物的要素"的维度：

①个体；②个体与群体；③个体与社会；④证据。

环节三：学生运用所学解决实际问题

对"理解历史杰出人物——唐太宗"一课，可布置这样的课后作业：

尝试运用要素分析法写一篇历史小论文《评价唐太宗》。

要求：论点鲜明，论从史出，论证清楚。

在布置作业的同时，老师给出评价量规（见表8-10），简单明了地说明评价准则、等级标准等，方便学生创作好作品，也利于教师进行公平公正的评价。

表8-10 学生作品评价量规

项目	第一层次	第二层次	第三层次
主题	全面地回答、讨论了这个问题，没有偏离主题	试图回答这个问题，但是偏离了主题	没有回答这个问题，含有不相关的评论和信息
论据	准确地引用唐太宗和隋唐时期的史实与材料作为论据	引用了一些关于唐太宗和隋唐时期的史实与材料作为论据，但是有不准确之处	没有引用相关史实与材料作为论据
写作	写作清楚、流畅，易于理解	写作不太流畅，有较多不通顺的语句	写作基本流畅，有少量不通顺的语句

　　师生课堂探究"理解历史杰出人物——唐太宗"，为后面学生自主运用历史要素分析法分析其他历史杰出人物提供了思路和步骤。

　　前面以初高中"理解历史杰出人物"为例，系统阐述了历史要素分析法目标单元的内涵、设计历史要素分析法目标单元的价值及路径、方法。这是一个教师通过言传身教，让学生学习和掌握历史要素分析法的过程，同时也是学生体验历史研究的完整程序，在历史学习过程中趋近历史知识目标（认识阶段特征和发展趋势）的过程。这为学生形成历史系统思维、更好地建构历史知识体系奠定了坚实的基础。培养系统思维，有助于学生养成全面思考问题的习惯，避免"见木不见林"，进而达到"能够正确认识人类历史发展的总趋势；能够将唯物史观运用于历史的学习与探究中，并将唯物史观作为认识和解决现实问题的指导思想……能够在不同的时空框架下对史事作出合理解释；在认识现实社会时，能够将认识的对象置于具体的时空条件下进行考察……能够从史料中提取有效信息，作为历史叙述的可靠证据，并据此提出自己的历史认识；能够以实证精神对待历史与现实问题……能够认识历史解释的重要性，学会从历史表象中发现问题，对历史事物之间的因果关系作出解释；能够客观评判现实社会生活中的问题"① 等高层次的历史课程目标。另外，学习历史要素分析法认识历史规律的过程还可以给师生以成就"杰出人物"的启示：不仅需要通过学习培养健康的个性品质，能够持续认真地做事，还要有健全的人格，要善于合作并以多种方式借力，更要密切关注国际国内大势，这样，才有可能发现、提出并解决促进社会发展的重要问题，成为对国家、对社会、对历史有独特价值的人，从而将立德树人的根本任务落实到位。

第 九 章

地理：以"地理位置认识水平发展"为线索的多维目标单元设计

[导读]

本章将目标的进阶安排作为叙述重点，这是多维目标设计中的一个重要问题。

在课程教学中常常会遇到某个知识内容反复出现的现象，从课程理论上讲，这些内容的学习应该是螺旋式上升的，也就是说，对同一个内容，在不同阶段，学生的认识水平应该不一样。然而，我们在实践中看到的常常是低水平重复，以及由此带来的学生对学习的厌烦。怎样才能避免低水平重复呢？那就要安排目标进阶。本章针对这一问题提出了解决思路和方案。

在这一解决思路和方案中，或者说在目标进阶的安排上，最为关键的是对"认识水平"的理解和相应的教学设计。提到"认识水平"或者"认知水平"，大家一般会想到安德森的《学习、教学和评估的分类学——布卢姆教育目标分类学修订版》一书中提出的"记忆、理解、应用、分析、评价、创造"。这是运用最为广泛的理论。但是，我们需要注意三点：第一，这一理论对每个水平都进行了非常细致的解释和区分，需要我们结合教学内容认真体会，将其具体化，否则会出现"贴标签"现象而无法真正落实学生认知水平的发展；第二，这一理论中的认知水平隐含的思维是一般思维，而每个学科都有自己独特的学科思维，如果不能将二者有机结合而仅仅停留在一般思维上，就会丢掉宝贵的学科思维的培养；第三，不能仅仅通过认知的结果判断学生的认知水平，而是要特别关注学生的思维过程即对知识的建构和应用过程；第四，认知水平的提高不仅是对知识内涵的认识的提高，同时也是对知识意义的认识的提高，对意义的认识应该伴随整个认知过程。

通过本章我们能够清晰地看到，阶段性目标设计是多维目标有机协同地从一个阶段到另一个阶段的设计。

能力结构变化的说明：从最初关注课标要求中的"地理位置"知识，到强化对"地理位置"意义的理解，凸显"位置首要"的意识，最终围绕"地理位置对人类活动的影响"进行意义建构，这是我们认识的一个飞跃过程。这个过程使学生的地理学科能力结构发生了变化，学生对地理位置的意义理解上升到人地关系的高度，趋于丰满和理性。具体在区域地理学习中的表现为：面对任意一个具体区域，具有从地理位置入手进行区域认知的意识，掌握了将区域地理位置与区域自然环境特征建立关联的综合分析方法，关注区域地理位置与其他地理要素之间的关系，进而能够围绕地理位置对人类活动的影响，从人地协调观的高度建构"地理位置"的地理意义。在这样一个过程中，学生对区域位置的空间定位、对区域地理事物特征的觉察，对地理事物之间因果关系的分析、判断与推理能力，对区域人类活动过程的分析与预测，以及对人类活动的决策与分析评价能力，都同步得到提升。

"地理位置"是在地理课程教学中反复出现的内容，从初中的区域地理到高中的区域问题分析，对"地理位置"的理解和认识应该是一个螺旋式上升的过程。然而在实践中，我们看到在不同尺度、不同类型的区域学习中，"地理位置"常常作为一个"八股"要素出现低水平重复，由此带来学生对区域地理学习的厌烦。本章就是针对这一问题提出解决思路和方案。

一、"地理位置"分层递进目标单元的提出

地理核心素养是知识、能力、价值观等的综合表现。某一核心素养的培养不是靠一节课就能实现的，而是在对同一个核心概念的相关内容进行长期连续、循环上升的学习的过程中逐渐实现的。对核心概念统摄下的同一主题的内容进行凸显目标培养的单元教学设计是培养地理核心素养的重要途径。

"地理位置"是地理学科的核心概念，是体现地理"区域认知"思想方法的核心内容，其相关内容的学习是地理核心素养培养的一个重要载体。由于"地理位置"相关内容分散在初中的区域地理和高中的区域发展分析中，我们常常习惯于关注一个个不同区域，以课时为单位进行区域地理位置的学习。这样的"课时主义"容易把"地理位置"内容碎片化、细节化，不容易关注到学生认知水平的发展及其与学习目标的差距。加上课标中对地理位置学习的要求多以知识点的形式出现，表述学生认知水平的行为动词前后递进不明显，导致教师缺乏宏观统筹安排，其教学目标没有明显的认知水平的递进衔接，教学中"深一脚浅一脚"的现象时常出现，不能保证学生地理位置认识能力的系统提升和地理核心素养的提升。因此，我们以"地理位置"不同认知水平的有效达成为目的，把初中的"地球和地图""区域地理（世界地理、中国地理和乡土地理）"和高中地理"区域问题分析"中涉及"地理位置"的内容进行整合重组，统整优化、系统设计，形成一个跨学期、跨学段、贯通初高中的目标单元，再按照学生的认知发展阶段，整体把握相关内容，统筹设计不同学段学生的"地理位置"认识目标，进而设计促进学生朝着更高水平发展的分层递进目标单元。

二、"地理位置"认识水平分层递进发展目标设计的两个基本依据

在单元教学设计中，单元的目标设计是关键，它导学导教导评价，是单元教学实施的出发点和归宿点。目标设计的两个最为基本的依据是教学内容

的知识分析和学生学习情况的分析。

（一）学生"地理位置"学习情况分析

两个基本依据中，学情分析最容易被忽视，但却最能触发我们的反思，让我们反思我们的目标，甚至反思我们对知识的理解。学生学习中的困难诊断和障碍分析是设计单元教学目标的一个重要依据。在区域地理位置相关内容的教学中，我们对学生在以下几个方面出现的问题和存在的学习障碍进行了诊断分析，在此基础上寻求"地理位置"不同认识水平分层递进发展的依据。

1. 从知识层面上看，学生不能全面建立起区域或地理事物所在地理位置的空间概念

教学中我们发现，学生关于区域地理位置的空间概念建立不起来。例如，有的学生不能理解并区分"大洲的东部"和"大洲东面"，不能正确使用方位词来进行定位；很多学生对某一个区域或地理事物不能从经纬度位置和海陆位置以及相对位置等不同视角，从方位、分布、距离、可接近性等不同方面进行相对地理位置特征的概括。这些问题一方面说明学生在事实层面对地理事物位置的认识单一，没有建立起多视角认识地理位置的学科思维；另一方面，也反映出学生在学习中对经纬度、海陆位置、方位、分布、距离、可接近性等基本概念没有理解。也就是说，以"地理位置"作为核心概念，学生对其中涉及的基本概念理解不清，无法对一个具体区域形成一个综合的、整体的"地理位置"的概念，无法从概念层面认识区域地理位置的特征。可见，从用经纬度、海陆位置以及相对位置等不同视角从方位、分布、距离、可接近性等多个角度描述一个区域的相对地理位置，到在概念层面多视角概括区域地理位置的特征，是学生学业质量两个不同层次的目标要求，应该在教学中得到体现。

2. 从意义层面上看，学生不理解地理位置在区域认知中的价值和地理位置的意义

地理位置的地理意义，既包括地理位置对气候等自然地理要素的影响，也包括它对人口、城市、交通等人文地理要素的影响。地理位置不同带来的

地理环境要素的差异，是形成区域地理环境特征和区域地理问题的基础和前提。因此，突出位置决定差异，即初步确立"位置首要"的学科思维是区域地理学习中区域认知的重要内容，是地理位置的地理意义的体现，在教学目标中也应该体现。

在区域地理教学中，我们时常发现学生对地理位置的意义认识不足，不能将地理位置与其带来的地理环境差异、地理环境特征和区域发展问题等联系起来。这主要表现在，学生仅仅将区域的地理位置作为一个知识点来对待，将一个个区域所在的地理位置、位置特征作为知识结论通过记忆来掌握，而对其作为区域认知方法的意义和价值往往认识不到或根本没有意识。

经过深入分析，我们认为导致该问题的原因主要是教师在进行教学设计时没有将知识的意义问题纳入教学目标。教师没有让学生认识到地理位置的意义，即地理位置在区域认知中的价值。对知识的意义和价值的不理解，导致学生不清楚为什么要学习区域的地理位置，认识一个区域为何要从地理位置开始，为何要将地理位置的学习与后面的学习建立起联系。这样不理解知识意义的盲目学习，往往导致学生厌学或被动记忆，没有学习的内在动力。因此，从仅仅将地理位置作为知识和技能来学习到了解学习地理位置的意义，也是学生对"地理位置"认识水平发展的体现。

3. 从方法层面上看，学生缺少多角度、多尺度概括位置特征、认识地理位置的一般方法和学习策略

面对一个具体区域，学生不能描述出关键的纬线，不能按照一定的思路和方法，根据图例正确找出大洲、国家的界线，不知道某一区域运用哪种尺度的地图，不会多尺度进行位置的描述和意义分析，也不能用动态发展的意识来认识区域地理位置的特征。学生不能掌握地理位置学习的认知方法和认知策略，把方法的学习等同于一般知识点的死记硬背。显然，老师也教了这些具体的方法，可为什么学生还是掌握不了？出现这些问题的根本原因是什么？我们认为，对地理位置的具体认识和确定地理位置的方法是由地理位置的基本概念转化而来的，地理位置是陈述性知识，认识地理位置的方法是程序性知识。学生弄不清与地理位置相关的基本概念，又不能将基本概念转化为认识地理位置的程序性知识，教师只在程序性知识的事实层面教学，学生无法理解这些具体方法，被动识记，效果自然不好。因此，教给学生多角度、多尺度概括地理位置特征和认识地理位置的一般方法，是促进其认识水平递进发展的一个重要方面。

通过以上学情分析，我们认识到学生学习地理位置的困难和障碍的突破，有赖于学生对地理位置意义的理解、对基本概念的理解以及对基本概念与认识方法之间的关系的理解。对意义的理解是学生能力提升的灵魂，是具有迁移价值的。而对意义的理解、对基本概念的理解以及对基本概念与认识方法之间关系的理解，是有层次的，是与学生不同认知发展阶段相关的。进而，我们认识到设立针对不同认识水平的分层递进的目标单元进行地理位置认识方法教学的必要性和紧迫性。因此，我们期望通过"地理位置"这样一个跨学段的目标单元，设计不同认识水平的发展目标，循序渐进地培养学生关于方法的学习习惯和学科能力。

（二）"地理位置"知识分析

1. "地理位置"包含的基本概念及其内涵

"地理位置"作为地理学中的核心概念，有很强的统摄力和解释力。核心概念由许多基本概念组成。"地理位置"是用以界定地理事物间各种时间、空间关系的地理专业术语，是学科本质的体现。地理事物或现象总会占据一定空间或表现在一定的空间内，所以地理位置是指地理事物（实体）在空间的特定分布。具体包括：正在研究的对象在哪里（绝对位置）；与大洲、大洋或其他事物是什么样的空间分布关系（海陆位置或相对位置）；相对位置从哪些方面来描述（方位、距离、可接近性）；这样的地理位置意味着什么（地理位置的重要意义）；地理位置对于人类社会经济发展具有什么样的意义（人文地理位置）。由此，地理位置的基本概念主要包括以下几个。

（1）经纬度位置（绝对位置）。它是指某一地区或地点的经纬度坐标（又称地理坐标或天文坐标），用具体数字表明其方位。经纬度位置是地理事物所在点的绝对位置，这个绝对位置是唯一的，是某一地理事物区别于其他地理事物最主要的特征。如果地理事物是点，经纬度位置就是这个点所在的经纬度坐标。如果地理事物是线或面，那就需要表明其所跨的经纬度范围。就经纬度位置而言，重点在于让学生观察确定某地理事物或区域与特殊纬线、经线之间的空间关系，观察确定其所跨的经纬度范围。对一个国家或地区来说，所跨经纬度范围在半球位置、国土面积大小和所处热量带等方面有其特殊意义。

（2）海陆位置（相对位置）。相对位置取决于研究区域或事物的空间尺度。对较大尺度的区域如地区、国家来说，通过它距海洋的远近或处在大陆的内部、边缘等处及其方位来说明其海陆位置。如我国的位置在亚洲的东部、太平洋的西岸。海陆位置也是相对位置，它说明了某地理事物相对大洋和陆地的空间位置关系，某区域濒临的海洋、距海远近、位于大陆的具体部位等。相对位置是指与具有指示意义的参照物的相对位置关系，如某事物或某区域与山脉、河流等参照物之间的方位关系、距离远近、可接近性等空间位置关系。

（3）人文地理位置。人文地理位置是用以表达人文需要的地理位置，是自然地理位置人文化的结果。人文地理位置包括经济地理位置、政治地理位置、军事地理位置、交通地理位置等。一个国家首都的地理位置，通常代表着其政治地理位置。在军事战略上具有特殊意义的地理位置，如海上的优良港口，陆地上的制高点、要冲、关口等，在传统的战争中有天然的先发制人的优势，在今天依然比较重要。自然地理位置有不可改变的一面，而人文地理位置可以因需要发生改变。如一个国家处在海峡或连接海陆的交通要道上，交通位置重要，同时可能是政治重地和军事重地，但随着社会的发展和其他交通线路的开辟，这个交通要道的唯一性和战略价值可能有所下降，而其他地方的战略位置优势可能更加凸显。再如，一个地方之所以成为经济中心，也与本地的经济地理位置相关。随着社会的发展或对国家发展战略的考虑，这个地方可能由经济中心变成其他中心。

2. 基本概念转化为基本识别技能

基本概念是陈述性知识，转化为程序性知识，即基本识别技能，才能形成方法性、策略性的知识。陈述性知识是告诉人们是什么、怎么样的知识，而程序性知识是告诉人们怎样去做的知识，明确做事程序中的步骤、条件，其内部心理特征是"如果……，那么……"。地理位置涉及的地理要素一般包括点状要素、线状要素和面状要素。点状要素指的是范围较小的一点，如较小比例尺地图上的一个居民点；线状要素指的是河流、道路等；面状要素指的是一个区域，如农业区。如果讲陈述性知识，我们会告诉学生认识地理位置时，点状事物位置如何，线状和面状事物位置怎样。如果转化为程序性知识，就需要将其转化为这样的基本识别技能：如果研究的是点状事物，那么，我们从这些点的数量、大小、空间分布变化、离散状况等方面来进行描述。如中国人口分布图是用人口密度表示中国人口的空间分布的，地理学家胡焕庸最初用一个点代表一万人，在图上点出四万七千个点，并将每个点点在地图相应位置上，用"点子法"制成了中国人口分布图。在中国人口分布图上，很明显地看出这些点大多集中在"胡焕庸线"（自黑龙江之瑷珲，向西南作一直线，至云南腾冲为止）以东，东南部人口稠密，西北部人口稀疏，人口密度从东南向西北逐渐降低，总的人口分布特点是不均。这样的程序性知识是从点代表人口数量的多少、空间分布状况以及稀疏和密集（离散状况）等方面进行描述的，不仅仅是一个结论，更重要的是据图概括人口分布特征的基本技能。

描述一个区域或地理事物的位置，总要有参照物来进行对照，即区域位置必须和一些可观察到的地面特征结合起来。因此，在描述区域地理位置时，要突出两个要素：一个是参照物，另一个是方位和可接近性。对地理位置的概括不同于描述，需要抓住最主要的特征进行凝练的描述，不需要面面俱到。例如，西亚地区的地理位置可以概括为"三海五洲之地"。其方法论是：地理位置的描述要借助一定的、能凸显区域位置地理意义的参照物（如特殊的经纬线、重要的交通线等），通常从距离、方位、可接近性等不同角度去说明这种位置关系。这些就是基本概念以及由此转化的技能。这里的方法是具体方法，而不是思维方法。这是在事实性知识和概念性知识（即陈述性知识）基础上转化而成的程序性知识。这些可以在提问时贯穿在问题设计思路中，然后在"引导反思"环节让学生来提炼总结，从而帮助学生形成认识和描述、概括地理位置的一般方法。

对地理位置的分析，主要是分析地理位置与其他地理要素的关系。地理位置会影响一个地方的气候（气温和降水）、河流、农业、工业、交通等，从而进一步影响当地衣食住行的方方面面。综合分析地理位置的影响，要把认识对象置于一定空间范围内，着重从以下三个维度展开：一是明确在特定的空间内充填了哪些地理要素；二是分析这些地理要素是如何配置、组织或相互联系的，如不同的纬度位置如何影响其所处的热量带，不同的海陆位置如何影响其所处地带的降水量，即其与气候特征的关系如何，气候特征又如何影响了这里农作物的类型、品质以及耕作制度等；三是分析这种配置与组合方式对区域整体特征产生了怎样的影响。

对地理位置的评价是分析区域发展问题的基础和前提。"评价"即依据准则和人类活动的需要来做出判断。地理位置在特定的时段有其优势和劣势，因此，帮助学生明确评价某区域地理位置优劣的标准是让学生学会评价地理位置的关键。在评价地理位置时，主要是围绕"空间中事物的地理位置和事物之间的空间关系以及这种空间关系的可能影响"展开的；通常要从是否有利于人类经济活动的角度选取一定的"空间中的事物"，从可接近性的角度评价区域的地理位置与该"空间中的事物"的空间关系。同时，还要从动态的角度，用辩证和发展的眼光评价某区域地理位置的优劣，并通过比较来进行位置的评价。

3."地理位置"蕴含的学科思想方法和思维方法

地理位置的认识中隐含了很多学科思维方法，其中位置与差异的空间关联分析，多视角、多尺度、多时段综合分析地理位置，区域联系与地理位置的相对性等，都是从学科综合、动态发展等视角出发看待位置和分析位置的思维方法。

地理教学需要寻找一种认识地理位置的方式，让学生知道如何全面理解和认识地理位置。从内容逻辑上看，认识一个事物的地理位置一般从经纬度位置和海陆位置等自然地理位置的视角入手，有时也需要考虑人文地理位置如经济地理位置、政治地理位置、军事地理位置、交通地理位置、文化地理位置等。在中学地理课程理论体系中，"地理位置"综合反映事物生成发展的环境条件，是区域差异产生的基础。区域间地理特征的差异，在很大程度上是由于两者在地表上所占据的位置不同。结合区域的位置特点可概括区域特征，进而认识区域的发展条件，分析人类活动与自然条件的关系以及区域发展问题。通过区域位置差异分析区域发展条件差异的方法可以称为位置与差异的空间关联的思维方法。这些又都是区域认知、综合思维等核心素养的体现。

认识某地理事物或某一个区域的位置，除了关注经纬度位置、海陆位置以及其他相对位置、人文地理位置外，还要关注区域尺度大小，变换不同尺度分析该区域的地理位置特征，凸显地理学科中尺度的思想方法，深刻认识地理位置的意义。例如，大洲尺度的地理位置就要在全球尺度或半球尺度的地图上研究，重点关注其在东西南北半球的绝对位置及其与各大洲大洋的相对位置关系；地区尺度的地理位置至少在大洲尺度的地图上研究，侧重点是该地区的绝对位置及其与各大洲大洋、主要的海峡、岛屿等参照物的方位关系、距离以及可接近性等相对位置关系；而国家的地理位置分析，至少应放在大洲或地区尺度的地图上，着眼点为该国家的经纬度位置及其在大洲内与主要山脉等参照物的方位关系、距离、可接近性等相对位置关系。如果要深入分析一个国家或地区的地理位置在经济、军事战略方面的价值和意义，可能还需要变换尺度，在不同尺度的地图上来分析其地理意义。变换不同尺度分析地理位置是为了更充分地看到地理位置的相对性及其带来的丰富意义。可见，尺度的思想和多尺度分析的方法是地理学科中"地理位置"的重要认识方式。

人文地理位置随着社会的发展演变，其特征和意义也会发生变化。同样的地理位置，其地理意义在不同时段会发生改变。所以，教师进行地理位置的教学时要注意突出不同时段地理位置的分析方式，让学生学会用动态发展的观点认识问题。例如，地中海直布罗陀海峡和新加坡马六甲海峡都有着非常重要的战略意义和价值。其中直布罗陀海峡在"第二次世界大战"期间曾是连通大西洋和印度洋的重要通道；而马六甲海峡也是连通太平洋和印度洋以及亚洲和非洲、欧洲的"十字路口"和交通要道，曾被称为日本的生命线，对我国石油、天然气等战略资源的贸易来说也是一个至关重要的关口。随着社会的发展和科技的进步，它们的战略意义和价值都发生了不同程度的变化：随着新航路的开辟以及对大型贸易货轮吃水深度的要求，直布罗陀海峡对一些国家的战略意义在下降；随着我国"一带一路"建设的深入和巴基斯坦铁路与瓜达尔港的修建，我国依赖马六甲海峡的程度以及马六甲海峡"海上石油生命线"的战略价值也会相应地发生变化。可见，自然地理位置虽然对社会发展具有一定程度的决定作用，但社会发展带来的区域联系的变化也会反过来影响地理位置的意义。因此，在地理位置的学习中，不仅要帮助学生建构地理知识，更重要的是让学生构建学科思想方法下多视角（从不同方面认识位置）、多尺度（在不同尺度下对位置的分析）、多时段（不同时段位置意义的变化）认识地理位置的方法体系以及对地理位置意义的认识。[①]"地理位置"内容背后蕴含着很多学科思想和方法，如空间尺度的思想方法以及很多具体的学科方法和思维方法。教学生学会多尺度、多视角和多时段动态分析问题，并将具体的方法进行系统总结，提炼出一般性的原则，即上升到方法论层面，形成学生能够迁移运用的知识，这是更应该花大力气学习的内容，也是较高层次的认知水平。

4. "地理位置"的意义及教育价值

让学生在生活经验和实际问题解决中对地理位置建立个体意义和意义理解的过程就是教育价值的体现。"地理学的要旨是在了解十分多样的过程和现象时'区位要紧'，地理学对位置的重视提供了观察和解释现象的横断路径"[②]。地理位置是其他自然地理要素变化的基础，它与其他地理要素相互作用并对人类生产和社会活动产生影响，其上位的观念是"位置首要"，即地理位置是区域地理条件特征和人类活动的关键和基础。在地理学理论体系中，地理位置具有重要的特殊意义，它综合反映事物生成发展的环境条件，是地球上一切自然现象形成的基础。《地理教育国际宪章》指出，认识人和地方的位置是理解本地、区域、国家和全球相互依存关系的前提。在影响某个区域自然地理环境的各要素中，一般将位置因素放在首位。区域间地理特征的差异，在很大程度上是由不同区域在地表上所占据的位置不同决定的。地理

---

① 参见：张萌萌，蔚东英. 认识"地理位置"：基于多尺度、多视角和多时段的方法 [J]. 地理教育，2014（11）：9-11.

② 美国国家研究院地学、环境与资源委员会地球科学与资源局重新发现地理学委员会. 重新发现地理学：与科学和社会的新关联 [M]. 北京：学苑出版社，2002：3.

位置是阐述区域特征的出发点：地理位置不同，其中的内容和内容的组织方式就不同；位置不同，就会产生相应的区域差异；结合区域的位置特点可概括区域特征。

人地关系是地理学科研究的对象和组织教学内容的主线，地理位置和空间关系是人地关系的重要体现。我们研究空间位置和空间关系的目的是解释客观规律，最终目的是为人类活动服务。这样理解的话，地理位置的评价内容应该是围绕地理位置的意义构建的，也就是围绕地理位置对于人类活动的影响构建的。地理位置的意义即事物在空间中的绝对位置和相对空间关系对人类活动的可能影响，对地理位置意义价值的认识要贯穿整个单元。

地理位置作为中学地理教育中的核心概念，具有丰富的内涵，并可以聚焦教学内容，具有重要的教育教学价值。准确说明地理事物的空间位置及其重要意义是区域认知的前提和基础。《义务教育地理课程标准（2011 年版）》在"认识区域"中明确要求：在地图上找出某地区的位置、范围、主要国家及其首都，读图说出该地区地理位置的特点。《全日制普通高中地理课程标准（实验稿）》必修模块 3 和《普通高中地理课程标准（2017 年版）》中的"区域发展"部分的内容也要求从地理位置的分析入手，进而认识某个地区的自然地理环境，地理事物和经济活动的变化规律，以及区域间自然地理特征的差异和区际关系等，分析解决区域发展问题。可见，在中学地理学习中，要先通过准确的空间定位将思考对象置于一个特定区域内，继而以此为逻辑起点去认识地理现象和事物的依存关系以及它们的分布与变化规律。地理位置的学习是形成区域认知这一思想方法的重要依托，是帮助学生建立空间观念和形成地理核心素养的重要载体。

三、"地理位置"认识水平的层级划分及目标内涵

"地理位置"认识水平发展阶段如何划分？我们首先对课标中"地理位置"的相关内容进行梳理。初高中地理中与"地理位置"有关的内容主要包括：地球上的经纬线与地图上的方向；从经纬度位置（绝对位置）和海陆位

置（相对位置）等方面对位置的描述和确定；位置的意义认识及位置与区域要素特征的联系的分析；位置意义的发展变化等。表9-1为《义务教育地理课程标准（2011年版）》和《全日制普通高中地理课程标准（实验稿）》中与地理位置有关的教学内容及要求。

表9-1　课标中与地理位置有关的教学内容要求的梳理

	与"地理位置"相关的内容	行为动词	认知水平分级	不同认识水平的思维方法和认识方式
世界地理	举例说明纬度位置、海陆分布、地形等因素对气候的影响	举例说明	分析	综合分析和说明 多视角
	运用地图等资料简述某大洲的纬度位置和海陆位置	简述	理解	识别、描述 多视角
	在地图上找出某地区的位置、范围、主要国家及其首都，读图说出该地区地理位置的特点	找出、说出	记忆	观察、描述 多视角、多时段、多尺度
	在地图上指出某国家地理位置、领土组成和首都	指出	记忆	观察、识别 多视角、多尺度
中国地理	运用地图说出我国的地理位置及其特点	说出	理解	概括、描述 多视角、多尺度、多时段
	运用资料说出我国气候的主要特征以及影响我国气候的主要因素	说出	理解	分析、说明 多视角
	运用地图简要评价某区域的地理位置	评价	评价	评价 多视角、多尺度
乡土地理	运用地图，描述家乡的地理位置，分析其特点	描述、分析	应用	描述、分析 多视角

续表

与"地理位置"相关的内容	行为动词	认知水平分级	不同认识水平的思维方法和认识方式
以两个不同区域为例，比较自然环境、人类活动的差异	比较	应用	描述、分析 多视角、多尺度、多时段
以某区域为例，分析该区域存在的环境与发展问题	分析	应用	分析、说明 多视角、多尺度、多时段
以某区域为例，分析该区域农业生产的条件、布局特点和问题；以某流域为例，分析该流域开发的地理条件；以某区域为例，分析该区域能源和矿产资源的合理开发与区域可持续发展的关系	分析	应用	分析、说明 多视角、多尺度、多时段

（左侧纵向表头：高中地理必修模块3）

　　我们参考了安德森对布鲁姆等人创立的"教育目标分类学"的修订，按照认知过程的分级水平，即记忆、理解、应用、分析、评价和创造（前3项为认知程度中的初级认知，后3项为认知程度中的高级认知），对表中与"地理位置"相关的内容的认知水平进行了初步分级，可以发现，初中阶段主要是记忆和理解，高中阶段主要是应用和分析，介于初级和高级认知水平之间。

　　从表9-1中的"行为动词""认知水平分级"以及"不同认知水平的思维方法和认识方式"这几列来看，可以看出初高中课标中对学生的认知水平、思维水平和能力水平要求参差不齐，且没有按照学生认知阶段做出系统的衔接递进安排。如果按照认知发展水平，初中阶段，对"位置"的认知要求应该是从指出、说出、简述的认识和描述水平，逐渐上升到初步综合阶段，将地理位置与地理要素建立联系，达到分析水平，再到评价水平，形成一个螺旋上升、循序渐进的过程；① 到了高中必修模块3，是迁移应用阶段，需要调用初中学习的地理位置描述、分析、评价的方法和相关知识与技能，进行

① 参见：胡祝娟．"地理位置"教学设计的统筹思考［J］．地理教学，2015（5）：42-44.

区域地理特征的分析，进而对区域人类活动对地理环境的影响等问题进行分析，解释或解决区域地理问题与发展问题。借助地图从不同视角进行位置的识别、描述，这对于学生形成空间定位、空间格局观察和描述能力具有重要意义；借助不同比例尺的地图，进一步对地理事物这样的位置"怎么样"和"为什么在这里"进行分析，有助于培养学生的综合思维和空间分析、推理能力；对于"地理位置对区域发展的意义建构以及未来发展方向的预测"的分析、评价，不仅能培养学生动态、辩证地分析问题的能力，而且体现了"地理位置"知识的价值。这样一个"地理位置"意义建构的过程，伴随着地理思维能力的发展，是一个一以贯之、循序渐进、逐渐"上台阶"的过程。

在这一解决思路和方案中，或者说在目标进阶的安排上，最为关键的是对"认识水平"的理解和设计。提到"认识水平"或者"认知水平"，我们一般会运用安德森等人的《学习、教学和评估的分类学——布卢姆教育目标分类学修订版》一书中提出的"记忆、理解、应用、分析、评价、创造"。这是被运用最为广泛的理论。但是，需要注意四点：第一，这一理论对每个水平都进行了非常细致的解释和区分，需要我们认真结合教学内容体会并将其具体化，否则会出现"贴标签"现象而无法真正落实学生认识水平的发展；第二，布鲁姆理论中的认知水平背后隐含的思维是一般思维，而每个学科都有自己独特的学科思维，如果不能将二者有机结合而仅仅停留在一般思维上，就丢掉了本学科最为宝贵的学科思维的培养；第三，不能仅仅通过认识的结果判断学生的认知水平，而是要特别关注学生的思维过程，即对知识的建构和应用过程，看学生的思维是否真正达到了所期待的水平；第四，认知水平的提高不仅是对知识内涵的认识的提高，同时也是对知识意义的认识的提高，意义的认识应该伴随整个认识过程。

这样，我们以中国地图出版社出版的地理教材为例，将初高中涉及地理位置的内容进行"地理位置"认识水平的学习进阶分析，其认知阶段、思维能力、知识意义认识水平的进阶表现如图9-1所示。

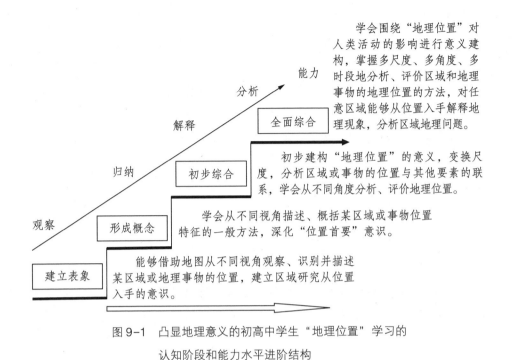

图 9-1 凸显地理意义的初高中学生"地理位置"学习的
认知阶段和能力水平进阶结构

　　由图可见，学生对"地理位置"的认识水平的发展，大致划分为建立表象、形成概念、初步综合和全面综合四个递进上升的阶段。但是，需要说明几点：（1）因为不同的认识水平是由认识方法、思维水平决定的，因此，虽然认知阶段看起来是以知识内容的学习来划分的，但它凸显了思维水平和认识问题的方式方法；（2）该图凸显了思维方法的进阶，思维方法不仅体现在对地理位置的认识上，还可以体现在对地理位置的意义即地理位置的"首要性"的认识上，只有让学生真正意识到地理位置对地理学习的意义和价值，才能更好地调动学生学习的积极性；（3）表象是学生从地理感知到地理思维的过渡阶段，无论初中先学世界地理还是先学中国地理，都要遵从这样一个认知水平的发展规律。也就是说，在任何一个学习阶段都要先帮助学生从自身经验出发，形成地理活动的表象，从体验到初步感知"一般概念"，建立学习内容与体验活动和学习兴趣的关联，然后在此基础上概括出事物的本质，形成基本概念。形成基本概念是认识活动的重要环节，也是学生后续进入原理学习必要的基础。

第一阶段，建立地理表象阶段。方法是由概念转化过来的，而概念的建立需要地理表象的支撑，因此，要让学生初步建立地理位置的表象和位置意识。首先要让学生以生活经验为基础，建立经纬度、海陆位置与生活的联系，这样学生才知道为何要认识地理位置，为何要从地理位置入手。然后，要让学生借助地图指出地理事物"是什么"，联系地球仪和已有的经纬度知识，通过读图观察识别并描述地理事物"在哪里"。例如，学生通过熟悉的周边环境可以确定自己家和学校的相对位置；确定首都北京在中国地图上的经纬度位置和海陆位置，就可以从北京之所以成为首都的位置意义这一视角认识其地理环境。读图表述是用经纬度位置和海陆位置等进行描述；是简单的识别，是地理位置的事实性知识，但这是理解地理位置的构成要素及其内涵的基础。地理位置的地理表象，主要是地理事物或现象总会占有一定空间或表现在一定的空间内。要让学生借助地图对地理事物属于点状、线状还是面状等位置特征进行观察、识别，并学会在地图上简要描述一个地理事物的位置。这些属于"是什么""怎么样"的事实性知识，需要空间记忆、空间识别和位置描述，这是学生形成空间定位与空间分析能力的基础。总之，这个阶段是在事实层面上多视角描述地理位置及其带来的地理环境要素的差异，在教学中突出位置与区域差异的决定关系，让学生初步确立"位置首要"的学科意识。

第二阶段，形成概念阶段。用经纬度位置、海陆位置等基本概念界定地理位置，在概念层面多视角描述或归纳概括地理位置的特征，帮助学生在概念层面理解位置决定差异，理解"位置首要"的意义，建构学科思维。具体说，学生是在具体位置"在哪里""怎么样"等事实性知识和学习地理位置经验的基础上，归纳、概括地理位置的主要特征，进一步理解地理位置的构成要素，建立地理位置的概念。这个阶段，在位置描述的基础上，通过归纳、概括地理位置的特征，学生获得比"类型""分布"更有本质内涵的概念性知识——"位置特征"，特征背后的思维方法是比较、归纳和概括。与第一阶段相比，这是在地理位置读图描述的基础上，抓住地理位置的主要表现进行归纳，概括出特征的思维过程。学生在这一过程中学会概括和归纳地理位置特征的一般方法。这是从具体到抽象的一个过程，其思维方法是抽象概括，相对于第一阶段，思维抽象程度、思维力度要求更高，学生的思维水平较第一阶段有所提升。

第三阶段，初步综合阶段。围绕某一地区，多视角、多尺度认识该地区地理位置的特征及其对地理环境和人类活动的意义，形成人地关系的学科思维。在这个阶段要帮助学生学会分析"这样的位置意味着什么，对该区域的自然地理条件和人类活动的影响是什么"，并让学生进一步对地理事物"怎么样"和"为什么在这里"以及"地理位置对其未来发展方向会有什么影响"进行分析，其思维方法是分析、说明。这类属于"为什么学"的价值性知识和观念性知识，其中蕴含的分析、说明地理位置与其他要素的联系，本质是系统思维。该方法相对前两个阶段来说也是更高阶的思维方法，这是建立地理位置与其他要素的联系，深刻理解各种地理事物发生、发展的过程和规律的重要内容，要求学生能分析位置与其他地理要素的联系，初步建构起地理位置的意义。

以上三个阶段主要集中在初中区域地理部分的教学。在《义务教育地理课程标准（2011 年版）》中对"位置"的认知要求是从指出、说出、简述的认识和描述水平，逐渐上升到将区域位置与区域地理事物或地理要素建立联系，达到分析水平，再到评价水平。这是一个螺旋上升、循序渐进、逐渐"上台阶"的过程。

第四阶段，全面综合阶段。在这一阶段，学生发展到迁移运用的认识水平，主要集中在高中阶段。迁移是为了问题的解决，在价值引领下用意义建构起来的知识结构才具有迁移价值。学生需要从某地区人类活动的需要出发，在区域联系的背景下重新审视地理位置的意义，形成动态理解地理位置的思维。该阶段要求学生形成对"地理位置"知识意义价值的深层理解，理解"社会发展对地理位置的意义的影响"，实质上是能够在区域联系中动态地认识地理位置。相对于前面较孤立、静态地看一个地区的地理位置，这是一个思维水平的飞跃，是当今时代所需要的认识地理位置的方法。除此以外，高中阶段后期，学生需要将已经掌握的地理位置认识方法迁移应用到区域发展问题的分析中。这个阶段的认知水平是"分析"和"应用"，其背后的思维是"演绎"，要求学生对任意区域或区域中的地理事物，都能够运用多尺度、多角度、多时段、动态地看问题的思想方法，从分析、评价区域和地理事物的位置入手，进而解释其地理现象的发生发展和变化规律，分析区域地理问题产生的原因和治理对策。这个阶段要实现和考查的是学生的区域认知、综合思维、人地观念和地理实践力。

以上初高中"地理位置"学习的认知阶段，对应着"地理位置"的四个认识水平。

水平1：在事实层面多视角描述地理位置及其带来的地理环境要素的差异（突出位置与差异的决定关系，即初步确立"位置首要"的学科思维）。

水平2：在概念层面多视角归纳概括地理位置的特征及其对地理要素的差异的影响（在原理层面理解位置决定差异，理解"位置首要"的内涵以及区域差异的绝对性，建构学科思维）。

水平3：围绕某一地区，多视角、多尺度认识该地区地理位置的特征及其对地理环境和人类活动的意义，形成人地关系的学科思维。

水平4：从某地区人类活动的需要出发，在区域联系的背景下重新审视地理位置的意义，形成动态理解地理位置的思维。对任意区域，能够从位置入手分析该区域地理现象的发生发展、变化规律及其与人类活动的关系，分析区域地理问题。

以上四个认识水平，从地理位置"是什么""在哪里"的事实性知识，到"意味着什么""为什么"的概念性知识，再到"如何认识""如何解释这一类问题"的方法性知识，凸显了描述、概括、分析和评价地理位置的进阶路径，也体现出从观察识别、概括归纳到分析说明、解释应用的思维进阶过程，最终指向区域认知、综合思维以及人地观念等地理核心素养。按照这样的进阶路径，教学中可以根据课标要求和进度，将不同区域位置的学习放在一个进阶的序列上，制订出不同层次水平的目标，帮助学生按部就班地推进地理位置的学习。

四、初高中有关"地理位置"相关模块知识的分层递进目标设计

对应上述"地理位置"的不同认识水平，我们可以统整不同认识水平的教学内容，设计不同学业质量水平的分层教学目标。分层教学目标可以根据学生的认知发展情况和教学进度有针对性地提供给不同群体的学生。各个分层目标相互衔接，不仅是引导教和学的出发点和归宿点，也是衡量学生地理核心素养和学业表现的标准。

下面我们就按照上述四个认识水平，对初高中"地理位置"相关模块的教学内容进行统筹安排，并设计递进的分层目标。

对初中阶段来说，主要分层目标如下。

目标1：能够从经纬度位置和海陆位置等不同视角在地图上观察和识别某区域或某地理事物的地理位置，并学会从经纬度位置、海陆位置等不同视角描述其地理位置。

这个目标水平是事实层面的地理位置的描述和事实层面的地理位置意义的初步感知。

目标2：在对地理位置进行不同视角的理解的基础上，能够根据研究对象的特点，选择比例尺合适的地图，通过变换尺度的方法进行比较分析，归纳或概括一个区域或地理事物的位置特征，并进一步理解地理位置的意义。通过中国分区地理位置的学习，学会概括和归纳描述位置特征的一般方法。

这个目标水平是从经纬度位置、海陆位置等不同视角对地理位置的理解，理解地理位置的意义，理解"位置首要"以及地理位置决定区域差异的内涵。

目标3：在中国和分区地理位置的学习中，运用综合分析的方法，学会分析一个区域或地理事物的地理位置与气候、地形、水文等其他要素的联系，说明地理位置的地理意义及其对人类农业和其他生产生活活动的影响，领悟综合分析的思想方法。

这个水平的目标是综合运用以往学过的关于地理位置的事实性知识和概

念性知识分析某个地区的地理位置，理解每个地理位置要素对其他要素的影响以及对人类活动的影响。这实际上包含了两个方面：一是运用不同视角审视某一地区的地理位置；二是理解不同视角下地理位置的意义，即地理位置与其他地理要素及人类活动的关系。

高中阶段"地理位置"认识水平重在迁移运用，将其分层目标进行细化和具体化，其相关模块知识的目标安排建议如下。

目标1：对某一区域，能够从经纬度位置、海陆位置等视角描述其地理位置，建立"位置首要"意识，理解由于地理位置带来的地理差异的意义。

目标2：对某一区域，能够多视角、多尺度归纳概括地理位置的特征及其对其他地理要素的影响，提炼认识该地区地理位置特征的一般方法，理解地理位置对地理环境和人类活动的意义。

目标3：对任意区域，能够从位置入手，多视角、多尺度、动态地综合分析该区域地理现象的发生、发展、变化及其与人类活动的关系，分析和解释与区域联系、区域发展相关的地理问题。

五、中长度目标单元的教学设计

"地理位置"的学习贯穿了初中区域地理的学习，需要若干节课才能完成。教学时，应以分层目标单元为主，整体上考虑教材中涉及的具体知识内容的螺旋式上升，对"地理位置"单元教学内容进行统整和重组，做到目标为本、统揽全局，实施时又要通过每节课的目标设计实现有序操作、步步落实。

依据上述单元教学目标的设计，我们可以在初中区域地理的教学中，按照教学进度，选择不同尺度的区域，设计不同认知阶段的学业质量水平目标，按照目标要求有针对性地依次推进。例如，按照中图版教材，中国和中国分区地理部分可以按目标1的水平设计，大洲和地区地理部分可以按目标2的水平设计，世界地理部分可以按目标3的水平设计。

以中国地图出版社出版的教材为例，初中地理"中国分区地理"模块主要包括"北方地区""南方地区""西北地区"和"青藏地区"等内容，其单元目标在目标 1 的水平，我们设计的单元教学目标如下。

（1）通过阅读中国地图和分区地图，指出分区地区的范围，从经纬度位置、海陆位置等不同视角描述分区地区的位置。

（2）将不同视角下分区地理位置的分析方法迁移运用到其他分区，概括其位置特点，说出其位置对自然地理条件的影响以及对农业生产和经济发展的影响。

"地区"尺度区域地理模块主要包括"东南亚""撒哈拉以南非洲""中东""欧洲西部""极地地区"等内容，属于中长度目标单元。其单元目标在目标 2 的水平，我们设计的中长度单元教学目标如下。

（1）通过读世界地图和地区地图，能运用不同视角归纳地理位置的方法说出本区的地理位置，并概括说出本区的位置特征。

（2）选择比例尺合适的地图，运用综合分析方法，在教师的引领下学会分析地区尺度的地理位置与地形、气候和水文的关系，学会在地区尺度上进行地理位置特征的概括，学会将位置与地形、气候和水文联系起来进行综合分析。

为达成上述目标，对教材中已有的地区地理位置的认识，进行以教师为主的示范讲解（技能、方法的学习），对教材中没有的地区案例，可进行教师引导下的学生半自主读图分析（技能、方法的巩固），最后再选择其他区域，进行学生全自主状态的学习，促进技能、方法的迁移，不断推进学生认识方法和能力的发展。这样，每一次地理位置的学习学生都有实际获得感，避免了每个区域的学习都是"八股式"的位置描述和低水平重复的教学弊端。表 9-2 中，教师以东南亚为典型案例，引领学生学习描述、概括、分析地区位置的一般方法，再引导学生半自主地对中东、欧洲西部等地区进行比较分析，达成技能、方法的巩固和强化，然后在极地地区的学习中让学生自主调用前面学过的技能、方法，培养学生举一反三、创造性地分析问题的能力。

表9-2 以"地区"尺度为例的初中区域地理位置学习的模块教学设计要点

地区	问题链设计
东南亚	(1) 问题链设计：引导描述、分析和评价。 ①在图上指出东南亚的范围，说明穿过东南亚有哪些重要的纬线，指出东南亚的纬度范围，这决定了东南亚主要位于哪个热量带。 ②指出东南亚所属大洲。东南亚与大洲的方位关系如何？ ③指出东南亚濒临的大洋。它们分别位于其什么方位？东南亚国家与大洋的关系大多数是什么样的？ ④观察东南亚与亚洲和其他大洲的方位与距离关系。东南亚与亚洲和大洋洲、印度洋和太平洋的位置关系可以用哪个词来概括？ ⑤东南亚的位置决定其气候的类型是什么？气候特点如何？这样的气候对这里的农业生产和物产、旅游业的主要影响是什么？ ⑥为何说东南亚的地理位置使得其成为世界上经济贸易发达的地区？其所处地区的自然地理环境特点带来了什么区域特征和经济社会特点？ ⑦从东南亚海洋交通位置等角度来评价东南亚地理位置的优势。随着我国"一带一路"建设的推进，东南亚地理位置的意义发生了哪些变化？ ⑧东南亚的地理位置和地形特点使其城市多分布在河流沿岸及河口三角洲，分析说明其利弊。 (2) 引导反思：我们可以从哪些方面认识一个地区的地理位置？对地理位置的描述、分析和评价是如何展开的？画出描述、分析和评价地理位置的思维导图。 (3) 总结提升对地理位置意义的认识，理解地理位置对区域特征和差异的影响。
中东、欧洲西部、撒哈拉以南非洲	出示思维导图，让学生根据思维导图描述、分析、评价某地区的地理位置，建立"位置首要"的意义和价值认识。教师引导下的半自主学习重在技能、方法巩固和强化，提炼和形成一般思路和方法，逐渐上升到方法论和对知识意义价值的理解。
极地地区	学生自主学习，重在将方法论迁移运用到极地地区：让学生将之前所学运用到极地地区，举一反三，灵活运用。

第十章

化学：以"促进学生形成解决问题的思路"为重点的多维目标单元设计

[导读]

能力就是问题解决能力，"问题解决思路"即解决问题时思考的方向、路径、框架等是问题解决的关键，也是问题解决能力的一个重要方面（从学科视角发现问题是问题解决能力的另一个重要方面）。

本章要解决的问题是化学实验证据的搜集问题，搜集的证据要证明是否发生了化学反应、发生了怎样的反应等，而是否发生化学反应是化学学科研究对象所规定的基本问题之一，因此，这一类问题在化学学科中具有极大的统摄性。又因为要解决的问题是实验证据搜集问题，有很强的现实操作性和具体方法上的要求，具有使知识切实转化为能力的意义，因此，将这类问题的解决作为培养问题解决能力的载体，具有借鉴意义。

不同科学问题的解决思路不同。由于本章要解决的是实验证据的搜集问题，因此，证据的性质也就是相关事物本质特征的界定即概念成为问题解决的思考方向，但概念并不能提供解决问题的路径或者说步骤。

问题解决的思路来自哪里？由于化学学科的研究对象是物质的组成、结构和变化，有的化学变化可以看到，有的则不然，因此，宏观和微观相结合解决问题的思路成为化学学科问题解决的基本思路和路径。由此我们可以看到，每个学科的研究对象规定了学科特定的问题解决思路。这一思路和方法是化学学科整体的问题解决思路和方法。

在整体解决方法之下还有概念性知识转化为程序性知识的方法以及实验研究的普遍的方法，形成立体的方法体系和路径。就在这样一个立体的方法体系中，问题得到解决。

在问题解决的过程中，学生主要获得了问题解决的思路，同时懂得了概念的重要性，懂得了宏观、微观相结合的思维方法，懂得了变量识别与控制的方法，以及概念转化为方法的过程和注意事项等。这是一个促进学生整体发展的多维目标单元。

一、"形成解决问题的思路" 目标单元的提出

通过实验认识物质的化学性质与化学反应是中学化学教学的重要组成部分。在某一条件下，物质是否发生了化学反应、发生了怎样的化学反应、如何证明等，是学生学习时首先需要思考和解决的问题。人民教育出版社出版的化学教材九年级上册中安排的相关实验活动有以下特点。一是实验类型不同。第Ⅰ类实验，直接呈现某一种或某两种物质在一定条件下所发生的化学反应，如木炭和氧气的反应、铁丝在氧气中的燃烧、二氧化碳与澄清石灰水的反应等；第Ⅱ类实验，是针对一些没有明显现象的反应进行探究，如二氧化碳与水的反应、盐酸和氢氧化钠溶液的反应等，实验中借助指示剂等使实验过程中产生明显的实验现象。这些实验探究活动，既有对化学反应、物质的化学性质与变化等知识的学习，也包括对实验方法的学习。但从说明"物质发生了化学反应"这个角度来看，这两类实验活动所采取的方式不同，对于学生形成解决问题的思路与方法的启示也不同。二是内容分散编排。教材中这些实验活动分散编排在不同单元或课题中，从不同单元或课题的角度看这些散在的实验活动，其涉及的具体知识技能是显而易见的，但其所蕴含的解决问题的化学思维与方法及其承载的促进学生学习和持续发展的功能和价值却是隐性的，不易被发现，也容易被忽视。

笔者在听课调研中发现，部分教师关注具体知识点的落实与训练，没有帮助学生形成解决特定问题的思路，也缺乏对学生解决问题能力的培养，还

存在具体知识的教学和探究活动不能体现学科知识本质内涵的现象。从学生学习情况来看，学生在学习过程中往往对某些具体实验所要探究的核心问题、涉及的相关变量的内涵认识不清；对于"无明显现象的反应"的探究，学生尽管学习了从反应物消耗、新物质生成两方面来分析，但却不了解这样做的原因，在分析相关问题或设计实验方案时思路不清，从而影响了学习效果，最终影响了课程目标的实现。

为了让具体的实验活动更好地促进学生对知识的理解和思维的发展，使学生初中阶段与高中的学习能更好地衔接，教师在教学中要体现出整体性和连贯性，将学习重心定位于帮助学生逐步形成较为系统的知识结构以及看待事物的化学视角，并使之转化为解决特定问题的思路与方法。鉴于目前已有的相关文献大多讲的是某一具体课例或某一具体反应以及"无明显现象的反应"等的教学，因此，本章选择以"实验探究化学反应发生的证据"为例，围绕"促进学生形成解决问题的思路"目标单元进阶教学展开探讨。

二、承载目标的单元内容分析

教学目标的实现需要有合乎目标的教学内容。承载目标的单元内容分析的目的在于"确定教学内容的范围和深度，以及弄清教学内容中各项知识之间的相互关系"①。

（一）将"实验探究化学反应发生的证据"主题探究作为落实目标的内容载体

"促进学生形成解决特定问题的思路"这一目标是通过相应的探究活动来实现的，为此需要对探究的主题和内容进行整体考虑。"实验探究化学反应发生的证据"这一主题在不同阶段体现为不同的具体探究问题：初中阶段，主要研究某一种物质或两种物质混合是否发生了化学反应，侧重于通过实验从宏观、定性的角度进行验证；高中阶段，伴随着离子反应、氧化还原

---

① 王嘉毅. 课程与教学设计［M］. 北京：高等教育出版社，2007：103.

反应、可逆反应、化学平衡等相关知识的学习，学生对物质是否发生了化学反应的探究进一步拓展到微观、动态和系统的层次，相关实验活动侧重于研究物质发生了怎样的化学反应，即在验证化学反应发生的基础上，还要从宏观与微观、定性与定量相结合的角度进一步说明反应生成物是什么或揭示化学反应的微观实质。例如，揭示溶液中离子间的反应，证明发生了离子反应，或揭示反应中有电子转移，证明发生了氧化还原反应，或证明发生的是可逆反应等。

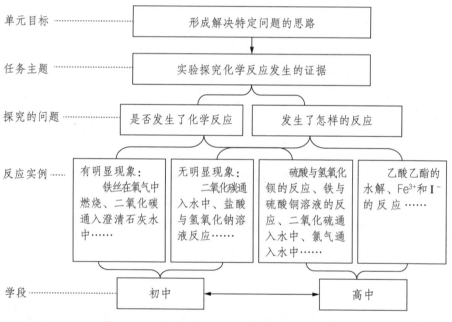

图 10-1　以目标为导向的探究主题与内容载体

以目标为导向的探究主题具有统摄性，将学生在不同学段要学习的具体内容统摄在探究主题下，以实现同一个学习目标的时候，就形成了一个目标单元（见图 10-1）。对探究主题及其包含的学习内容的整体考虑，可以让学生的化学学习变得结构化，便于单元目标的达成。

(二)"实验探究化学反应发生的证据"问题解决思路的知识基础分析

"实验探究化学反应发生的证据"涉及两方面：怎么知道物质是否发生了化学反应，如何判定物质发生了怎样的化学反应。这两个问题的解决，都需要关注两类关键知识：概念原理和方法程序。

1. 解决问题的基本思路源自对概念本质的把握

对于所要探究的问题，相关概念原理是解决问题的基础，也是确定解决问题的思路和方法的关键所在。下面以"探究是否发生了化学反应"为例加以说明。

物质在一定条件下发生化学反应生成新物质，伴随着能量变化，这是化学反应的实质与基本特征，也是探究物质是否发生化学反应的根本依据，即可通过新物质的生成来证明化学反应的发生。那么，如何证明有新物质生成呢？

根据化学反应生成了与反应物化学性质不同的新物质（即生成物或产物）这一特征，有时可借助观察物质性质的变化（如颜色改变、产生气体、生成沉淀等）来说明可能发生了化学反应。但需要指出的是，仅凭这些表面现象，还不能判定发生了化学反应，因为某些物理变化也会产生类似的现象。因此，还需要回到化学反应发生的标志是产生新物质这一根本点上来考虑问题。也就是说，要证明确实发生了化学反应，就需要通过进一步的实验来证明有新物质生成。证明新物质生成大致有两种思路（见表 10-1）：一是通过检验生成物证明有新物质生成，如木炭在氧气中燃烧，通过检验燃烧生成的气体，发现它能使澄清的石灰水变浑浊，而反应前的氧气并不具有这一性质，从而可以证明木炭在氧气中燃烧发生了化学反应，生成了二氧化碳这一新物质；二是根据反应前后物质化学性质的差异来证明有新物质生成，例如，利用指示剂显示混合前后溶液的酸碱性的变化来验证 HCl 与 NaOH 溶液发生了化学反应。

表 10-1　"实验探究是否发生了化学反应"的基本思路

探究的问题	判定的依据	基本思路	典型实例
是否发生了化学反应	反应后有新物质生成	思路 1：通过检验生成物证明有新物质生成	木炭燃烧
		思路 2：根据反应前后物质化学性质的差异来证明有新物质生成	盐酸与氢氧化钠溶液的反应

　　对于化学反应的探究，不仅要明确某一物质是否发生了化学反应，还需了解到底发生了怎样的化学反应，以增进对相关物质的化学性质与变化的理解，这就需要根据不同反应（离子反应、氧化还原反应、可逆反应等）的微观本质和特点的不同而采取不同的方法。例如，借助数字化实验说明反应过程中某些离子的浓度发生了变化，从而证明离子反应的发生；借助一定的装置显示反应过程中有电流产生，从而证明氧化还原反应的发生；借助反应能发生且存在限度，反应物和生成物共存且反应能双向进行，充分反应达到平衡状态、改变浓度等条件平衡发生移动等，可说明发生的是可逆反应。

　　可见，针对"实验探究化学反应发生的证据"所涉及的两方面问题，解决的思路是有层级结构的，其思考的方向有所不同。但是，无论是探究物质是否发生了化学反应，还是要回答如何判定物质发生了怎样的化学反应，都需要以化学反应的实质和典型特征为基本依据，由此形成的解决问题的思路具有方法论的意义和价值。因此，引导学生体会探究化学反应所蕴含的化学知识与思维方法，可以提升学生对化学反应的认识，有利于学生掌握解决这类问题的思路和方法。

　　2. 解决问题的方法关键在于实验设计

　　探究化学反应发生的证据是借助化学实验来完成的。理论上依据概念原理所形成的解决问题的基本思路与实验中所采用的具体方法、程序有很大的差别。相比较而言，实验方法、程序往往较为复杂，需要从实验原理与药品试剂、实验仪器和装置、实验操作等多个方面来考虑实验条件的调控问题。[1]

———————————

　① 参见：宋心琦. 化学实验教学改革建议之一 [J]. 化学教学，2012（4）：3-8.

其中，最为关键的是，为了保证实验结果的可靠性，根据实验目的和实验原理，必须对实验中的变量进行识别与控制，设计对照实验，并给出操作上的定义，即需明确反应体系中有哪些因素会影响实验结果（变量），在实验中需要改变的因素是什么（自变量），在实验中需要保持不变的因素是什么（不变量），要得到实验结果需要观察或测量的因素是什么（因变量）等。

例如，要探究二氧化碳与水是否发生了反应，关键在于要证明是否有新物质的生成。根据二氧化碳通入水中这个变化体系的特点，采取表 10-1 中所示的思路 2，将反应后的物质与反应前的物质的化学性质的差异作为化学反应发生的证据，即在二氧化碳通入水中这个混合体系中，借助二氧化碳与水反应后的生成物（碳酸）能使石蕊变色（而水、二氧化碳不具有这一性质），通过对比实验排除干扰，进而判断二氧化碳和水发生了化学反应。

又如，要证明某些反应如乙酸乙酯的水解、Fe^{3+} 和 I^- 的反应是可逆反应，需要依据可逆反应的典型特征来构思实验设计（见表 10-2）。

表 10-2 "探究可逆反应发生的证据"实验设计的角度及着力点

要探究的问题	可逆反应的典型特征	实验设计的角度及着力点
发生的反应是否是可逆反应	反应能发生，存在限度	要证明反应物和生成物共存
	反应能双向进行	要证明反应能逆向进行
	充分反应达到平衡，改变条件平衡发生移动	借助改变浓度、温度等条件，观察实验现象，验证是否有平衡移动

综上所述，解决问题的思路是指针对要解决的问题进行思考的方向、路径或框架，即往哪儿想、怎么想。探究的目的与内容不同，依托实验解决特定问题的思路与方法也不相同。如针对物质是否发生了化学反应的问题，依据化学反应有新物质生成这一实质，解决问题的基本思路就是需要通过实验证明有新物质生成；而针对化学反应条件的探究，需要以化学反应的构成要素（反应物、条件）为基础，依据探究的问题指向（如反应发生、反应快慢、反应结

果）采取不同的思路与方法（见表10-3）。① 为此，引导学生领会问题背后的概念原理和化学观念，帮助学生架构问题与解决策略之间的"桥梁"②，是促进学生形成解决问题的思路的关键所在。首先，需要以概念原理为基础，让学生知道从哪儿想，想什么；其次，围绕概念原理的实质，采取可操作的实验方法、程序，让学生知道怎么想和如何做。这样不仅可以帮助学生学习解决某一问题的具体方法，还可以帮助学生领悟解决这类问题的基本思路。

表 10-3　探究的问题与解决问题的思路的比较

探究的问题	问题背后的概念原理	解决问题的思路	典型实例
是否发生了化学反应	化学反应有新物质生成	证明有新物质的生成	二氧化碳与水的反应
影响化学反应发生的条件	化学反应的发生取决于反应物，受外界条件的影响	证明化学反应的发生同时受反应物和条件（如温度）的影响	燃烧的条件

三、单元的总目标、目标进阶和内容载体的规划

规划单元目标首先需要明确通过单元教学要使学生达到怎样的学习结果和发展水平，这在很大程度上取决于教师对单元内容及其教学价值的理解，以及对学生在学习过程中要重点学些什么的规划。

（一）两类学习目标的总体规划

如前所述，"实验探究化学反应发生的证据"涉及概念原理和方法程序两类关键知识，基于学生的认知基础与发展的考虑，本目标单元重在促进学生形成解决特定问题的思路和方法，即通过学习，让学生知道或学会做彼此

---

① 参见：何彩霞. 围绕学科知识结构与思维方法组织教学：以初三"化学反应条件"为例 [J]. 化学教学，2017（11）：44-48.

② 参见：Eggen, Kauchak. 学习与教学策略 [M]. 伍新春，朱瑾，夏令，等译. 北京：北京师范大学出版社，2007：240-243.

相关的事情。例如，在初中阶段，对"探究是否发生了化学反应"的学习目标设计见表10-4。

表10-4　初中阶段"探究是否发生了化学反应"的两类学习目标

两类学习目标	具体内容
知	目标1.1　化学反应的基本特征是有新物质生成，要证明发生了化学反应，需要证明有新物质生成； 目标1.2　证明有新物质生成的方法、程序需要根据反应体系的特点、物质性质等来确定； 目标1.3　需要通过控制变量设计对比实验来确保实验结果的可靠性
做	目标2.1　针对一些典型的化学反应，利用物质性质检验、借助指示剂或溶液酸碱性变化等证明有新物质生成； 目标2.2　具有控制实验条件的意识，设计简单的实验来分析和解释相关实际问题

按照表10-4所示的学习目标框架，在高中阶段，针对离子反应、氧化还原反应、可逆反应等的探究，其中目标1.1将深入到对这些反应微观实质的理解，如对于氧化还原反应而言，需要了解氧化还原反应的本质是电子的转移；目标2.1则拓展到基于这些反应的微观实质需要采取的证明方法。

(二)　单元的进阶目标和内容载体的设计

基于学生发展的目标单元，还需就目标进阶进行设计。

对于刚刚学习化学的初三学生来说，积累物质的性质与反应的相关知识是促进学生形成解决问题的思路和方法的基本前提。与"实验探究化学反应发生的证据"相关的内容不宜集中学习，可结合这些内容的学习，选取典型反应作为载体，通过恰当的方法，让学生逐渐掌握物质性质与反应的相关知识，拓展认识问题的角度和解决问题的思路，积累解决问题的具体方法。

基于上述分析，针对"实验探究物质是否发生了化学反应"的学习，初中阶段的目标进阶及主要发展目标大致如下。

一是基于实验现象进行分析与推理，并结合进一步的实验证明有新物质生成，初步形成解决问题的基本思路，即表 10-5 中的目标进阶 A1，其中主要包括目标 1.1、目标 1.2。

针对教材中的第 Ⅰ 类实验，按照教材所呈现的实验内容进行实验（教师演示或学生实验）。首先，引导学生观察并分析实验现象；其次，通过进一步实验检验是否生成了新物质。

二是讨论实验的内容与过程，思考控制变量等，体会解决问题的关键在于实验设计，即表 10-5 中的目标进阶 A2，其中主要包括目标 1.2、目标 1.3、目标 2.1。

针对教材中的第 Ⅱ 类实验，如探究二氧化碳与水是否发生反应的"小花实验"，学生在初次接触时，可引导学生分析其实验目的、要得到实验结果需要观察什么、哪些因素可能会干扰或影响实验结果、实验中是如何处理的等，以此帮助学生明晰实验内容与步骤。

三是利用所学的解决问题的思路与方法，针对问题设计简单的实验方案，分析和解决相关问题，即表 10-5 中的目标进阶 A3，其中主要包括目标 2.1、目标 2.2。

如结合学习二氧化碳与氢氧化钠溶液的反应、盐酸和氢氧化钠溶液的反应，可以引导学生利用所学的知识和方法设计简单的实验方案来证明发生了反应，不断强化和拓展解决这类问题的思路和方法；在此基础上，进一步研究实验室中的氢氧化钠试剂是否变质、食品包装中的生石灰干燥剂是否变质以及如何证明等问题，在运用所学知识和方法的过程中促进学生解决实际问题能力的提升。

在高中阶段，学生将陆续学习到与离子反应、氧化还原反应、可逆反应、化学平衡等相关的实验探究活动，针对物质是否发生了化学反应、物质发生了怎样的化学反应等问题，对化学反应的探究还将进一步拓展到微观、动态和系统的层次。因此，依据所探究的反应的微观实质，拓展解决问题的角度和方法以及设计简单实验解决相关问题是学生高中阶段重要的发展目标（见表 10-5 中的目标进阶 B1、B2 及其主要发展目标）。

表 10-5　　"实验探究化学反应发生的证据"学习进程与目标进阶

学段	目标进阶	主要发展目标	内容载体
A 初中 （侧重探究是否发生了化学反应）	A1 初步形成解决问题的基本思路	目标 1.1、目标 1.2	木炭燃烧 铁丝在氧气中的燃烧
	A2 初步理解实验设计的思路与方法	目标 1.2、目标 1.3、目标 2.1	二氧化碳通入水中 二氧化碳通入氢氧化钠溶液中 盐酸与氢氧化钠溶液反应
	A3 设计简单实验解决相关问题	目标 2.1、目标 2.2	二氧化碳通入氢氧化钠溶液中 盐酸与氢氧化钠溶液反应 氢氧化钠是否变质 生石灰干燥剂是否变质
B 高中 （探究是否发生了化学反应、发生了怎样的化学反应）	B1 拓展解决问题的角度与方法	目标 1.1、目标 1.2、目标 2.1、目标 2.2	离子反应：盐酸与氢氧化钠溶液、硫酸与氢氧化钡溶液的反应。 有电子转移的氧化还原反应：铁与硫酸铜溶液的反应。 某些可逆反应
	B2 设计简单实验解决相关问题	目标 2.1、目标 2.2	二氧化硫通入水中 氯气通入水中 某些离子反应 某些可逆反应

四、目标单元进阶教学的案例

目标单元教学按照整体设计、分段推进的原则逐步实施。

教材中实验活动的编排大多呈现了具体的实验内容与步骤（即呈现了已设计好的实验方案），让师生知道具体怎样做，为师生开展实验活动提供了很好的指导。这对于初学化学的学生学习具体知识与技能来说无疑是有帮助的，但就"探究化学反应发生的证据"而言，若希望学生深刻理解解决这类问题的思路与方法，对于教材中的第 I 类实验就需要设计进一步的实验来证明有新物质生成，且对于这进一步设计的实验以及教材中的第Ⅱ类实验，还需要引导学生理解这些实验内容与步骤背后的知识是什么，即需要引导学生理解这些实验是依据什么设计的、为什么要这样设计。为此，笔者选取初中"氧气的化学性质""二氧化碳与水的反应"教学案例，就促进学生形成解决问题的思路的目标单元教学进行简单介绍。

（一）教学案例1——引导学生初步形成解决问题的思路

1. 进阶目标的确定

"氧气的性质"的学习是学生第一次较为系统地认识某一具体物质的性质，其中氧气的化学性质（氧气与木炭、铁丝的反应）的学习需要借助实验、观察、比较、归纳等方法。教材中呈现的是第Ⅰ类实验，通过实验可观察到木炭、铁丝分别在氧气中燃烧，都产生了明显的现象。但是，木炭、铁丝在氧气中燃烧是否发生了化学反应？如何证明呢？考虑到学生在之前的学习中已经知道了物质发生化学反应有新物质生成，在此，可以将氧气与木炭、铁丝是否发生了化学反应作为问题探究点，引导学生理解解决这一问题的关键在于要检验木炭燃烧、铁丝燃烧后是否有新物质生成，从而帮助学生初步厘清研究化学反应是否发生的基本思路是要证明是否有新物质生成。

为此，以氧气的化学性质（木炭、铁丝在氧气中的燃烧）为载体，进阶目标A1为：初步形成解决问题的基本思路。即在观察第Ⅰ类实验的基础上，通过进一步实验检验有新物质生成，进而证明物质发生了化学反应。

2. 基于进阶目标的教学活动设计

以进阶目标为导向，探究木炭燃烧的教学活动设计如下①：

[情境] 呈现生活中木炭燃烧的情境。

[演示实验] 木炭分别在空气、氧气中燃烧。

[问题1.1] 你观察到哪些现象？

---

① 何彩霞，邢晓波，王钦忠. 赋予学习内容更丰富的内涵与价值：以"氧气的性质"教学为例[J]. 教学仪器与实验，2016（2）：18. 引用时有删改。

[问题1.2] 木炭燃烧是否发生了化学反应？如何证明？

[小资料] 木炭燃烧生成了二氧化碳，二氧化碳可以使澄清石灰水变浑浊，而氧气没有这个性质。

[活动设计说明] 从学生已有的知识经验出发，借助实验引导学生对木炭燃烧的现象进行观察与分析，利用问题1.2促进学生思考要证明其是否发生了化学反应，需要检验木炭燃烧后是否有新物质生成，培养学生基于实验证据做出判断的思维习惯。考虑到学生已有的认知基础，可借助小资料的提示，让学生在教师的启发和引导下解决这个问题。其教学重在发展学生如下认识：通过进一步实验，利用化学反应前后物质性质的不同，可以证明有新物质生成，从而可以证明发生了化学反应（见图10-2）。

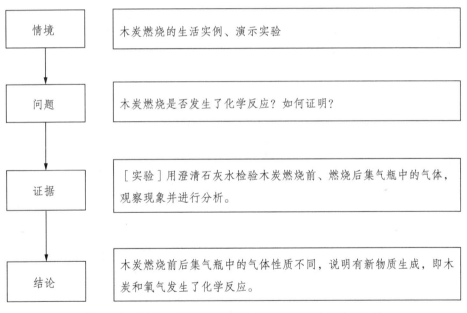

图10-2 探究木炭燃烧是否发生了化学反应的思路与方法

按照同样的思路，对于铁丝在氧气中的燃烧的教学活动设计如下：

[情境] 出示烧红的电炉丝、汽车上烧红的点烟器等图片。

[演示实验] 铁丝在氧气中燃烧。

[问题2.1] 你观察到了什么现象？这说明了什么？

[问题2.2] 如何证明铁丝在氧气中燃烧是否发生了化学反应？

[小资料] 上述变化过程中落在瓶底的黑色固体为四氧化三铁。铁丝与稀盐酸反应有气泡生成，而四氧化三铁与稀盐酸混合没有气泡生成。

[活动设计说明] 利用生活中的素材激发学生的好奇心，借助实验引导学生观察比较实验现象，通过追问，让学生进一步体会要证明发生了化学反应，需要证明反应后有新物质生成，让学生养成用事实说话、基于实验证据做出判断的思维习惯。同样，考虑到学生已有的认知基础，需借助资料提示，让学生在教师的启发和引导下解决这个问题。

（二）教学案例2——引导学生体会解决问题的实验设计方法

1. 进阶目标的确定

关于二氧化碳的性质，二氧化碳与水的反应是教学重点之一，由于其无明显现象，二氧化碳与水是否反应常常成为一个探究点。教材中呈现的"小花实验"就是第Ⅱ类实验，学生初次接触这个实验时往往感觉不好理解，不清楚这个实验要探究的核心问题以及解决这一问题的实验设计依据。对此，以"探究二氧化碳与水是否发生化学反应"为载体，教学目标不仅仅是让学生通过实验了解二氧化碳与水能发生反应、反应生成的物质能使石蕊变色，更为重要的是让学生认识和体会解决这类问题的基本思路与实验方法，体会化学反应中的条件控制以及对比实验对于化学学习的重要性。

为此，以"二氧化碳与水的反应"为载体，进阶目标A2为：初步理解实验设计的思路与方法。即在学生初次接触第Ⅱ类实验时，通过讨论实验的内容与过程、思考控制变量等，帮助学生了解其中的实验设计方法。

2. 基于进阶目标的教学策略

（1）通过问题链促进学生对目标1.1和目标1.2的深刻理解

以目标进阶为导向，本实验活动的教学思路与启发性问题链的设计见表10-6。教学中设计的这些启发性问题以知识本质为原点，关注思考问题的角度和线索，注重思维过程的外显。其中从问题1到问题4，重在引导学生回到"化学反应"概念本身，教学生从头到尾地想问题即通过明确生动的问题链，将解决问题的基本过程和实验设计的思路及其背后的化学反应的本质联系起来并展示出来。在这一过程中，学生通过分析、识别、关联、推测等思维活动，能够辨别探究的核心问题并形成对问题及其相关影响因素的理解，知道如何控制变量。问题 5 的意图在于鼓励学生去分析、反思探究的过程，从中感悟"实验探究化学反应发生的证据"的基本思路，引导学生把今后遇到的类似问题与这个问题相联系，从而成为自主的学习者。

表 10-6　"探究二氧化碳与水是否反应"教学思路与主要问题设计①

活动进程	启发性问题
明确探究问题	问题 1：如何证明一个化学反应的发生？ 追问：如何证明一个无现象化学反应的发生？
寻找实验策略	问题 2：如何证明二氧化碳与水混合后有新物质生成？ 追问：如何排除水和二氧化碳的干扰？
实验及结论	问题 3："小花实验"说明二氧化碳与水的混合液有什么性质？它与水、二氧化碳的性质有什么不同？ 追问：上述实验能否说明二氧化碳与水发生了化学反应？
思考与讨论	问题 4：二氧化碳与水发生化学反应可能生成什么物质？它具有什么性质？
探究活动反思	问题 5：关于探究化学反应的发生，你今天学到了什么？

　　上述教学思路重在引导学生明晰要探究的核心问题和实验设计的基本依据，为学生形成解决问题的思路与方法提供具体指导。也就是说，要证明两种物质发生了化学反应，就需要证明两种物质混合后有新物质生成，可以利用反应后的生成物与反应前的反应物的性质的差异来证明有新物质生成，由此判断发生了化学反应。但要利用物质的性质差异，就需要选择生成物的典型性质，且反应物不具有类似性质，如碳酸能使石蕊变色。不仅如此，还需要对探究的核心问题所涉及的相关因素进行分析和识别。要通过二氧化碳与水混合后的物质能使石蕊变色说明两者反应生成了新物质，就需要弄清楚哪些因素可能会影响实验结果，进而形成对要研究的问题及其可能的相关因素

---

　　① 何彩霞. 教给学生解决问题的思路与方法："探究二氧化碳与水是否反应"教学案例分析[J]. 教育与装备研究，2016（6）：53. 引用时有修改。

的因果关系的认识。如在二氧化碳与水的混合液中，可能存在的物质有水、二氧化碳以及两者反应后的生成物。二氧化碳与水的混合液能使石蕊变色，这是可以观察到的明显现象，即石蕊变色是可以观察的指标（在此可称为因变量）。那到底是什么使石蕊变色的呢？需要对上述三种可能的因素（水、二氧化碳、二氧化碳与水反应的生成物，在此可称为自变量）进行实验比较。简而言之，二氧化碳与水的混合液使石蕊变色，受到上述三种因素的影响，因此，要揭示二氧化碳与水反应的生成物与石蕊变色之间的必然联系，就需要正确识别变量并在实验中加以控制。教材中的"小花实验"正是基于控制变量的思路来设计的。

（2）帮助学生理解实验设计的关键是变量识别与控制，实现目标 1.3

为了帮助学生厘清这个实验的设计思路，在学生动手实验时，教师可指导学生借助"列表法"来呈现对实验的分析和思考过程，将实验设计的思路抽提出来并将其显性化，使学生清晰地看到这一实验设计的关键在于识别变量和控制变量（见表 10-7）。

表 10-7　利用列表法分析"探究二氧化碳与水是否发生化学反应"
实验设计中的变量控制方法

实验内容	不变量	自变量			因变量	实验结论
	石蕊	水	二氧化碳	二氧化碳通入水中后的混合液	实验现象	
1. 向用石蕊溶液染成紫色的干燥的纸花喷水						
2. 把用石蕊溶液染成紫色的干燥的纸花放入盛有二氧化碳气体的集气瓶中						
3. 向用石蕊溶液染成紫色的干燥的纸花喷水后再将其放入盛有二氧化碳气体的集气瓶中						

（三）促进学生将解决问题的思路和方法进行迁移应用

1. 引导学生抽象概括，形成对实验设计及其关键要素的理解

利用控制变量法设计实验方案，是发展学生识别和控制变量以及设计实验的能力的重要途径。在开展实验探究活动如铁生锈条件的探究、燃烧条件的探究等的过程中，教师的一个重要作用就是引导学生不断增进对实验设计与实施的关键要素的理解（见表10-8），通过个别与一般、部分与整体的分析，引导学生发现尽管要探究的问题不同，但在实验设计思路方面也有相通之处，这样才能让学生的认识超越具体实验，转化为解决特定问题的方法性工具，帮助学生实现由知识向解决问题的方法的转化、由解决具体问题的方法向解决一类问题的思路的转化，进而从整体上把握解决特定问题的思路和方法。

表10-8 实验设计与实施的关键要素

实验过程关键要素		具体说明或示例
设计	实验目的	界定问题，如探究二氧化碳与水是否发生化学反应
	实验原理	明确实验能够进行的理论依据，如利用变化前后物质化学性质的不同说明有新物质生成
	实验内容	选择试剂药品；识别变量，改变一个或几个变量，设计一组或多组实验
	实验步骤	细化实验操作步骤和具体操作方法，明确具体怎么做
实施	实验操作	略
	观察记录	略
结论	分析推理	略
	得出结论	略
进一步讨论		略

2. 注重具体方法的不断丰富及实际应用

学生形成解决问题的思路后，就能够分析和解决陌生情境下的相关问题，教师在教学中要帮助学生在具体问题的解决中领悟思路、方法的工具性和可

迁移性。

以探究二氧化碳与水是否发生了化学反应为载体，学生初步体会了解决这类问题的实验设计思路与方法，还需在后续相关内容如二氧化碳和氢氧化钠溶液、盐酸和氢氧化钠溶液的反应探究中得到强化和拓展，即针对所研究物质的性质及反应体系的不同，学生对于解决这类问题的具体方法在不断丰富和发展。学生基于探究二氧化碳与水是否发生了化学反应所获得的经验与方法，可在对二氧化碳和氢氧化钠溶液、盐酸和氢氧化钠溶液的反应探究中进一步发展，如让学生设计简单实验证明二氧化碳和氢氧化钠溶液、盐酸和氢氧化钠溶液是否发生了化学反应，从而达到进阶目标 A3（设计简单实验解决相关问题）。此外，对实验室中氢氧化钠试剂是否变质、食品包装袋中生石灰干燥剂是否变质等问题的探究，也可以引导学生设计实验来分析和解决实际问题。

五、结语

化学教学应该体现对学生发展由近及远的考虑，兼顾知识、思维和能力等多维目标，不仅要教会学生知识，更要教会学生思考，发展学生的化学思维，促进学生形成解决问题的思路与方法，以此来发展学生解决问题的能力（见图 10-3）。超越具体的化学知识形成解决问题的思路与方法的意义在于，

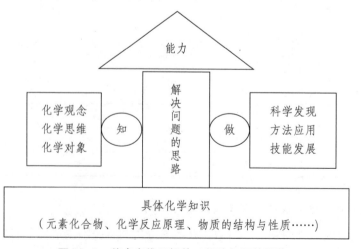

图 10-3　整合多维目标的"解决问题的思路"

它是整合其他支撑性目标的成果，因此是由知识转化为能力的坚实的桥梁。虽然解决问题的思路方法与特定的任务或问题紧密相关，但它是通向迁移应用的方法性工具。

学生解决问题的思路与方法的形成是一个持续的过程，教师要为学生解决问题思路的形成这个总目标设计多方面的支撑性目标，并尽可能帮助学生理解多维目标之间的关系，从而形成属于学生自己的解决问题的思路与方法。这个相对复杂的、持续的、有进阶安排的过程就是以多维目标孕育学生解决问题的思路与方法的过程。

第十一章

英语：以"边听边记录信息的能力培养"为重点的多维目标单元设计

[导读]

　　能力目标是各学科共同追求的重要目标，教师都在尝试解答"怎么培养学生能力"这个问题。在英语学科中，听力目标是典型的能力目标。本文所制订的听力目标由于找到了具体的行为载体"边听边记录信息的能力"，又贯穿了自主学习能力对听力发展的轴心作用，并且在该能力发展的每个阶段都有相应的技能、知识和策略作为基础支撑，符合能力的结构要求，因此，其目标单元的设计非常合理有效。

　　这种听力训练以技能和具体方法为载体，但不停留在表面的技能和方法层面，以相应的概念性知识和方法性知识为基础，使得学生听的能力建立在扎实、系统的认识的基础上。更重要的是，本章提出盲听、突袭等教学策略，让学生意识到边听边记录信息对于提高听力的重要性，唤起了学生自主学习的愿望，并在能力发展的过程中推动学生的自主学习，这样发展出来的听力是真正属于学生自己的可持续发展的能力。

一、听力目标单元设计的重要性

　　在英语学习中，听是语言和信息输入的重要过程，为学生进行有效交流提供了基础。培养并提高学生的英语听力，特别是在听的过程中运用语音知识和语法知识进行语音辨别、语义判断的能力，是英语教学的一个重点目标，有助于提升学生语言表达的准确性和流畅性，提升其表达能力和交际能力。

（一）听力教学要以学生能力发展为目标

《普通高中英语课程标准（实验）》中提出了对中学生英语听力的要求。六级听力的目标包括：能抓住所听语段中的关键词；理解句子之间的逻辑关系；能从听力材料、简单演讲或讨论中提取信息和观点。七级听力的目标包括：能识别语段中的重要信息，并进行简单的推断；能根据所听内容做笔记。根据听力目标要求，听力教学要侧重培养并提升学生听的策略和能力：在听的过程中记录信息；根据话语中的线索把相关事实和信息联系起来；能够梳理信息之间的逻辑关系以及事件的发展过程和结果。为了有效落实课标中的听力目标，听力教学要以学生听的能力和自主学习能力的发展为目标。后者隐含在听力目标的表述中（如"抓住""提取""做笔记"等词语体现了一定的自主学习能力），常常被忽视。

当前听力教学中存在的两个问题不利于学生听力和自主学习能力的发展。

问题1：听力教学以测试为导向，忽视听的策略和能力的培养。

一些教师认为听力的提高是一个复杂的过程，很难短期见效。他们在教学中不重视听力的培养，删掉教材中听说部分的内容，用各种听力测试题代替教材中的听力材料，以完成听力题作为培养学生听力的主要载体。这样的听力教学形同听力测试，以评价学生听力水平的泛听为主。教学过程中，教师关注的是学生的答案是否正确，师生互动的过程是核对答案、讲解听力做题技巧，对学生在听的过程中遇到的困难、听的策略以及语言能力的发展关注不够，忽视对学生记录信息、理解信息以及梳理逻辑关系的能力的培养。这样的教学无法培养出课标所要求的听的策略和能力。其结果是：学生做了很多测试题，似乎获得了一些听力测试技巧，但是听力却没有得到相应的提高。

问题2：听力教学注重活动设计，忽视学生自主学习能力的培养。

很多教师在听力教学中遵循听前、听中和听后活动的流程，教学设计的重点是各种活动。在教学中，听的活动多是听大意和听填关键信息，且学生听的时间较短，而后师生核对答案，接着开始听拓展材料或者进入说的环节，让学生结合生活谈论话题，或者就话题设计其他说的任务，而这些任务和听到的语言与信息结合不够紧密。其结果是：学生在听的过程中没有在多次听的基础上做记录，没有在完成多样任务的过程中记录并梳理文本信息及信息间的逻辑关系，没有形成整体理解文本的意识和能力，更没有形成模仿听到的内容进行表达的能力。

这种听前、听中、听后三阶段的教学使学生形成了机械被动的学习思维。他们跟着教师完成各种任务，并不去尝试梳理各个环节之间的联系，也不分析自己听力存在的问题，更不关注在听的过程中自己的听力以及表达能力是否有所提升。学生被动地跟着教师完成各种任务，缺乏分析学习问题的意识和解决问题的能力，缺乏对学习进行规划、反思以及调整的能力。

基于教学实践观察和学生访谈，笔者发现以上两个听力教学问题导致师生都把听力看成一种活动，而不是一种复杂的技能。Graham 在他的研究中也提出了类似的观点。[①] 这些问题导致学生认为完成各种听力任务听力自然就提升了，没有发展听的策略的意识，忽视听力材料中语言和信息输入的价值，缺乏发现并分析学习问题的意识和能力，更缺乏自主规划听力学习的意识和能力。

（二）能力目标单元教学是发展学生听力的一个保障

听力非常重要，但其提升并不容易，需要学生有相应的长期和短期学习目标、学习规划以及学习策略，并持续、渐进地听。只在每周一次的听说课上跟着老师学习，只是完成了若干听力任务，学生听力的持续发展很难得到保障。

当前英语考试改革和教学研究都更加关注英语的听说教学，充分体现了英语作为语言的交际功能，也突出了听力教学在英语教学中的重要性。北京

---

① Graham. Listening comprehension: The learners' perspective [J]. System, 2006, 34 (2): 165-182.

新中考英语试卷中 40 分为听力与口语，与笔试分离。40 分的考题都采用听说相结合的方式，考查学生在听力理解的基础上回答问题、复述文本的能力。中小学加大了对听说教学的研究，课程也做了相应调整，有些学校在各年级开设了专门的听说课（每周一课时）。如何制订长期、系统的教学规划，实施长短结合的目标单元来保障学生听力和自主学习能力的发展，是教师需要研究的内容。否则，每周一节听说课会流于形式，无法真正发展学生的听力和自主学习能力。在当前的考试评价模式下初三和高三学生在上、下学期各有一次机会完成听力测试，从而出现了一些教师和学生在初三或高三上学期突击发展听力的倾向。如果学生第一次听力测试成绩比较理想，下学期听力学习就弱化了。很多学生上学期听力测试成绩优异，就认为听力已经不需要再练习了，这不利于英语学习能力的持续发展。听力学习的淡化或者间断会导致学生在更高一阶段的听力学习中遇到困难。英语教师在教学中要侧重通过长期、有规划的听力目标单元，帮助学生自主制订听力发展目标，制订学习规划，落实学习行为，形成持续听的习惯，这样才能持续发展学生的英语学习能力，真正培养起语言能力。由此可见，开展持续、系统、有规划的听力目标单元教学是必要的，是发展学生自主学习能力所需要的。实施听力目标单元的切入点要具体，且要符合课程标准、考试评价的要求，同时能够为学生持续的学习和发展奠定基础。笔者和老师们一起设计了提升中学生英语自主学习能力及边听边记录信息的能力的目标单元，并进行了为期一年的教学实践，取得了较好的效果。

二、单元教学目标的确定与设计

侧重能力发展的听力目标单元的目标设计有多个方面的依据：课程标准的要求、考试的要求、学生听力发展的需求等。下面我们结合实践案例探讨一下初中生英语自主学习能力及边听边记录信息能力目标单元的设计及实施策略。

（一） 单元教学目标确定的依据

1. 边听边记录信息是课标中的听力目标要求

《义务教育英语课程标准（2011 年版）》中对五级（初中毕业）听力有以下要求：

（1） 能听懂有关熟悉话题的谈话，并能从中提取信息和观点；

（2） 能听懂接近自然语速的故事和叙述，理解故事的因果关系；

（3） 能在听的过程中用适当方式做出反应；

（4） 能针对所听语段的内容记录简单信息。

记录核心词汇和主要信息有助于学生根据要点来理解听到的内容。能针对所听语段的内容记录简单信息或者核心信息是听力教学的一个重点目标。对于很多学生来说，根据听力材料完成试题或者任务似乎不难，他们在听的过程中聚焦于如何完成若干填空任务，捕捉具体的词汇或者是具体的信息，不关注也不记录与任务无关的内容。学生没有依据所记录的信息对听到的内容形成整体理解——理解事件的时间顺序、逻辑关系以及因果关系的意识和能力，在听完之后除了填空的词语或者信息外，很难再准确回忆出听到的语言和内容，无法回答教师即时提出的与听的内容相关的其他问题。其主要原因是教师没有让学生充分地听，没有指导学生在听的过程中记录信息，对信息进行再加工，进而转述整段内容。由此可以看出边听边记录信息的能力是学生听力以及语言能力发展所需的重要技能。

2. 边听边记录信息是考试评价的要求，也是学生学习能力发展的需求

2018 年北京市中考英语听说考试占 40 分，题型包括：

（1） 听对话，回答电脑屏幕上的问题。此题型重点考查课标提出的"能听懂有关熟悉话题的谈话，并能从中提取信息和观点"的能力。

（2） 听独白，根据所听内容完成填空，然后转述文本内容。此题型重点考查课标规定的"能听懂接近自然语速的故事和叙述，理解故事的因果关系"和"能针对所听语段的内容记录简单信息"的能力；在转述过程中还考查学生在口头表达中进行适当的自我修正的能力。

听力考试评价的重点是学生记录信息、理解事件的逻辑关系和因果关系

并依据记录的信息进行表达以及自我修正的能力。这些能力的发展需要师生合作进行听力学习规划，增强学生在课堂内外听的频率以及对听的策略的探讨，提升学生的自主学习能力。课标中要求培养学生的英语自主学习能力，为学生的可持续发展奠定基础，但对于具体在听力教学中如何发展学生的自主学习能力并没有提出路径和策略，值得教师研究。

边听边记录信息的能力不仅是课程标准和考试评价的要求，也是帮助学生有效地存储信息、发展英语复述能力的有效手段。记忆并提取语言和信息是外语学习所需要的重要能力。Miller 通过实验证明，只有不断地对信息进行复述，信息才能从工作记忆（短时记忆）中进入到长时记忆中。① 对学习活动来说，书写中的手臂和发音器官能够帮助学习者从长时记忆中提取信息。边听边记录信息的行为能够帮助学生有效地长期存储信息，并能够回忆、提取信息。

3. 自主学习能力的培养是学生听力发展的需要

笔者经过调查发现，侧重完成听力任务和试题的教学结果是：很多学生在听的过程中形成了关注新词汇和做题的习惯，听的过程变成了机械地获取信息的过程，完成了问答或者选择题就觉得自己的听力发展了；不关注在听的过程中自己有哪些方面的问题，不关注自己是否完全听懂了文本的内容，也不关注自己在听的过程中有哪些收获。于是，很多学生的英语学习是被动的——被动地完成教师布置的各种任务，没有发现并分析自己听力问题的意识；不反思自己听力学习中的问题和学习收获；没有确定听力学习目标和规划听力学习的意识和能力。学习者不知道听力能力如何提升，学习动机不强。Graham 在他的研究中也提出了类似的观点。② 而自主学习能力的要素包括：自主发现学习问题；依据问题产生的原因分析确定解决问题的思路；制订学习规划；实施学习行为；依据学习实效反思调整自己的学习行为和规划。这些自主学习能力的要素是学生在英语学习中所欠缺的，也是教师在忙于完成教学内容、追赶教学进度时所忽略的。学生需要在教师的指导下，在和同学

---

① 张庆宗. 外语学与教的心理学原理. ［M］. 北京：外语教学与研究出版社，2011：17.

② Graham. Listening comprehension: The learners' perspective ［J］. System, 2006, 34 (2): 165-182.

合作的过程中自主地进行持续听的规划，开展听的实践，并不断调整听的策略，提高学习效率，进而发展自主学习能力。如何真正培养学生的自主学习能力是边听边记录信息能力目标单元的一个重点目标。

（二）单元教学目标的整体设计及其内涵

依据以上分析，在听力目标单元中，要让学生发展边听边记录关键信息（如时间、地点、人物、事情、数字等）的能力，甚至是记录完整语句的能力，还要侧重培养其自主学习能力，特别是自主发现学习问题，自主确定听力学习目标、学习规划并调整学习行为的能力。

1. 单元教学目标的设计

本单元教学重点发展学生以下四个方面的能力：

（1）自主分析听力学习问题的意识以及确定听力学习目标和制订学习规划的能力；

（2）运用多种策略（如进行预测，借助语境猜测词义和语句含义）克服生词障碍理解语段大意的意识和能力；

（3）针对所听语段的内容记录简单信息或者核心信息的能力；

（4）听懂有关熟悉话题的谈话，能从中提取信息和观点，并依据记录整理信息的能力。

以上目标中的（1）和（3）是主要目标，其他两个目标是实现主要目标所需的辅助目标。学生自主分析听力学习问题，确定听力学习目标的能力是学生自主学习能力的核心，是有效提升听力的关键，也是保障学生能将在课堂学习中所获得的听力学习策略拓展到课后学习中的关键因素。发展多种策略，特别是预测以及借助语境猜词等，能够帮助学生克服听英语时的心理障碍。由于一些教师会在听前处理生词，帮助学生解决听力障碍，很多学生并没有真正形成借助语境克服生词障碍、理解大意的能力。一听到生词就会产生紧张心理，无法听到后面的内容，也无法记录信息，这是学生经常描述的一种听力困难。所以，多种听的策略是发展学生记录信息的能力的前提保障。边听边记录核心信息的能力是学生发展整体话题理解能力，从所听语段中提取信息和观点，并能够就听到的内容进行有效的评价和互动交流的保障。所以，这四个维度的目标贯穿在整个目标单元的始终，相辅相成，相互促进。

2. 单元教学目标的内涵

本目标单元的终极目标或者长期目标是学生边听边记录信息的能力和自主学习能力的交叉整合与螺旋进阶式发展。边听边记录信息的能力始终以自主学习能力的发展为基础，自主学习能力的发展会促进学生边听边记录信息的能力的提升，二者互为表里，共同发展。要达成本目标单元中的多维目标，教师要进行学生整体学习的进阶设计，使学生的能力螺旋上升，进而达到终极目标。能力发展是有结构的，每一阶段小的能力目标，例如倾听、记录以及整理信息的能力，都支撑着学生边听边记录信息的能力和自主学习能力的发展，但这些能力并不只是在一个阶段存在，而是贯穿于整个能力发展过程中。

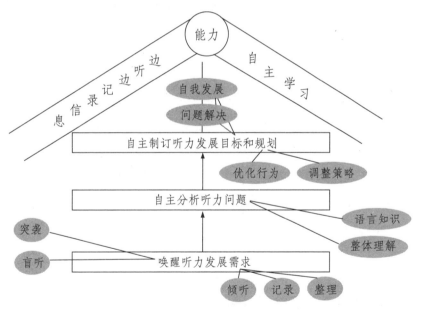

图 11-1 边听边记录信息的能力及自主学习能力的培养

如图 11-1 所示，本单元教学以发展学生边听边记录信息的能力和自主学习能力为目标。围绕边听边记录信息的能力，教师采用突袭和盲听两种方法，唤取学生在倾听、记录信息和整理信息方面的发展需求，引领学生分析自己在语言知识和语篇整体理解方面存在的问题。学生自主学习能力的培养贯穿始终，侧重于三个方面：唤醒学生听力发展的需求，培养学生自主分析听力问题的能力，让学生自主制订听力发展目标和规划。

第一阶段的目标是唤醒学生听力发展的需求。教师通过突袭、盲听等引导学生认识到倾听、记录以及整理信息等行为的意义和价值，帮助其形成积极的情感态度，觉察自己的学习发展需求，调整学习行为。第二阶段的目标是培养学生自主分析听力问题的能力。教师需要用多种策略引导学生分析听力问题，特别是分析其在语言知识和整体理解方面存在的问题。学生边听边记录信息能力的提高以学生语言知识的发展和整体理解能力的提升为基础。为此，学生需要对"理解"这个概念的内涵有清晰的认识，知道真正的理解不仅是理解词汇的含义、词汇之间的语法关系，理解语法意义，还要理解语句之间、语段之间的逻辑关系，理解语篇整体结构，进而理解语篇表达的目的和意图。第三阶段的目标是让学生通过反思，在分析问题的基础上自主制订听力发展目标和规划，通过优化行为、调整策略，达成解决问题、自我发展的目标。

可以看出，本单元教学目标以问题解决能力和自我发展能力为轴心，遵循促进学生能力发展和发挥学生的主动性和主体地位的基本原则，侧重于唤醒学生的自我意识，帮助学生形成积极的自我概念和自我规划能力。目标单元的实施也要寻找恰当的契机，关注的是学生自我的唤醒。自我意识是学生形成自主学习能力的内在推动力，因此它比问题意识更为重要。只有问题意识，学生学习的目标就是解决问题，而有了自我意识，学生不仅要解决问题，还要证明自己的能力，认识自我，获得自信。

三、单元教学的整体设计及实施策略

边听边记录信息的能力及自主学习能力的形成与发展都需要一个过程，教师要有长期规划，设计多样的听力任务，为学生自主学习能力的发展搭建阶梯。自我唤醒是贯穿整个目标单元的一个基本策略。教师可以利用某一次考试情境，让学生结合考试的内容以及自己的表现，反思自己听力学习中存在的问题，分析问题产生的原因，在教师的指导下开展小组讨论，最后全班同学一起讨论如何能够有效地发展听力。在此过程中，教师要充分利用学生交流的内容指导学生制订听力学习目标和学习计划，并有针对性地发展学生的听力学习策略，使学生能够依据目标在课堂内外灵活运用这些策略。

围绕目标，本目标单元的实施整体可以分为三个主要阶段（见图11-1），把自主学习能力的培养贯穿于边听边记录信息的能力以及整体听力提升的过程中。教师可以结合单元测试或期中、期末测试，让学生意识到自己的听力发展需求，提升其自主发现听力学习问题的意识以及自主制订听力学习目标和学习计划的能力。同时，教师要以教材内容为载体，创设学习任务，帮助学生掌握多种听力策略（在听的过程中做出判断、猜测词义等），引导学生发展边听边记录信息的能力，并适当拓展听力学习资源，提升学生边听边记录信息、进行判断的能力，鼓励学生依据记录的信息，就听的内容进行自主提问、互动问答，让学生养成边听边记录信息的习惯。

目标单元实施的阶段、所需的时间以及教学材料和资源等，都要依据学生的学习水平来确定。如果学生语言水平较高，教师可以适当拓展听力资源，增加与教材中的听力话题相关且和学生的生活结合更紧密、更能够激发学生学习兴趣的学习材料。这样，学生对话题、词汇不陌生，有利于提升其听力。拓展材料的难度可以略高于教材的水平，有一定的挑战性，能激发学生的学习动力和兴趣。教师可以合理利用拓展材料来提升学生边听边记录信息的能力，并帮助学生掌握更多的学习策略，养成良好的听的习惯，为其自主学习能力的发展奠定基础。

（一）在单元教学中提升学生边听边记录信息的能力及自主学习能力的整体思路

在目标单元的实施中要让学生在问题解决过程中发展观察能力和思维能力等，让学生主动进行自我探究、自我肯定和自我反思，时刻关注自己的状态和水平，确定下一步的自我发展目标。

1. 引导学生在听的体验中唤醒发展需要，发现听力问题

在英语教学中，教师不仅要让学生完成若干听的任务，更要引导学生发

现并分析、反思自己的学习问题，确定学习行为改进的方向和目标，掌握有效的学习策略。为此，教师不仅需要讲解，还需要创设学习情境让学生在体验中意识到自己学习中存在的问题和需要改进的方面以及具体的改进策略。

[案例1] 以"突袭式"任务促进学生反思自己的听力问题

某教材上听力材料的主要内容是介绍学习英语的几条建议，让学生学会委婉地给别人提建议，并了解学习英语的有效途径，知道适合自己的学习方法就是最好的。本节课教师设计的一个主要教学目标是引起学生对边听边记录信息以促进整体理解这个策略的重视，让学生分析并反思自己听力中存在的问题，有针对性地发展听力。教师设计了边听边填空的任务。按正常的教学流程，听一遍录音，学生填信息，再听一遍，师生核对答案。而后，教师请几个学生根据自己填写的内容复述一下所听语段的主要内容。填空内容如下：

Mrs James says they will talk about _____.

Daming's Advice 1: _____.

Advice 2: _____.

Lingling's Advice 1: _____.

Advice 2: _____.

学生复述的内容只限于其填写的内容，其余的信息不多，甚至是完全没有。此外，学生在复述过程中人称混用，时态和单复数的意识也不强。复述过程中出现的问题还体现为有要表达的信息要点，但是语言表达不准确、不流利，例如"Lingling said spell and pronounce new words is a good idea""Why find pen friend"，几乎没有完整的语句，更不要说流利度了。

课程结束前5分钟，教师和学生进行了互动，以了解学生本节课的感受和收获。上课发言最积极的学生说："虽然刚刚听过，但是在复述的时候，觉得大量的信息充斥着大脑，一下子想不起来了，自己都感觉复述得一团糟，就像 traffic jam。"当问及如何做才能改善这种状况时，该生若有所思地回答："老师给的信息是否可以再多点？"教师追问：

"如果给出的信息就这么多，怎么办?"几个同学回答："自己记!"

课后授课教师对听力水平不同的学生进行了访谈，了解他们对听力考试、自己的听力水平以及本次听说课的评价。访谈结果表明，即便是平时成绩较差的学生也认为以往的听力考试没有难度，没有什么挑战，但是这次课上让他们依据填空的信息进行复述，这是他们没有预料到的，也不习惯。学生在听的过程中没有关注其他信息，只是重点完成了单词和短语的填空，所以没有做好梳理整体的内容以及记录、表达的准备。他们认为这种听后依据自己记录的信息进行复述的形式很好，有意思，有挑战性，有利于发展口语表达能力。学生都表示喜欢有挑战性的任务，觉得完成填空以及简单的问答题对他们语言能力的发展作用不大。

[评析] 教师要运用教学任务来引导、推动学生进行思考，改变其被动完成各种学习任务，不思考自己学习的收获、问题与需求的状况。本案例中教师增加了填空后进行复述的任务，使学生意识到听的目标并不是完成各种填空，而是要理解信息并能表达信息，是一个在理解的基础上提升表达能力的过程，要有信息记录、语言吸收、内化及转化的过程。该教师的"突袭式"挑战性任务是一个很好的开端，能唤起学生的问题意识、自我意识和发展意识，是引导学生学习的一种有效方式，也符合初中生的心理特点。通过提出新的要求，教师引导学生反思听力学习的目标以及自己学习中存在的问题，通过师生互动引导学生分析学习问题，提出解决问题的策略，这比教师要求"边听边记录信息"更容易转化为学生的学习行为。

2. 指导学生自主制订听力发展目标和学习计划

教师可以充分利用教学中的"突袭式"任务刺激以及听说体验，引导学生在反思学习问题的基础上，确定听力发展目标和学习规划。教师还可以充分利用考试情境，引导学生反思听力问题。

[案例2] 依据学生学习问题反思，指导学生制订学习目标和学习规划

一位教师利用初二下学期一次人机对话模拟考试的机会，指导

学生在真实的听说体验中反思自己听力和口语表达中的问题。教师访谈了部分学生，获得的信息是：考试中最难的部分是转述，学生平时没有边听边记录的习惯，听的时候只是关注找问题的答案，考试时一边听一边记录信息，往往是忙于记录的时候，后面的听力材料就会有漏听的，无法准确转述完整的内容。教师把访谈所得的信息和全班学生分享，引导他们分析自己的问题，并引导其制订本学期听力发展的目标和提升听力的学习计划。同时，教师和学生分享一些外语学习的理念，让学生知道要有大量的听说读写才能够提升语言能力。在师生互动交流的基础上，很多学生认识到平时自己听力学习的问题是：为了完成任务机械学习，学习过程中不思考；只是记录几个词语，没有在听的过程中以及听后整理听到的内容进而形成整体理解的习惯，也没有在听后对听到的内容进行准确、完整的复述的意识，即便做复述，也只是说几个关键词，介绍大概内容。学生希望教师在课堂教学中能指导他们学习听的策略，对于如何在边听边记录信息的基础上进行转述加强指导，并提供一些课后可以听的语音材料，比如和教材配套的听力以及阅读材料的录音，他们回家之后可以反复听，找出自己的问题。

在引导学生反思听力问题、提出发展需求后，该教师指导学生制订了更为合理的学习目标，并在师生讨论的基础上制订出课后20—30分钟听力提升学习计划，具体包括以下5个方面：

（1）听课文录音，注重单词的发音以及句子中的停顿、重音和感情，记录要点；

（2）跟读课文，练习自己的发音、停顿、重音和感情，注意语速；

（3）朗读课文，并注意其中的语法，关注句子结构以及词的用法；

（4）听课外听力材料，不仅完成听力任务，听的同时记录信息，提升记的速度，尽量记下更多信息，然后依据信息进行复述。

（5）看英文电影（片段），记录部分台词，模仿语音语调进行配音。

之后教师引导学生根据自己的英语水平，从以上 5 项内容中选择 2—3 项作为自己听力提升计划中的重点，进行合理的时间规划，并在一学期内根据自己听力水平的发展情况进行调整。只用课堂时间练习听力和口语是远远不够的，教师依据学生提出的建议以及发展目标，布置课后听说任务，把跟读、朗读教材中阅读和听力的内容作为课后作业。教师还挑出与教材配套的音频、《空中英语教室》以及《典范英语》中的某些内容让学生跟读、模仿并定期组织学生进行朗读、配音的展示交流。

[评析] 任务简单的时候，学生没有问题意识，也无法唤起自我发展的愿望；当任务难度加大，学生又认可任务的必要性时，学生的问题意识和自我发展愿望被唤醒。本案例中，教师运用了有挑战的考试这一体验情境，适时引导学生反思自己的问题并找到提升听力的策略。很多学生有英语学习与发展的需求，但却不知道如何提升听力，本案例中教师充分利用学生的学习经验，在师生研讨的基础上，让学生知道提升听力的方向和路径，同时自主规划听力发展目标并选择合适的策略。教师给了学生选择的空间，让学生依据自己的水平进行自主规划，并依据自己水平的变化来调整规划，这些做法让学生觉得学习是自己控制的，不是为了完成教师的任务。这是发展学生自主学习能力的重要路径。

教师还要让学生对提升听力的路径和具体策略形成正确的认识。"从某种意义上来说，泛学甚至比精学更为重要，因为要靠泛读和泛听来给学生提供大量的语言材料和信息，大量的文化知识，大量的不同的题材。在此基础上进行大量的、精泛并举的说和写活动，才能达到掌握综合语言运用能力的目的。"① 听说达到一定的频率才能帮助学生养成习惯。学生在听力方面的困难很多：看懂的词却听不懂；觉得语速快、信息复杂。而听力理解本身就是一个复杂的过程，从对语音信息的接收到意义的建构，听者需要接收声音信

---

① 陈琳．外语学科中的辩证法［N］．中国教育报，2003-06-03（3）．

号并进行加工，切分语音流，识别词汇，运用语法规则建构句子的意义，还需要通过句子之间的逻辑关系理解语篇的整体含义，甚至还要根据语境听出说话者的真正意图。很多学生无法在一长串语音中准确区分出单词来，听过的内容很快就忘掉了，前面有听不懂的地方，也影响后面的理解。边听边记录信息的能力与学生的辨音能力、词汇识别能力、语流切分能力以及句法结构知识紧密相连，不仅要靠多听，还要通过朗读、模仿等促进学生形成正确的语音知识，把词汇的音、形、意、用匹配起来，同时提升语句中重音、停顿、语调的判断意识和能力，帮助学生提升在听的过程中辨别语音、捕捉信息、适当记录以及分析提炼的能力。教师不仅要设计课后让学生跟读、模仿的任务，还要定期开展评价及展示交流活动，促进学生互学、互评，不断改进学习行为，督促其养成听说的习惯。

（二）在单元教学中提升学生边听边记录信息的能力及自主学习能力的教学策略

教师要设计多样的任务引导学生边听边记录信息，并给予记录方法的指导，同时引导学生在记录过程中不断地反思、调整记录信息的方法，优化记录的策略。设计多样的任务目的是促进学生多种能力的发展，如系统记录信息的能力、自主进行提问的能力等，进而实现自主学习能力和边听边记录信息的能力同步发展。

1. 重设听力任务，引导学生整体理解文本，培养学生的反思能力和边听边记录信息的能力

一般来说，教材上的听力任务主要是训练学生听录音提取部分信息的能力。为了改变学生只关注片面信息、关注新词语的学习行为，教师可以重设教材中的听力任务，以多样的任务引导学生关注听力材料中的各个要素（例如记叙文中的时间、地点、人物、事件等信息），促进学生整体理解听到的内容，发展听力技能和策略。

[案例3] 重设听力任务，促进学生整体理解文本内容及逻辑关系

外语教学与研究出版社出版的英语教材（简称外研版教材）八

年级下册中 *Could I ask if you've mentioned this to her* 主题听力课文中的任务是听完对话后判断句子的对错：

（1）Lingling called to ask for advice about her schoolwork.

（2）Lingling and her best friend are now in the same school.

（3）Lingling is happy to see her best friend at the same school.

（4）Lingling is having a hard time in the new school.

（5）Lingling gets help from the helpline.

这五个问题不足以帮助学生弄清楚对话内容，更不要说复述对话或者某个细节了。于是，授课教师根据对话内容，按照时间、地点、人物、事件等要素重新设置了听力任务，让学生在听后回答下列问题，梳理出听力内容之间逻辑关系：

（1）Who is calling?

（2）Why is she calling?

（3）With whom does she have a problem with?

（4）When the problem started?

（5）How is her friend different?

（6）What advice has she got?

［评析］教师通过重设任务，利用一系列问题引导学生厘清所听材料的内容主线和逻辑关系。这些问题一步一步地引领学生抓住基本信息，理解信息之间的关系，同时明确在听的过程中重点倾听、记录哪些信息。在重设任务时，无论是问答任务还是填空任务，都有一定的梯度，从最初填写词汇到填写短语，再到填写短句子。经过一个多月的训练之后，教师可以尝试整个空出一段，让学生盲听并记录核心信息，给语言水平好的学生更大挑战。针对信息较多、有挑战的情况，教师要为学生讲解与示范简单的听力速记方法，例如只写开头几个字母、利用简写、记录主语和核心动词、在播放的间隔迅速补全语句等。教师还要鼓励学生在填充词汇、语句的同时，随手记录有助于转述的核心信息。

边听边做记录会影响学生听后面的内容。对于这个问题，教师可以采用适当的方法解决。例如，第一遍让学生完整地听，理解有几个人物在谈论什么就可以了，没有具体的听力任务；第二遍聚焦听，让学生带着问题去完成各种听力任务；如果需要，可以再进行第三遍聚焦听；在师生核对完各种听力任务的答案之后，让学生再完整地听第四遍并补充记录信息，反思自己之前没有听出部分词汇和信息的原因，体会自己听力方面的发展和收获。学生反馈说这样的方法降低了他们的焦虑感，他们理解了文本内容之后再听就觉得没有那么难了，自己的听力发展了，边听边记录信息的能力也有所提升。实践证明，重设听力任务，让学生带着不同的任务和反思问题进行多次听的实践，能让他们清楚地看到自己的发展，唤醒其自我意识和听力自信。

2. 教师示范，引导学生关注关键词的作用，发展学生对学习的责任意识和边听边记录信息的能力

教师要通过互动交流的方式引导学生认识到记录关键词语和信息的重要性，并帮助学生掌握记录方法。例如，教师可以让学生讨论哪些词语有利于理解与表达信息，引导学生关注动词、名词和形容词以及短语等。同时，教师还要善于利用时机，适时进行引导。

［案例 4］ 教师适时进行示范与指导

外研版教材八年级下册第九单元第一课 *Could I ask if you've mentioned this to her* 中听力的任务是听完对话后，判断句子的对错：

（1）Lingling called to ask for advice about her schoolwork.

（2）Lingling and her best friend are now in the same school.

（3）Lingling is happy to see her best friend at the same school.

（4）Lingling is having a hard time in the new school.

（5）Lingling gets help from the helpline.

学生完成任务后，教师补充了两个问题：

（1）What was the problem?

（2）What was the advice?

在学生争先恐后地回答时，教师在黑板上记下如下内容。

Problem: have been, separate, stay, come, happy, different,

(not) like，mention，refuse

　　Advice：regret，patient，explain，try，introduce，encourage

　　教师让学生观察这些词，判定其词性并讨论这些词在回答问题时的作用是什么。通过观察与讨论，学生明白了所谓的关键词就是一些动词、名词和形容词。教师让学生根据关键词先复述一次听到的内容，教师边听学生的复述边在黑板上把之前写下的词稍做修改，引导学生关注时态：

have been，get separated，stayed in touch，came，happy，different，(not) like to see，mentioned…to，refused to listen

　　然后，教师让学生在综合课本原来的问题以及教师提出的问题和关键词的基础上，再转述这个对话的内容。在这个过程中，学生要有意识地记录除了以上问题之外的其他相关信息，复述一遍听到的内容。比较两次复述过程，学生能明显感觉到第二次复述相对容易，因为信息多一些。教师趁机引导学生在记录关键词的时候，先记录词，然后再找机会补充成短语甚至句子。

　　教师要注意利用学习情境，激发学生改进学习行为的愿望，并示范有效学习的策略。该教师从拓展学习资源中选取与学生的生活和兴趣相关的文章和音频文件发给学生，让他们周末自主学习，告诉他们要边听边做记录，然后跟读。上课反馈时，教师把自己边听边记录的笔记给学生看，看着那密密麻麻的一片，学生都惊呆了，问教师怎样才能记录这么多信息。于是，教师利用学生想掌握记录策略的愿望，和学生一起探讨如何进行记录，引导学生学会记录主语、核心谓语动词、短语等信息，并合理利用录音播放停顿的时间补全句子信息。教师和学生一起回顾、梳理听的内容，并把关键词、关键短语写在黑板上。对于学生记录信息较少的部分，教师重新播放，让学生进行精听，记录核心信息，并运用语法知识和句子结构知识补全语句。

　　教师：What are the first two questions at the beginning of the passage？（文章开头提出两个问题是什么？）

学生 1：What is the shuttlecock made of?（说出第一个问题）

学生 2：When did people start the game of kicking shuttlecock?（说出第二个问题）

教师：What are the key words in these two questions?（板书示范，引导学生记下 shuttlecock 作为核心词，围绕这个核心词，写出 what is/are…made of，when did…begin）

教师：What are the answers in the passage?（和学生一起写出答案关键词 feather…）

教师：Who can remember the sentence?

学生：It's made of feather and…

教师通过板书示范、师生互动让学生知道需要记录什么，应该怎么记录。有些新词汇，学生能听出来读音，却不知道怎么写。教师引导学生根据读音尝试写出词汇，例如，学生听到一个词 consecutive，但是不知道如何拼写，教师进行示范，根据音节和拼读的自然规律写出这个单词的形式，然后请学生根据文章的语境（Peter was one of the most valuable players for the third consecutive year）来判断其含义，最后请学生查词典确认词义。教师要求学生按照听说考试的评价标准练习朗读该文本，重点是语音、语调清晰、准确，在正确的地方停顿，节奏感较强。

［评析］为了引导学生的学习行为，教师要充分发挥示范者的作用。边听边记录信息的要求不会自动变成学生的学习行为，需要教师进行引导和示范指导，让学生清晰地知道具体操作策略。教师不仅要示范边听边记录信息，还要引导学生根据语法知识和句子结构知识修改、完善语句，而不是单纯按照听到的内容进行记录。听力技能的提升需要学生有相应的语法知识和句子结构知识，运用这些知识修改、完善自己在听的过程中记录的信息和语句，这是发展学生语言能力的有效手段。此外，教师在学生无法记下听到的内容时，不要直接把正确的语句呈现出来，而是要重复播放此部分内容，让学生反复倾听，这有利于培养学生听的能力和判断能力。让学生精听他们觉得理

解有困难的内容，再进行记录，有利于发展其边听边记录信息和理解语句的能力。同时，教师不能忽视对学生自主学习能力的培养，要让学生在完成听力任务后，对照听力原文反思自己边听边记录的策略和存在的问题，并和同伴讨论改进的方法。下一次听的时候要让学生进行问题引领式反思，如运用了哪些方法和策略、是否有效、为什么有的策略有效而有的策略无效、对无效的策略应如何改进等，提升学生自我发展的意识和能力及其在学习中自我负责的意识和能力。

3. 引导盲听，在竞争中激励学生发展自主提问和边听边记录信息的能力

要想在转述中不漏掉信息、高质量地表达，学生在听的过程中除了完成填空外，还必须记录更多信息。对于初中学生来说，教师要不断地通过挑战性的任务来激励他们记录更多信息，提升其学习的兴趣和参与热情。在学生的听力水平提升后，教师可以尝试在教学中增加盲听活动，给学生一些新的挑战。所谓盲听，就是听前不给学生任何任务，让学生根据自己的学习经验和能力，尽可能多地记录所听的内容。听后根据记录的关键词和信息要点，合理地加入人称，修改时态和单复数来体现内容的完整性，进而实现对听力内容的整体记录和整体理解。最初尝试盲听时，教师可以适当地融入预测策略，引导学生根据标题、图片信息预测会听到哪些词语和内容。

[案例5] 指导学生在盲听基础上自主提问，互动问答

在进行主题为 *A Volunteer Teacher* 的听力教学时，一位教师呈现标题后让学生预测会听到哪些词汇，学生说出的词语有 school、students、dream、help、problems 等，教师板书这些词语，之后让学生听第一遍，核对听到了哪些词语，并进行补充。学生听后在 problems 下面补充了核心词汇 challenges、poor area、cold、hard life 等。听第二遍时要求学生进行盲听记录，能记多少内容就记多少，听后回答教师提出的问题——who、when、where、how 等引导的问句，还要对一些句子判断对错并把错误的改正过来。如果都回答正确，每个学生根据所记录的信息自编一个问题，请其他学生来回答。实践表明，这种听力形式很受学生欢迎，他们听得投入、记得认真，

能答出老师提出的所有问题。同学自编的问题也激发了学生的兴趣，为了能回答问题，也为了能够编出一个问题，学生听得非常认真，记录的信息也很全面。这种自主设计问题的任务充分调动了学生努力听懂并透彻理解所听内容的积极性。

学生最初提出的事实性问题比较多，教师适时地引导学生将问题总结归类，主要有以下五个类型：

(1) 对事实性信息进行提问（what）；

(2) 对时间、地点进行提问（when，where）；

(3) 对方式、方法进行提问（how）；

(4) 对事物的特点或人的观点进行提问（how）；

(5) 根据文本，对以后可能发生的事情做预测（what）。

在后续的教学中，学生听得认真、理解得透彻，还不断地提问。他们提出的问题包括事实性信息、词语理解等，也有对事实性信息背后的深层次原因以及利弊的提问，这些都发展了他们的思维和语言表达能力。一个月后，慢慢地进入了真正的盲听——教师不引导，第一遍听时就让学生自主记录听到的内容，听后和同学讨论并核对听到的内容，回答教师和同学提出的问题，在这一过程中还生成很多问题。

[评析] 该教师充分利用了初中学生喜欢刺激、爱接受挑战的心理，引导学生盲听记录，自主设计问题，既帮助学生养成了边听边记录信息的习惯，也提升了其自主性。学生说："这样的听力有挑战性，谁也不想被比下去"；"如果提前有任务，完成几道题后就不能集中注意力听其余的内容了。这样的盲听，我自始至终都要高度专注，因为我不想回答不了同学提出的问题"。盲听结束后，学生会根据自己记下的信息互相提问，这样既促进了学生互相倾听，又提升了学生边听边记录信息的能力和口语表达能力。

教师引导学生发展边听边记录信息的能力需要一个过程。第一遍听前教师可以提一个"大"问题，类似于"What are they talking about"，提示学生可以记下他们觉得重要的内容。听后让学生交流，分享他们记录的内容并回答这个问题。听第二遍之前，教师要给学生一点时间，让他们结合第一遍记的内容和自己已有的语言知识，先试着去填一下没有记下来的内容。学生在填的过程中可在一些不确定的地方做标记，例如，没有思路的打个叉，有问题的打个问号。这是有效引导学生对听力内容进行合理预测的方法。这些标记能够帮助学生明确自己需要关注的地方，有针对性地听并进行记录。听完之后，要给学生 1—2 分钟时间补全内容，引导学生运用已有的语法知识和背景知识进行补全，避免单纯按照听到的词语来写。在提问的环节，教师可以先让基础薄弱的学生提问，他们至少会对 general idea（大意）提出问题，如果学生提出的问题较简单，可以让基础薄弱的学生回答，这都会提高基础薄弱的学生的自信心，激活学生学习的动力，产生竞争激励的效果。这些做法符合初中学生喜欢挑战的心理特点，又充分利用了听力材料。这种"边听边记录信息，然后回答问题，再设计问题"的思路也可以迁移到课外拓展材料的学习中。当然，教师可以不断变换问答的形式，增加未知感与挑战性，提升学生互相倾听、互相学习的意识和能力，这也是提升学生自主学习能力的一个重要途径。

很多学生在听的过程中只是捕捉信息，并没有就听到的内容进行互动、给出反馈的意识和能力，这影响了其真实情境中的交际意识和能力。实践证明，记录内容和相互问答的过程为学生进行准确、连贯、完整的转述和自信地互动交流打下了良好的基础。可以说，把培养边听边记录信息的能力、提问的意识和能力以及交际的能力结合起来，是发展学生自主学习能力和综合语言运用能力的一个有效途径。

4. 引导学生自主反思，提升其边听边记录信息的能力及自主学习能力

学生边听边记录信息的能力提升后，其在转述中信息量会明显增加，但是转述的质量需要关注。很多学生会片面关注信息的全面性，而忽视语言的准确性，人称、时态的使用不准确，名词的单复数、第三人称单数等出错较多，值得教师关注。

为了解决这些问题，教师让学生在听后核对问题答案时用红笔或者彩色笔标注出有错误的地方，并进行修改，反思自己听力的问题及原因。此过程中的一个重要环节是在第二遍或者第三遍听之后组织同伴交流反思：

（1）我是如何记录信息的？

（2）出现了哪些问题？

（3）出现问题的原因是什么？

（4）如何改进边听边记录信息的方法？

通过这些问题，教师引导学生听后对记录的内容按照语法和句法结构进行修改，增强学生运用语法知识自己修正错误的意识和能力。例如，名词复数、动词过去式有时很难听清，但是学生要依据已有的语法知识进行判断，而不单纯依据听到的音进行判断。教师可以指导学生对所出现的错误进行分类，例如词尾错误（如单复数、时态）、语音流切分错误（如 ago，a goal）、相似音混淆错误（如 animal，any more）等。针对这些问题，教师要引导学生了解语音能力主要包括以下内容：（1）辨别相似的音；（2）识别可作为语法线索的语音，如 ed、ly 等；（3）了解单词重音和句子重音。

为了解决学生忽视语法知识而单纯依靠听到的音进行判断的问题，教师在设计听力任务时，要特别注意利用有词尾语法信息的词语，将其作为填空的内容，培养学生依据语音进行判断的能力，同时引导学生根据上下文语境判断所写的词语是否正确；要充分利用听力材料中含有语法信息的词语，引导学生利用语法知识进行自评，看自己依据听到的语音写出的内容是否符合语法规则。听的过程也是学生利用语法规则进行判断，同时强化语法知识的过程，是把语言知识和技能结合起来的有效学习方式。

语音流的切分对听力理解相当重要。一般来说，学习者大脑中存有语音的典型形式或标准形式，但实际听到的多是变化形式。准确的语音知识和敏锐地感知语音变化形式的能力是准确切分语音流的两个基本要素。教师需要认真分析教材中的听力内容，找出一些影响理解的关键句子，确定其中包含时态、单复数等信息的词汇，设计专门的练习任务。也就是说，教师要分析文本中哪些语句有听辨的价值，并进行重点训练。

让学生自主判断边听边记录时存在的问题和发展需求，引导其把语法知识和句法结构知识融入判断的过程中，帮助其有效地发展语言知识和技能，这是当前英语教学中值得借鉴的做法。很多初中学生喜欢说胜过写，有些学生甚至认为语言的作用就是口头交际，能让人听懂就可以了。他们的学习观念存在一些误区：做语法题时关注语法知识，在听说活动中就是大致表达、理解大意，记录和检查时并不关注语言的准确性，只是内容大致正确，对语言的细节——时态、单复数等不关注。把学生自主分析学习问题和反思能力的培养融入边听边记录信息能力的培养过程中，会更好地促进学生综合发展各种能力，并使自主学习能力和边听边记录信息的能力得到进一步发展。

（三）对教师实施能力目标单元的建议

在进行系统的目标单元教学规划时，教师要综合考虑多种因素，要对单元的目标进行系统设计，并对实施过程进行阶段规划。阶段的目标要有交叉循环，而非彼此割裂、互不相连。当然，教师不仅要规划教学目标、教学行为，还要规划自己的角色，明确如何给学生发展的空间。此外，还要明确在持续的单元教学中如何综合运用多种资源来发展学生的能力。该目标单元教学要以学生自主学习能力的发展为落脚点。实施该目标单元的过程中教师要不断地依据学生发展的目标规划和调整日常教学，可以侧重从以下三个方面进行探索，寻求突破。

1. 要始终把自主学习能力的培养贯穿于学科能力的培养中

目标单元以提升学生的能力为主要目标，教师不仅要发展学生的语言能力，更要发展学生自主发现学习问题，分析问题产生的原因，确定学习目标，规划、反思、调整学习行为的意识和能力，唤醒学生的自觉，进而使学生有自我发展的意识和能力。本章案例中教师利用学生的学习体验以及真实的考试情境来引导学生反思自己听力学习方面的问题，并适时地组织学生讨论如何制订学习目标和规划；在学生边听边记录信息的过程中，教师组织学生反思如何调整自己记录中的问题，这些都是有效指导学生学习与发展的方法。当然，如何通过反思能力的培养提升学生自主学习能力也是以自主学习能力培养为目标的单元教学可以深入研究的内容。教师可以利用"出门条"和"反思单"提升学生的反思能力，即在一节课结束前给学生发一张写有3—4个引发其反思本节课学习收获和学习问题的小条或者反思单。反思问题可以包括：本节课印象最深的一个学习内容，本节课学习中的一个疑问，本节课积累的词汇、语句等。教师可以留出 3—5 分钟时间让学生依据这些反思问题梳理本节课的学习收获，反思学习中存在的问题以及改进思路。教师可以要求学生写听力学习日志，侧重引导学生记录、反思学习中的进步、收获、困惑与问题，分析原因，并制订相应的学习目标，选择恰当的学习策略。例如，一位教师给学生提供的听力反思日志框架包括：

（1）记录最近一周感受到的听力上的进步；

（2）分析自己在边听边做记录方面（包括感知语音语调、判断词性、记录速度等方面）的一个主要不足，据此为自己确定一个小目标；

（3）记录每次课后听力练习的时间、内容和1—2点主要收获；

（4）反思听力学习过程中的1—2个主要困惑；

（5）确定解决困惑的一个方法。

教师可以指导学生依据自己的学习需求，从以上框架中选择2—3个方面作为重点，并做阶段性调整。学习日志既是学生自主学习过程的记录，又能够成为师生沟通的桥梁，在一定程度上有助于实现个性化辅导。教师要定期就学习日志的内容和学生进行沟通，督促学生根据教学重点和课堂内容针对自己的薄弱环节进行训练，调整学习目标和策略，探寻解决困惑与问题的思路，帮助学生发展自主学习能力。

2. 教师要充分发挥示范和引导作用，同时要给学生开放选择的空间

在培养学生自主学习能力以及边听边记录信息的能力的最初阶段，教师要发挥示范和引导作用，让学生知道自己要做什么、怎么做以及这样做的目的。要让学生知道如何规划自己的学习，如何记录信息，如何把记录的信息变成完整的语句表达出来。这些能力的发展都需要有榜样引导，教师作为榜样对全班学生都能发挥很好的引导作用。当然，如果教师能够找到学生榜样，让学生介绍自己的学习方法，让其他同学效仿，效果会更好。在此过程中，教师要不断地追问自己：想要发展学生的哪些能力？如何发展学生的这些能力？怎样才能更好地发挥榜样和示范作用？如何评价这种能力的发展？教师要清晰地知道要求是什么、训练的方法是什么、评价的标准是什么。

要培养学生的自主学习能力，教师还要尽可能多地给学生开放选择的空间和机会。可以让学生自主确定学习目标和学习规划，教师可以提供一定的策略支持和方法指导。同时，教师还要耐心等待，给学生不断尝试的机会，

让他们在试错中不断调整学习，在体验中更好地理解教师的指导，明确自己的学习目标和方向。

3. 合理利用多种资源发展学生的能力

教材是日常教学的主要依据，教师要充分利用教材中的资源，合理调整活动设计来发展学生的能力。当然，要发展学生的语言能力，只有教材是不够的，教师还要适当地拓展学习资源，让学生有广泛的听说读写的学习体验和实践经验，更好地发展语言能力。资源的选择要与学生的发展需求以及兴趣和认知相匹配，不能盲目求多求广。此外，学生本身也是一种资源。学生资源蕴藏在每个学生的生活经历和学习体验之中，也隐藏在他们丰富的情感和活跃的思维之中。学生资源是课程资源的重要组成部分，教师应充分认识开发和利用学生资源的重要意义。① 教师要善于观察学生学习过程中的动态生成，例如记录信息用了什么样的方法，记录过程中遇到了哪些困难，哪些地方体现了学生的智慧，并充分利用这些观察到的信息，将其作为指导更多学生学习和发展的资源。教师确定教学目标、教学资源、教学过程都要以学生的发展需求作为依据。教师要适时地访谈学生，了解他们的现有水平、发展需求和困惑，以此作为进一步实施目标单元的依据。

---

① 中华人民共和国教育部. 义务教育英语课程标准（2011 年版）［M］. 北京：北京师范大学出版社，2012：43.

第十二章

物理：以"科学探究能力培养"为重点的多维目标单元设计

[导读]

　　科学探究能力在本质上就是问题解决能力。本章以科学探究能力培养为目标，对科学探究能力的内涵进行研究，能够帮助我们理解问题解决能力的内涵。

　　科学探究能力的重要性毋庸置疑，教师经常以此为教学目标，但在教学实践中却常常出现"盲目探究"的现象，即教师不清楚科学探究以及科学探究能力的本质，不清楚提出问题、设计实验、搜集证据、做出解释、交流和验证解释各环节的本质，比较随意地理解科学探究过程，让学生经历的是表面的、盲目的科学探究过程，缺乏真正的指导，学生无法获得科学探究能力的发展。

　　为此，本章首先根据已有的研究成果和课程标准的规定确定了大家共同认可的科学探究的基本环节，然后根据《教什么知识》一书中提出的能力以知识为基础和知识的四个层面构成完整的知识的观点对科学探究过程进行了知识的四个层面的分析。本章提出，科学探究的目的是寻找科学规律，确定研究系统中各要素之间的关系；科学探究各环节的本质就是在系统中确定和控制变量从而得到变量之间的关系。这样，科学探究过程成了有核心的整体，科学探究能力也有了聚焦的核心。

科学探究能力目标的实现仍然与学生的自我发展能力互为表里，需要以系统思维的发展为支撑性目标，呈现出对应能力结构的多维目标结构。

一、科学探究能力目标单元的提出

（一）从物理学视角认识科学探究

好奇和试图理解周围的世界是人类的本能，学生天生具备学习科学的能力和愿望。物理学正是这样一门研究客观世界、自然现象及其规律的学问，从微观的粒子到整个宇宙都是物理学的研究范围。物理学发展至今经历了经验物理学（自然哲学）、经典物理学和现代物理学（相对论、量子力学）三个阶段。作为一门理论和实验相结合的科学，物理学来源于真实的世界并应用于真实世界。物理学的研究对象是物质和物质运动的基本原理和规律。从物理学角度观察客观世界，最终是为了在繁杂的自然现象背后寻找统一的基本规律，追寻因果性和规律性，而不是简单地描述。

物理学理论的发展最初是唯象理论，即把很多实验事实归纳起来，找出一些规律，在实验事实的基础上进行猜想与假设、逻辑推理。随着证据的积累，逐渐从唯象理论上升到理性理论。物理学理论的建立经历了从真实世界中发现问题、提出问题，经过科学探究寻找规律的过程，并运用物理世界中的模型和理论解决真实世界的问题。科学探究的过程是促进物理学产生和发展的过程，也体现了物理学科的本质。从图 12-1 可以看出探究是连接真实世界和物理世界的桥梁。

图 12-1　科学探究与物理学科本质的关系

（二）从国家课程标准认识科学探究

科学探究能力的培养一直是近年来教改的重点之一。在我国科学课程标准中，科学探究在基础教育的各个学段都占据重要地位。《普通高中物理课程标准（2017 年版）》中提出物理学科核心素养包括物理观念、科学思维、科学探究、科学态度与责任四个方面。笔者认为，科学探究不仅是一项重要的物理学科核心素养，同时也是培养其他几项核心素养的载体。科学探究的目的是探索物质世界背后的规律。探究是形成物理观念的途径，学生在科学探究过程中掌握的不仅仅是探究的方法和知识本身，也切身体会了知识背后的科学思维，这有助于促进其形成积极的科学态度与责任。这一点在后面的探究活动案例中能进一步得到验证。

实际上我国物理学科教育从制定《普通高中物理课程标准（实验）》时，就已经开始明确提出并重视科学探究对物理学习的作用和价值。《义务教育物理课程标准（2011 年版）》提出："科学探究既是学生的学习目标，又是重要的教学方式。将科学探究列入'课程内容'，旨在让学生经历与科学工作者进行的相似的探究过程，主动获取物理知识，领悟科学探究方法，发展科学探究能力，体验科学探究的乐趣，养成实事求是的科学态度和勇于创新的科学精神。"

现行的初中物理教材中同样涉及大量的科学探究内容，如牛顿第一定律、滑动摩擦力大小的影响因素、压力作用效果的影响因素、液体压强大小的影响因素、浮力大小的影响因素、动能大小的影响因素、势能大小的影响因素、杠杆的平衡条件等。这些内容在教材中占了很大比重，代表了对科学探究的重视。

同时，随着近几年考试改革的推进，考查科学探究能力的试题比例和难度也在不断增加，给学生带来了很大挑战。尤其是科学探究中的提出问题、设计实验、制订计划及分析论证、评估这几个环节在考试中经常以科普阅读题、实验设计题、实验证伪题等形式出现。

（三）教学实践中面临的误区与挑战

科学探究能力的意义和重要性随着教学与考试改革的不断推进已经深入人心，同时在课程标准及相关政策的推动下，科学探究在一些学校得到了一定推广。但是笔者在一线教学实践中发现，科学探究教学并不是主流的教学模式，尤其是区县的普通学校几乎不采取这种教学方法。同时，笔者在教学实践中发现，教师在现有的科学探究教学实施中，对如何培养学生的科学探究能力普遍存在困惑和严重的误区。

初中物理课程标准中提到，通常科学探究涉及以下环节：提出问题；猜想与假设；设计实验、制订计划；进行实验、收集数据；分析论证；评估；交流与合作。然而在教学实践中，上述科学探究的环节说明反而成了教师教学的"八股"典范，主要表现为教学内容和学生探究无关，教师生硬套用探究环节推进教学。这种现象在一线教学中非常普遍，反映出教师不理解科学探究的本质和各环节的含义，并缺乏实施探究式教学的策略和工具。造成这种现象的原因是：科学探究的理念提出后，课程标准没有对科学探究各环节的核心概念进行解析，也没有推出与探究式学习相对应的科学教材。教师多数只知道科学探究各个环节的名词，而没有真正理解它。这使得科学探究最终沦为徒有其表的表演，不能切实实现培养学生科学探究能力的目标。

下面以笔者在实践研究中所观察到的一个典型的"八股式"探究实验为例，说明当前科学探究教学中普遍存在的问题。

[教学案例背景]

这节课的科学探究对象是功的原理。学生已经学完了简单机械、功、功率。教师希望通过简单机械的科学探究实验，让学生体会任何机械都不省功。课程引入过程中，教师首先回顾并列举了生活中的简单机械，并提问学生：简单机械在工作中做功吗？使用机械时我们希望省功还是费功？简单机械到底省不省功？从学生的课堂表现可以看出，学生对这几个问题是迷惑的，并不能很好地区分省力、费力与省功、费功之间的区别。接下来，教师组织学生进行科学探究，以解决学生对简单机械是否能省功的困惑。

[科学探究过程]

教师组织学生进行科学探究的整个过程按照教师下发的学生学案进行，具体内容如下。

---

1. 提出问题

把 400g 的钩码提高 0.1m，使用机械与直接用手做功 W 的大小关系怎样？

2. 猜想与假设

①动滑轮省功，因为（省力、省距离或其他）。

②滑轮组省功，因为（省力、省距离或其他）。

③杠杆省功，因为（省力、省距离或其他）。

3. 设计实验

（1）实验器材

①动滑轮小组：200g 钩码 2 个，弹簧测力计 1 个，动滑轮 1 个，支架台 1 个，刻度尺 1 把，细线 1 段。

②滑轮组小组：200g 钩码 2 个，弹簧测力计 1 个，滑轮组 1 套，支架台 1 个，刻度尺 1 把，细线 1 段。

③杠杆小组：200g 钩码 2 个，弹簧测力计 1 个，杠杆 1 个，支架台 2 个，刻度尺 2 把，细线 1 段。

（2）实验装置

（3）实验步骤

（4）设计表格

4. 进行实验，记录数据

5. 数据分析与总结

6. 反思本次实验存在什么问题

7. 交流分享

[学生课堂表现]

仅从这份学案来看，教师设计的科学探究环节很全面，也给学生预留了关于实验设计和实验分析的自主填写空间，看上去能开展一次很圆满的科学探究活动。然而仔细观察实际授课过程及学生在科学探究各环节的表现，可以发现整个探究过程都存在问题。

（1）在"提出问题"环节，并不是让学生经过对生活现象的观察和思考自己提出可探究的科学问题，而是教师直接给出了精心设计的统一的探究问题：把 400g 的钩码提高 0.1m，使用机械与直接用手做功 W 的大小关系怎样？

（2）在"猜想与假设"环节，教师并未让学生提出猜想与假设，而是直接提出了三种猜想，将探究实验分为三大组，分别探究动滑轮、滑轮组、杠杆三种机械是否省功，6 组学生按照座位顺序被安排探究其中一种猜想。

（3）在"设计实验"环节，教师事先已经按座位顺序在每一组同学桌上摆上了该组需要的所有实验器材，不多不少。因此，学生直到这一步始终都不需要进行任何思维活动，只需要把现有的器材全部组装起来即可。教师此时不断引导学生按要求搭建好器材并开始测量。

（4）由于前期没有对探究变量的思考和分析，在"进行实验，记录数据"环节，学生纷纷遇到障碍：大部分学生不清楚应该搜集并记录哪些数据；有的小组索性将所有涉及的物理量不区分变量和不变量全部记录下来，导致记录表格都填不下了；有的小组记录数据后不知道如何分析数据。学生直到这个环节才真正开始接触和思考科学探究实验中的变量，并且不具备教师预想中的能独立完成此环节的能力。

（5）最终仅有 1 组同学完成了所有数据的搜集和记录工作，分析得出了结论。后面的反思与交流环节只能是形同虚设。

从上述案例分析我们可以看出，教师在教学设计中只注意到了按科学探究过程完成实验，而忽视了科学探究每个环节对学生思维发展的要求。教师带领学生所进行的实验活动仅仅是在顺序上套用了科学探究的环节，按部就班推进，教师自身并不理解各个环节的真实内涵和作用。这样的教学活动传递给学生的是对科学探究本质的误解，在学习中发展学生的科学探究能力和核心素养更无从谈起。

上述教学现象绝不是个案，笔者在科学探究的各类公开课展示中经常看到这类"设计完美"的科学探究表演。"假探究"大行其道，说明目前的科学探究教学实践存在很大误区，学生真实的课堂表现与课程标准中对科学探究能力的界定和要求相差甚远。

除了上述典型的对科学探究的理解与教学上的误区之外，常见的科学探究教学实践还存在以下几方面的问题。

（1）学生接触的大多数探究都是已知结论的良性架构探究，探究的对象多数是物理学定律和公式，学生多数已经提前知道了答案，很难产生主动探究的兴趣。同时，教师和学生在不知不觉中很容易受到已知规律的影响，刻意追求正确的实验结果和现象，缺乏实证精神。

（2）学生进行科学探究的时间通常很短，很容易在教师的指导下得出正确结果，难以体验到科学史上真实的科学发现的曲折过程和背后蕴含的科学精神与责任担当。

（3）科学探究相对于传统的讲授式学习而言是一种新的学习方法，在探究过程中学生常常觉得无从下手，最终依赖教师指导，这也给教师组织课堂教学带来了困扰。造成这种现象的原因是学生从小缺乏与科学探究相关的思维训练和方法训练。例如，传统理科教学所关注的学生的思维方式主要集中在计算思维和逻辑推理上，这类思维训练有助于学生快速解题、获得答案，而缺乏对系统思维、模型建构、科学论证、质疑创新等思维的培养。科学探究活动应注意进阶式学习，循序渐进地培养学生的探究能力和相应的科学思维。

（4）学生学习科学探究依然以文字传授和解题为主要渠道，开展真实的探究实验和实践的机会不多。

科学探究能力的形成需要教师引导学生进行进阶式学习，让学生经历主动探究的过程。学生的学习目标不仅是发现物理现象和原理，更重要的是在科学探究过程中不断运用所学知识解决遇到的问题，发现自己的优势。科学探究教学中之所以出现种种怪现象，主要有两方面的原因。一方面是教师教学方式滞后。科学探究教学要求教师改变传统的以教师为中心的讲授式教学，而以学习者为中心，从完成学科教学到发展学科教育，更多地关注学生的自我发展能力和问题解决能力。另一方面是教师对科学探究及其构成环节的本质和内涵不理解，无法落实对应的能力培养策略，其背后也反映出教师对教学目标认识的单一性。教师仅具备以知识为目标的教学的设计和实施经验，对以能力为目标的教学设计和实施缺乏认识。

基于上述现状，笔者所带领的物理学科研究团队聚焦于科学探究能力目标单元的教学设计与实施，确立单元目标及阶段目标的分解，旨在促进教师对科学探究的目的、意义、内涵、过程、环节的深入理解，帮助教师设定科学探究能力培养的目标进阶及教学实施策略，从而实现对学生科学探究能力的进阶培养。笔者将在下面的论述中通过理论研究对科学探究能力目标的内涵进行界定和梳理，并聚焦于学生科学探究能力的形成，通过教学实践案例与老师们共同探讨如何落实科学探究教学。

二、"科学探究能力"目标分析和阶段目标设计

在上述对课程标准与教学实际之间的落差分析的基础上，我们可以看出科学探究能力的重要性与教学实践推进中存在的现实问题，为此，我们确立了在初中物理学科开展科学探究能力形成的目标单元设计。最终目标是提升教师对科学探究的理解，并通过教师的教学实践实现对学生科学探究能力的培养。

该单元教学主题的实施是非连续的：初一年级让学生在学科综合实践活动中体验探究；初二、初三年级结合教材中的科学探究实验内容和教师自主研发的课程，聚焦于科学探究不同环节能力的培养设置系列课程；初三年级专门设计科学探究系列复习专题，提升学生在科学探究方面的综合应用能力，实现对学科核心素养的多维培养。

（一）通过对"科学探究过程"的分析得出"科学探究能力"目标的内涵

1. "科学探究"的描述

早在 20 世纪 60 年代，探究被细分为科学过程技能训练：发现、描述、推理、测量、预测、确定变量、控制变量、设计实验并提出假设。过程技能因为零散而饱受诟病，一个人仅仅学会技能是无法解决问题的，也不能像科学家那样思考。与此相对，1996 年美国《国家科学教育标准》中提出更关注整体的"探究法"。美国《国家科学教育标准》提出以探究为中心，以提高全体学生的科学素养为目标。标准中将"探究"定义为"科学家研究大自然的各种现象并利用所搜集的证据做出解释的多种方法"，即把探究理解为科学家运用实验和逻辑进行思考和解决问题的方式。2000 年，美国国家研究理

事会（NRC：National Research Council）组织编写的《科学探究与国家科学教育标准——学与教的指南》一书中提出学习者进行探究活动的几个环节：提出科学问题、参与设计实验步骤、搜集证据、做出解释、将解释与科学知识联系起来、交流和验证解释。除了探究活动本身，标准中还定义了作为教学法的探究：探究既是学生的学习内容，又是教师的教学方式。由此扩大了科学探究的内涵，延伸出探究型教师和探究型教学法的概念，并迅速在世界范围内推广和实践。

《义务教育物理课程标准（2011年版）》中对科学探究的描述和上述观点近似，认为科学探究既是学生的学习目标，又是重要的教学方式。将科学探究列入"课程内容"，旨在让学生经历与科学工作者进行的探究相似的探究过程，主动获取物理知识，领悟科学探究方法，发展科学探究能力，体验科学探究的乐趣，养成实事求是的科学态度和勇于创新的科学精神。因此，在科学探究能力目标单元中培养目标也有两个层面：通过对教师探究式教学方式的改进，实现培养学生科学探究能力的总体目标；通过对科学探究过程、环节的内涵和学习进阶水平的分析，分阶段实现对学生科学探究能力的逐步培养。

2."科学探究过程"的知识分析

结合对国内外课程标准和文献的研究，为了让学生更好地理解科学探究的内涵，形成探究能力，我们对科学探究过程做知识的四个层面分析（见表12-1）。

表 12-1 科学探究过程的知识分析

知识层面	内容
事实性知识	科学探究的各个环节
概念性知识	核心概念：科学探究各个环节的本质特征 基本概念：系统、变量、关系等
方法性知识	1. 系统思维；2. 控制变量
价值性知识	直接：问题解决的价值——运用科学探究发现物理规律 间接：自我发展价值——形成科学探究的意识，认识到自我的科学探究能力

3. "科学探究过程"的本质分析

在通过实施探究式教学培养学生科学探究能力之前，我们首先要对科学探究过程有整体的认识和把握。《普通高中物理课程标准（2017 年版）》中物理学科核心素养部分指出，"科学探究"是指基于观察和实验提出物理问题、形成猜想和假设、设计实验与制订方案、获取和处理信息、基于证据得出结论并做出解释，以及对科学探究过程和结果进行交流、评估、反思的能力。"尽管科学家在实际研究中对科学探究的应用存在多种可能，但通过文献调研我们发现，在不同国家研究者所提出的科学探究的模型中，对于科学探究环节的界定具有较高的相似性。因此，对科学探究环节的界定和解析具有参考价值和实践意义，也是落实科学探究能力培养目标的必要基础。《义务教育物理课程标准（2011 年版）》提出，通常科学探究涉及以下环节（要素）：提出问题；猜想与假设；设计实验与制订计划；进行实验与收集证据；分析与论证；评估；交流与合作。

同时，我们应对科学探究有客观的认识。科学探究的环节并不是一成不变的，从科学史中可以看出，科学探究也并不是获得科学成果的唯一渠道。正如《义务教育物理课程标准（2011 年版）》中明确提到的，"科学探究的形式是多种多样的，在学生的科学探究中，其探究过程可涉及所有的要素，也可只涉及部分要素。科学探究的要素应灵活渗透在教材和教学的各个方面。"对同一个科学问题，不同人可能选择不同的探究方式；对不同的科学问题，可能需要通过不同的探究方式来寻求解答。科学探究可以有许多途径，其过程不可能遵循一套一成不变的固有程序。

前面提到的科学探究教学实践中的典型误区之一，就是将课程标准中所提到的科学探究的各个环节简单地理解为固定的、线性的顺序模式：提出问题→猜想与假设→设计实验与制订计划→进行实验与收集证据→分析与论证→评估→交流与合作。

在科学探究的教学及学习实践中，我们认为各个环节不应该被孤立地理解或者按部就班地线性推进，各环节之间是交互进行的（如图 12-2 所示）。例如，设计实验既是对已经提出的问题、猜想与假设的初步检验，又是对进行实验与收集证据的具体指导；交流合作几乎穿插在实验探究的各个环节。

正确看待科学探究过程对理解科学探究各环节的内涵和相应的能力培养目标
有重要意义。

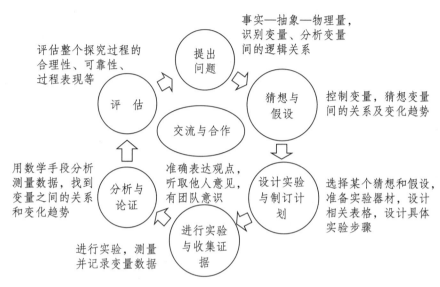

图 12-2 科学探究要素之间的关系

造成教师对科学探究各环节间的关系形成线性刻板印象的原因是他们不
理解科学探究各个环节的内涵和联系。科学探究的各个环节都是为了最终的
科学探究目标服务的：从客观世界的复杂现象中识别、抽象出变量，探寻变
量间的关系，最终获得规律。在探寻变量间的关系的过程中，我们需要不断
地设计实验搜集证据，并利用证据修正我们最初对变量间的关系的猜想和假
设，因此，这是一个不断反馈和交互的过程。从探寻变量间的关系的角度理
解科学探究各个环节的内涵和作用，我们可以发现它们相互之间是紧密联系
的。下面，我们对科学探究的各个环节进行简要的解析（见图12-3）。

科学探究能力的培养与探究环节密不可分，教师对探究环节的理解是在
课堂中使探究活动真实发生的前提，也是当前课程标准中缺失的部分。在目
标单元的实施中我们首先对不同国家的课程标准、文献、教材进行了比对，
通过理论研究对上述环节进行解析。图12-2 中对各个环节的简要解读帮助
我们梳理了科学探究能力目标单元的目标设定。在科学探究能力目标单元的

教学实践中，我们将分阶段聚焦落实不同环节能力的培养，最终实现学生科学探究能力的综合提升。在本章后面的实施案例研究中，我们对课程标准中对科学探究的能力要求做出进一步解析，对每个环节进行知识分析，梳理出该环节的核心概念及课程标准中对该要素的能力要求，形成学习进阶，并在教学设计和实施中予以落实。

4. "科学探究能力"的目标内涵

在前文中，我们从物理学科的视角对科学探究的意义和价值进行了解读。从学科视角出发，科学探究的目标是寻找客观物质世界背后的统一规律。而规律的产生是为了揭示事物之间的关系。为了寻找规律，我们首先要界定研究的系统，在系统内予以讨论。我们还要在系统的诸多事物之中选定所要研究的对象，将真实世界中复杂的事物抽象成物理模型或定义为物理量，观察它们的变化，通过控制变量的方法逐步分析和描述它们之间的定性和定量关系。可见，在探究过程中，学生科学探究能力的形成是以确定和控制变量为重点目标，以能够从客观的现象中自主探究出物理规律为终极目标，以能够进行系统思维、理解科学探究各个环节的内涵为本质，并以能在过程中进行自主探究、自我评估为支撑目标的有结构的多维目标体系。

（二）科学探究能力目标单元的阶段目标设计

结合上述分析，我们对整个科学探究能力目标单元的阶段目标进度安排如下。

（1）初步了解科学探究的内涵及其在物理学科发展中的意义与价值。体验科学探究的基本过程和模式，学习相关实验技能，能够在教师引导下完成探究过程。理解科学探究是在系统中进行的，体会控制变量在科学探究中的作用，形成控制变量的意识。

（2）掌握科学探究中"提出问题"环节的核心概念，能够从事实性知识中识别并抽象出对应的物理量，将日常生活中的问题转化为物理问题，分析变量间的逻辑关系，在系统中控制变量并提出可探究的科学问题。

（3）掌握科学探究中的"猜想与假设"环节的核心概念，明确猜想与假设和结论之间的关系。能够猜想变量间的关系及变化趋势，并通过控制变量提出可验证的假设。

（4）掌握科学探究中的“设计实验与制订计划”环节的核心概念。能够通过控制变量逐一选择某个猜想与假设进行实验设计。熟悉基本的实验设备，能够自行选择实验器材并搭建实验装置，能够设计并表达出可操作的实验步骤，能够设计表格搜集实验数据。

（5）掌握科学探究中的“进行实验与收集证据”环节的核心概念。熟悉基本的实验设备操作方法及测量方法。能够进行规范的实验操作，测量并记录实验数据及实验现象。

（6）掌握科学探究中“分析与论证”环节的核心概念。能够用数学建模及图像分析等手段分析数据，找到变量之间的关系和变化趋势。能够收集不同来源的证据并验证其可靠性，建立数据、现象事实等证据和猜想与假设之间的联系，证实或证伪结论，并通过分析论证提出可行的实验改进方案。

（7）掌握科学探究中“评估”环节的核心概念。能够评估整个探究过程的合理性、可靠性，通过评估发现新的问题或改进实验方案。能够评估整个探究过程中的自我表现和合作能力。

（8）能够综合应用科学探究的各环节实现自主探究，并能在探究中进行自我评估，不断反馈修正。在现有的知识基础上能迁移应用科学探究的方法解决新情境中的未知问题。

通过该目标单元的研究与教学实践，可以促进一线教师对科学探究内涵的深入理解，逐步实现对学生自主探究能力的培养。同时，以科学探究实验教学为起点，能引导教师探究式教学方式的转变，激励学生自主探究，从而实现学生科学观念、科学态度、思维能力和科学探究方法、技能等学科核心素养的全面发展。

科学探究能力目标单元的目标达成要建立在对科学探究内涵、模式的理解以及对科学探究各环节核心概念的掌握和落实上。下面我们仅以“提出问题”环节为例，结合具体课堂实践分别对目标单元的内涵和环节进行解析，并设计科学探究能力培养的进阶学习目标，通过相应的教学活动设计案例呈现目标单元的课程实施路径和主要教学策略。

三、聚焦"提出问题"的科学探究能力目标单元实施案例

爱因斯坦认为，提出问题的能力比解决问题的能力更重要。在科学发展的漫漫长河中，新问题的提出至关重要。同时，爱提问是儿童的天性。我国学生发展核心素养中提到，学生要善于发现和提出问题，发展学生发现和提出问题的意愿和能力是科学学习的重要目标。"提出问题"环节是科学探究的起点，也是科学探究的目标和灵魂。

尽管"提出问题"能力的重要性毋庸置疑，但在对日常教学的观察中笔者发现，义务教育阶段的学生尤其是高年级学生在课堂上提出问题的机会并不多。甚至常常见到这类现象：课堂问题由教师预设，学生仅需跟随教师的进度开展学习；大部分学生由于没有在课堂上提问的机会，或者超出教师预设的问题得不到解答，久而久之学生不再有提出问题的兴趣；学生不能提出可探究的科学问题并准确地表达出来，思维活动止步于通过习题训练的方式，记忆、练习、巩固"提出问题"的技巧，以满足应试需要。

针对上述误区，我们首先对"提出问题"环节做了相应的考试研究，以了解该环节对学生能力的要求，然后依据课程标准的要求对"提出问题"环节的内涵做了进一步分析，进而提出学生"提出问题"能力的进阶水平，并在初三专题复习课中完成了教学改进实验。

（一）为什么对"提出问题"环节的考查集中在"什么是可探究的科学问题"上

北京中考或模拟考试中第一次出现对"提出问题"的考查是在 2015 年中考的科普阅读题中。在那篇科普阅读的文章中，首先阐述了什么是问题、什么是科学问题、什么是可探究的科学问题，接着阐述了可探究的科学问题的三种表达方式。考题以选择和填空的形式呈现，要求学生根据文章辨别可探究的科学问题以及依据情境提出可探究的科学问题。在随后的 2016 年中考题中，出现了两道让学生提出可探究的科学问题的试题：一个是让学生从生活情境中提出问题，另一个是让学生从实验现象中提出问题。在 2017 年中考

题中，以实验选择题的形式，让学生提出可探究的科学问题。可见，近几年中考改革中，对"提出问题"环节的考查重点是看学生提出问题、提出科学问题和提出可探究的科学问题的能力水平。那么三者之间有什么样的联系与区别呢？

日常生活、自然现象中有许多现象会让我们产生疑问，把疑问陈述出来就形成了问题，但问题不一定是科学问题。取决于主观意识的问题不属于科学问题，例如，个人爱好、道德判断、价值选择方面的问题都不属于科学问题。科学问题主要是指能够通过收集数据来回答的问题。并不是每一个科学问题都可以进行科学探究，有些问题太泛或太模糊，就难以进行科学探究。一般而言，可探究的科学问题描述的是两个或多个变量之间的关系，而且这些变量必须是可检验的。

从"提出问题"到"提出可探究的科学问题"，背后反映的是学生思维的不同层次。我们在教学中引导学生提出可探究的科学问题，并不是否认其他问题的价值，而是希望引导学生梳理并深入思考自己提出的问题，并能通过科学探究予以检验。提出可探究的科学问题，学生需要经历以下思维过程：对问题中的变量进行识别，对事实性变量进行抽象并将其与物理量对应，对变量间的逻辑关系进行分析，通过变量控制转化为单一变量问题，最终做出可探究的科学问题的表述。提出可探究的科学问题的过程是学生进行思维活动的过程，有利于帮助学生明确具体的实验目的，是后续进行实验设计和实验过程中的证据收集的前提；有利于帮助学生建立两个变量或多个变量之间的逻辑关系，为后续实验结果的分析论证以及物理概念的建立等奠定思维基础。

北京中考题及模拟题通过设置情境，从事实出发，要求学生依据生活经验或实验现象，直接提出一个可探究的科学问题，这给初中学生带来了思维的挑战。学生在提出可探究的科学问题的过程中，最常出现的问题如下：

（1）可探究的科学问题中应该具备因变量和自变量两个变量，学生提出的问题中只有一个变量；

（2）学生提取的变量与题目情境相矛盾；

（3）因变量、自变量位置颠倒，问题逻辑混乱；

（4）提问方式不是常见的表述方式。

上述学生测试中出现的典型问题，反映了学生在从事实中抽象出物理概念、识别变量、分析变量间的逻辑关系等方面都存在思维障碍。下面以一道典型的中考试题为例，说明教师在教学过程中如何培养学生"提出问题"的能力。

图甲是演示手握金属棒可以产生电流的实验装置，位于左侧的铁棒、铝棒和铜棒分别与检流计的正接线柱相连；位于右侧的铜棒、铝棒、铁棒分别与检流计的负接线柱相连。实验装置中六根金属棒跟检流计的线路连接方式如图乙所示。通过检流计可以观察电路中电流的大小及方向。小云用该实验装置进行实验的步骤如下：首先用左手握住左侧的铁棒，右手握住右侧的铝棒，发现检流计指针发生了偏转；然后，左手仍握住左侧的铁棒，右手握住右侧的铜棒，发现检流计指针偏转方向与第一次偏转方向相反。请你写出小云所探究的问题。

甲　　　　　　　　　乙

针对本考题，教师在教学活动中引导学生提出问题的思维路径如下。

（1）依据题目情境，识别因变量、自变量。

从题目情境中我们可以提取到的关键信息是发生变化的实验现象：小云首先用左手握住左侧的铁棒，右手握住右侧的铝棒，发现检流计指针发生了偏转；然后，左手仍握住左侧的铁棒，右手握住右侧的铜棒，发现检流计指针偏转方向与第一次偏转方向相反。

然后，依据提取到的关键信息，辨别因变量和自变量。从关键信息中我们不难发现，因为小云手握金属棒的材质发生了变化，导致检流计指针的偏转方向发生了变化。因此，在这个实验中，是因为金属棒材质的变化引起了检流计指针偏转方向的变化，检流计指针偏转方向的变化本质上反应的是手握金属棒产生的电流方向的变化。所以，实验中的自变量是金属棒的材质，因变量是手握金属棒产生的电流的方向。

在识别变量的过程中需要注意两点：①引导学生区分因变量、自变量的不同。自变量是本身发生变化的物理量，因变量是由于自变量发生变化而随之发生变化的物理量，二者之间存在着明确的因果关系。②挖掘现象背后的物理本质。在识别变量的过程中，需引导学生从现象中挖掘物理本质。例如本题中第二次检流计指针的偏转方向与第一次的偏转方向相反，此为具体的实验现象，检流计指针偏转方向在本质上反应的是物理学中的电流方向。

（2）根据变量分析，陈述可探究的科学问题。

在识别因变量、自变量及其逻辑关系的基础上，下一步就是提出可探究的科学问题。

依据该题情境中的因变量、自变量，提出可探究的科学问题可以有多种陈述方式。例如：金属棒的材质会影响手握金属棒产生的电流的方向吗？手握金属棒产生的电流的方向跟金属棒的材质有关吗？在陈述问题的过程中，要特别注意问题中的因果关系，因变量、自变量的顺序不可颠倒。

（二）"提出问题"能力的内涵与学习进阶

从"提出问题"能力的考试研究中，我们可以看到学生对"提出问题"能力的掌握并不尽如人意。归根结底是学生对"提出问题"能力的内涵不理解，教师在平时的教学中缺乏培养该能力的教学策略。下面我们从考试研究和课程标准出发，对"提出问题"能力的内涵和学习进阶水平做进一步分析，并通过教学案例予以阐述和验证。

1. "提出问题"能力的内涵

《义务教育物理课程标准（2011年版）》对科学探究要素中的"提出问题"从能力上提出基本要求如下（见表12-2）。

表 12-2　课程标准中对"提出问题"的要求

科学探究要素	科学探究能力的基本要求
提出问题	1. 能从日常生活、自然现象或实验观察中发现与物理学有关的问题； 2. 能书面或口头表述发现的问题； 3. 了解发现问题和提出问题在科学探究中的意义

该"基本要求"对于"提出问题"的能力做出了描述，但对"提出问题"要素本身并未给出明确的界定，导致教师在教学中培养学生"提出问题"能力时无从入手。在此，我们首先对"提出问题"做出知识的四个层面的分析（见表 12-3）。

表 12-3　"提出问题"的知识分析

知识层面	内容
事实性知识	"提出问题"的一些事实性案例，如科学家提出问题的科学史案例、中学生提出问题的案例等，破除学生因"提出问题"的神秘感而产生的畏惧；从情境素材中提出非科学问题、科学问题、可探究的科学问题的区别的示例。
概念性知识	1. 问题、科学问题、可探究的科学问题的界定和区分； 2. 识别变量，控制变量； 3. 规律，寻找因果关系
方法性知识	1. 观察、系统思维——提出问题； 2. 控制变量——确定和研究问题
价值性知识	直接：从生活实际中提出可探究的科学问题； 间接：形成提出问题的意识，认识到自己具备提出问题的能力

为帮助一线教师和学生更好地理解"提出问题"这一科学探究要素的内涵，在课程标准的基础上，我们对"提出问题"的意义、问题的来源、问题的分类做了明确的分析和阐述，梳理出以下核心概念帮助学生学习和理解"提出问题"环节（见表 12-4）。

表 12-4 "提出问题"的核心概念

项目	核心概念
意义	1. 科学探究是从提出科学问题开始的； 2. 科学问题是指能够通过收集证据来回答的问题。科学问题是客观的、可检验的
来源	1. 科学问题的提出往往源自好奇与兴趣、理论启发或者解决实际问题的需要； 2. 科学问题的提出基于观察、经验、知识基础、思维方式，因此，不同的人可能提出不同的科学问题
分类	可探究的科学问题需要对科学问题做出进一步筛选和限定，并厘清科学问题中变量间的逻辑关系，通过控制变量将其转化为可操作的单一自变量问题

2. "提出问题"能力的进阶水平

培养学生"提出问题"的能力是发展其科学探究能力的首要目标。在教学实践中，教师应能从上述"提出问题"要素的核心概念出发，创设情境帮助学生体验"提出问题"的思维过程，培养学生"提出问题"的能力。为了更好地发展学生"提出问题"的能力，我们根据学习进阶理论对"提出问题"能力的水平进阶分析如下（见表 12-5）。

表 12-5 "提出问题"的学习进阶

能力要素	能力目标水平	进阶水平
提出问题	了解提出问题在科学发展中的重要意义	1 级
	能够区分问题与科学问题，能够独立提出自己感兴趣的科学问题	2 级
	能够从简单的日常生活、自然及实验现象等事实性知识中识别出影响现象发生的因素，并抽象出对应的物理量，形成与物理有关的科学问题的准确表述	3 级

能力要素	能力目标水平	进阶水平
提出问题	能够分析变量间的逻辑关系，区分自变量和因变量，能够通过控制变量排除干扰因素，将多因素问题转化为多个可操作的单自变量问题，提出可探究的科学问题	4 级
	能够在新的情境下迁移应用已学的知识提出问题。能够评估提出的问题的客观性和准确性，对提出的问题做出反馈和修正	5 级

（三）"提出问题"能力培养的教学改进案例

1. 案例背景及教学设计初稿

在初三复习阶段，学生对于教材上规定的科学探究实验已经有过多次体验，比较熟悉。但通过对测试数据的分析我们发现，学生的科学探究能力，特别是面对新的情境提出可探究的科学问题的能力依然比较薄弱，以至于科学探究变成了程序的模仿和结果的记忆。针对这个问题，教师设计了以科学探究为主题的专题复习课，希望通过专题复习，帮助学生理解科学探究的要素，有效提升科学探究能力。

最初，教师按照复习知识和巩固练习的方式，帮助学生领悟和深入理解科学探究。具体做法是：把《义务教育物理课程标准（2011 年版）》中科学探究涉及的提出问题、猜想与假设、设计实验与制订计划、进行实验与收集证据、分析与论证、评估、交流与合作 7 个要素呈现给学生，然后配以教师精心筛选的例题进行有针对性的课堂训练，再附上教师点评和解题技巧指导。

经过实践，教学效果并未达到预期。教师在教学设计反思中说："当我完成这一教学设计时，我绝望地发现这实际上只是一节为应试准备的习题课，是一个支离破碎、罗列所谓探究要素的大杂烩，这真的不是我的初衷。我在思考：这种课堂真的能加深学生对于科学探究能力各个要素的认识和理解吗？这种课堂对培养学生创新精神和实践能力有什么帮助呢？这是在进行真正的探究式教学吗？答案显然是否定的。通过实践，我认识到试图通过文字解释帮助学生感悟科学探究只能是缘木求鱼。"

2. 教学设计变化及实施情况

针对教师在教学实践中的问题，我们从"提出问题"这个要素入手，对科学探究进行再认识。根据"提出问题"的核心概念和水平进阶指导，教师首先要创设新的情境，要求学生运用已掌握的知识解决新情境中的问题，以提高学生探究的兴趣、意识和能力。在教学中，关键是通过学生的主动思维帮助他们按照能力水平的进阶，发展提出问题的能力。在实施过程中，教师按照以下步骤完成教学。

（1）创设一个研究问题的情境：形形色色的白炽灯泡功能不同，大小、形状不一，但它们的结构具有共同特点。

（2）请学生从物理学的视角提出科学问题。学生在观察、思考结构和功能的关系的基础上，提出问题：灯泡为什么都有玻璃罩？白炽灯的玻璃罩有什么功能？这个环节对应能力进阶水平2级的要求。

（3）教师引导学生从对事实的分析中，尝试猜想事实背后的原因：防止氧化？防止触电？防止烫伤？影响发光？影响发热？在此基础上，教师引导学生结合所学的电学知识分析小灯泡的玻璃罩被打破的实验现象，进一步思考影响现象发生的因素，抽象出与现象对应的物理量，聚焦为科学问题的准确表述：白炽灯的玻璃罩对灯丝发光有什么影响？讨论过程如图12-3所示。这个环节对应能力进阶水平3级的要求。

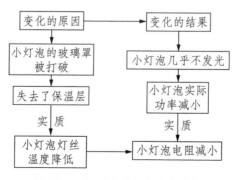

图 12-3 可探究的科学问题分析

（4）学生分组自主探究，针对聚焦后的可探究的科学问题，分别设计出各自的实验方案，探究金属丝电阻与温度的关系，并通过实验获得证据进而得出科学探究结论：玻璃罩是灯丝保温层。接着，学生进一步分析小灯泡保温与发光的关系。这个环节对应能力进阶水平4级的要求。

（5）通过类比迁移，帮助学生在体验的基础上归纳出提出问题的方法及程序：从事实现象中抽象出对应的物理量，通过分析物理量间的因果关系，根据控制变量的思想，从多种可能的自变量中选择单一变量提出可探究的科学问题。这个环节对应能力进阶水平5级的要求。

整个教学过程各环节如图12-4所示。

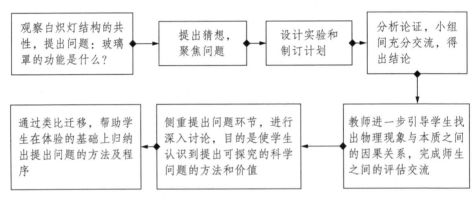

图12-4　科学探究专题复习课"领悟科学探究"教学流程

综上，分析"提出问题"要素的内涵，明确学生提出问题能力的进阶水平，是切实落实课程标准，帮助学生经历科学探究过程、主动获取物理知识、领悟科学探究方法、发展科学探究能力、体验科学探究的乐趣的保证。

南宋哲学家陆九渊说过，"为学患无疑，疑则有进，小疑则小进，大疑则大进"，为教同样如此。在培养学生"提出问题"能力的实践过程中，教师要不断地思考：问题从哪里来？引起探究的问题情境是否真实并符合逻辑？提问的主体是教师、教材还是学生？如何促使学生提出有价值的问题？如何让学生准确地表达问题？如何促使学生从源自好奇的广泛提问，转变到提出可探究的科学问题？对这些问题的追问往往决定了教师如何选择教学资源、采用何种教学方式以及培养学生"提出问题"能力的针对性和实效性，进而帮助学生运用科学思维获得解决生产生活中实际问题的经验，提升科学素养。

四、科学探究能力目标单元的研究反思与展望

上述教学设计案例重点聚焦了科学探究能力目标单元中的第二项目标，对"提出问题"能力的培养做出了示范。整体科学探究能力目标单元设计还包含其他各环节能力培养目标达成所对应的解析和案例，在这里由于篇幅关系不再一一列举。下面我们对整个目标单元的研究过程进行反思，为后续研究提出建议，并对未来研究做出展望。

（一）科学探究能力目标单元的研究反思

在研究和实践过程中，通过研究反思我们对整个科学探究能力目标单元的实施提出了以下建议。

1. 对科学探究过程各环节的目的、意义和本质的理解是设计科学探究能力单元目标的基础

科学探究能力培养在教学实践中的种种误区，源自教师对科学探究本身理解的误区。学生的科学探究能力体现为其能够自主完成科学探究过程的每一个环节。科学探究过程的每一个环节都是以知识为基础的，而且是以多个方面的知识为基础的，因此，理解科学探究过程需要对相应的各层面的知识基础进行分析。我们在整个目标单元研究中最基础也是最重要的研究工作是前期对科学探究各环节的目的、意义和本质进行的梳理和细化。我们在研究过程中通过研究文献以及比对国内外课程标准和科学教材、分析历年相关试题、梳理与整合课内外科学探究案例资源等工作，不断深入理解科学探究各个环节的内涵、核心概念和对应的学习进阶水平。在此基础上提出、设计和落实科学探究单元目标、实施阶段和专题教学设计，保证将学生科学探究能力的培养落到实处。

2. 科学探究能力是一个综合的目标，需要进行目标分解和实施计划设计

科学探究能力培养的阶段目标设计和系列课程实践不是刻意割裂科学探究的各个环节。在实践观察中我们发现，学生科学探究能力的培养具有深刻

的内涵，同时其背后承载着多种学科核心素养的培养。学生能力的形成不是一两节课就可以完成的，而是需要一个学习进阶过程。如果在课程设计之初就希望通过某一节课让学生形成自主探究能力，那这节课只能沦为面面俱到的"表演"。

同时，在整个单元教学设计中我们发现，科学探究各环节往往是交织在一起的，难以分割。只是在课时有限的情况下，为了使学生有更多的空间体验科学探究的实践过程，对科学探究能力的培养需要聚焦，需要按照学习进阶的过程，逐步实现培养学生的综合能力、使其能够自主进行科学探究的最终目标。因此，根据科学探究载体的不同，我们在教学设计上会侧重于某个环节能力的培养，给该环节下的学生思维活动留出更多的空间。只有认真对待探究活动的每一个环节，着眼于每位学生的发展，让学生真正在科学探究活动中成为主体，才能把科学探究能力的培养落到实处，而不仅仅是完成探究活动，得到正确结果。

一个课例究竟需要强化科学探究的哪个环节，应该根据不同课例的特征进行合理和全面的规划。一节课只突出某一两个环节，整个目标单元中不同的课例突出不同的环节，并以专题的形式进行不同层面的综合，学生得到的是深入和全面的发展。我们在整个科学探究能力目标单元教学实践中形成了十几节专题探究课程。表 12-6 展示了部分课例及其聚焦的环节。

表 12-6　科学探究单元的载体选择

聚焦环节	课例载体
提出问题	探究导体在磁场中运动时产生感应电流的条件
猜想与假设 设计实验与制订计划	探究浮力大小与哪些因素有关
进行实验与收集证据	探究水沸腾时温度变化的特点
分析与论证	探究凸透镜成像的规律

3. 科学探究能力是学生自主发展的能力，教学应点燃学生自主探究的意识，留给学生自主探究的空间

教师在科学探究课程设计中应注重探究点的选择和引导。探究的问题不

是教师强加给学生的，应该通过情境的创设、材料的引导、精心的预设等将问题自然而然地转化为学生自己的探究需要。首先，在物理课堂教学中教师要给学生留有思维的空间，给学生提出问题和质疑的机会，引导学生自行提出想要探究的问题。在民主、和谐的氛围中，学生敢想、敢讲也敢问，同时由于要研究的问题均来自学生，研究时学生的主体意识会更强、参与度也会大大增加。

其次，教师应引导学生对提出的问题进行筛选。学生提出的问题可能是多种多样的，这些问题都是学生思维的产物，体现了学生不同的求知需要。教师首先应给予学生充分的肯定，然后引导学生从学科视角出发，对提出的问题进行梳理、筛选、聚焦，通过学生间的交流，使他们达成共识，从而确定有探究价值、符合学生认知水平又有实际操作条件的探究活动。

在聚焦研究问题之后，教师还要处理好科学探究教学中课堂时间短和探究过程长的矛盾以及学生自主和教师指导的矛盾。如前面论述的，侧重探究过程的部分环节，让学生把主要精力放在所侧重的环节上。属于本课侧重的环节，应该充分发挥学生的自主性，让学生独立完成；不属于本课侧重的环节，教师可以大胆指导。

（二）科学探究能力目标单元的研究展望

在对科学探究能力目标单元的设计中，我们通过阶段目标的安排，将科学探究各环节能力的培养在教学实践中逐一实施。在此过程中，系统的课程设置聚焦不同阶段目标的落实，对学生探究能力和科学思维、科学态度与责任等多种学科核心素养的发展起到了良好的促进作用。同时，在研究和教学实践的过程中，我们逐步意识到科学探究的内容和载体绝不仅仅局限在教材之内、学校之内，我们应该适当选择真实生活情境中的未知问题交给学生去体验和探究。

纵观国际科学教育改革，科学教育培养的重点经历了从注重知识到注重方法再到注重科学探究和科学实践的发展和变迁。科学与工程、技术的发展是相互依赖、相互促进的，当前国际科学教育改革中，整合与发展是新的主题。科学探究不再仅仅聚焦于实验室中对已有科学知识的探究，更多地以实践活动或者项目的方式呈现，在此基础上提出了新的科学教育理念——STEM教育。美国课标中将科学探究与工程实践整合起来，提出了8个新的科学实践环节：提出并界定问题，设计并实施研究，阐释并设计解决方案，参与实证性论证，分析并解释数据，建立并使用模型，运用数学运算及计算思想，获得信息、评估并交流信息。在科学探究能力目标单元的研究中，我们在教材给定的科学探究内容之外，尝试开发了部分未知情境下的科学探究与科学实践课程，给学生带来了更多的挑战，也让学生获得了更大的发展。在后续的研究中，打开课程开发视野，从"科学探究"转向"科学实践"将是我们下一步要重点研究的方向。

同时，我们也认识到科学探究能力目标单元的研究还有许多需要完善和改进的地方，例如，对科学探究中学生交流与合作环节的研究，缺乏有效的课堂实施策略和评价工具的开发，落实效果较差。交流与合作环节贯穿在科学探究的各个环节之中，是学生形成自我发展能力的基础，也是教师提高探究式教学实施能力的突破口。

尽管科学探究的概念在基础教育领域已经提出多年，但更多的研究聚焦在宏观理论层面，导致一线教学中很难落实对学生科学探究能力的培养，甚至出现了诸多误解。本研究是一项开创性的研究，首次在中观层面上帮助教师解析科学探究并在实践中渗透和落实。对科学探究能力目标单元的实践探索刚刚起步，仅以本研究抛砖引玉，与一线教师共勉，期待我们共同解决科学探究教学实践中的问题，让科学探究落到实处。

第十三章

数学：以"发展自主建构知识的能力"
为重点的多维目标单元设计

[导读]

自主建构知识的能力是学生自我发展能力在新知识学习中的体现，也是问题解决能力中非常重要的一部分。这种能力不可能在教师讲、学生学的教学过程中发展，而要在学生主动运用已有知识和经验解决问题并拓展建构新知识的过程中发展。因此，作为自我发展能力体现之一的自主建构知识能力的发展仍然需要与问题解决能力的发展相联系。

自主建构知识看上去就是在自己已有的知识或者经验与新知识之间建立联系，但建立起这种联系的必要条件是学生面对问题的勇气和态度，是对知识是否可以创造的态度，是对自我是否具有解决问题的能力的态度。态度是能力的灵魂。本文的案例研究再次证明了这一点。通常，"自主"被赋予的内涵是"积极"和"主动"，但积极和主动可能是行为层面或者情绪层面的，一旦"自主"有了"自觉"的内涵，即能够对自己解决问题的过程和能力进行反思，对自我的能力形成客观认识，"自主"就成了真正的自我的自主。在各种态度中，对自我的态度是更为重要的。

在本章的案例研究中我们可以看到学生在自主建构知识方面的不同表现，从而让我们清楚地看到，每位学生的目标单元的长度是不一样的。这为教师因材施教提供了具体的依据。

经过多年的数学教学实践笔者发现，学生自主建构知识的能力不同会导致学生学习能力的差异，笔者基于这一问题展开了实践研究和理论建构。

一、"自主建构知识的能力"的内涵与意义

"自主建构知识的能力"的内涵与意义需要从理论和学生发展两个方面进行说明。

（一）建构主义与数学教育"一拍即合"

由于数学学科的特点，数学知识的学习被视为典型的建构式学习的过程，[①] 而数学教育中"问题解决"的兴起，则使得建构主义自 20 世纪 80 年代以来在世界范围内的数学课程改革中得到了普遍的重视。自 2001 年我国颁布《全日制义务教育数学课程标准（实验稿）》并启动第八次数学课程改革以来，建构主义的教育思想很快为人们所普遍接受。[②] 我国义务教育和普通高中阶段数学课程标准中提出的"重视学生在学习活动中的主体地位"，"积极思考、动手操作、自主探究、合作交流"等，都是建构主义的代表性观点。

那么，什么是自主建构？数学学科的哪些特点使得建构主义理论与数学教育"一拍即合"？

建构主义理论的基本观点是，所有儿童都具有与周围环境相互作用并理解周围环境的本能倾向，[③] 而对本能反应的反思则是促进认知发展的最重要的活动。[④] 实际上，对数学学科来说，所谓"周围环境"即是情境或问题。问题是"数学的心脏"，是数学知识产生的动力和载体。根据建构主义理论，当承载数学新知识的问题出现在学生面前时，他们必定会本能地、直觉地将新问题或其中的某一部分与自己已有的知识或经验建立联系。这种联系可能

---

① 参见：涂荣豹. 数学建构主义学习的实质及其主要特征 [J]. 数学教育学报, 1999（4）：16.

② 参见：郑毓信. 数学教育之动态与思考 [J]. 数学教育学报, 2002（1）：9.

③ 斯莱文. 教育心理学：理论与实践 [M]. 姚梅林, 等译. 北京：人民邮电出版社, 2004：25.

④ 斯莱文. 教育心理学：理论与实践 [M]. 姚梅林, 等译. 北京：人民邮电出版社, 2004：31.

会成功，也可能会失败，但"直觉思维总是以熟悉牵涉到的知识领域及其结构为根据"①。因此，失败的直觉也会为问题的解决做出一些贡献。接下来得到知识的关键一步是将解决问题的思路、方法和得到的结论以及最初的直觉进行整理、提炼与反思，而知识指的就是所概括的问题特点或者解决一类问题的方法。

建构主义理论被数学教育界普遍接受的根源在于基于数学发展史的分析而形成的数学观：数学对象是人类借助自己的思维创造出来的，而不是本来已经存在于现实中的；数学理论也不是数学家凭空创建出来的，而是根据生活和科学的需要，通过人们自身的数学活动，从已有的数学对象和关系中产生的。尽管学生的能力可能比不上数学家，但是通过类似的数学活动，他们也可以经由创造而获得数学知识。②

人类经过数千年的时间得到的数学知识，学生不可能在有限的时间内全部经由自主建构的方式获得，因此，数学课程标准提出，可以通过接受学习的方式，也可以通过自主探究的方式获得知识。这里所说的接受式学习和探究式学习都属于有意义学习，两者都强调学生在新知识与已有知识之间建立有意义的联系。由于接受式学习可以避免认识过程中的曲折和困难，可以让学生在相对短的时间内掌握较多的知识，因此，对应这种学习方式的讲授法也得到了最为广泛的应用。但皮亚杰认为，两者的本质区别在于被动与主动，接受式学习要求学生"从外面接受成人已经完善的知识"，这样"学生内心深处的精神状态充满着服从而非自主"，而探究式学习则真正是学生自己的活动，"儿童不再是通过接受现成正确行为的道理和规则而接近成人的状态，而是靠自己的努力和亲身的经验以达到正确行为；反过来，社会期望于新一代的不仅是模仿，而是得到更丰富的东西"③。心理学家布鲁纳对这"更为丰富的东西"做出了进一步解释：掌握某一学术领域的基本观念，不但包括掌握一般原理，而且还包括培养对待学习和调查研究、对待推测和预感、对待

①　布鲁纳. 教育过程［M］. 邵瑞珍，译. 上海：文化教育出版社，1982：69.
②　参见：李士锜. PME：数学教育心理［M］. 上海：华东师范大学出版社，2001：8.
③　皮亚杰. 皮亚杰教育论著选［M］. 卢睿，译. 北京：人民教育出版社，2015：33.

独立解决难题的可能性的态度。①

（二）中美学生面对新运算时在自主性方面表现出的差异

我国的数学教育实践在运算方面的做法和成就令人瞩目，其中，"运算速度保证思维效率"被认为是我国"双基教学"的特征之一。一项针对六年级学生的中美比较研究发现，中国学生在计算题上的得分率显著高于美国学生。但是我们也注意到，这个研究所用的20道计算题中，美国学生的得分超过中国学生的唯一一道题是这样一道选择题：

5+（-4）等于几？

A：1，B -1，C.9，D -9

两国学生在这个年级都没有学过有负数的加法，面对没有现成知识可用的问题，美国学生不但得分高于中国学生，而且他们明显更愿意冒险去解决这个问题。② 这里，" 5+（-4）"所代表的有理数加法就属于对象拓展型新运算。从这个调查中可以看出，我国学生自主建构知识的能力存在不足，其中，"自主性"的缺失是关键。笔者在研究中也发现，面对本来并无新知识的对象拓展型新运算问题，学生不愿意主动解决，下面就是一个案例。

没学过，我不会

"幂的乘法"一课，在等待上课的时候，笔者浏览了一下教师的学案，看到了其中一组题目如下。

（1） $7^8 \times 7^5$ 　　　　　　（2） $(-2)^2 (-2)^5$

（3） $(0.5)^4 (0.5)^3$ 　　　　　（4） $(x+y)^2 (x+y)$

---

① 布鲁纳.教育过程［M］.邵瑞珍，译.上海：文化教育出版社，1982：38.

② 范良火，等.华人如何学习数学［M］.南京：江苏教育出版社，2005：81.

在教师的教学设计中，这是学习同底数幂的运算法则后的一组习题，笔者请身边的一位同学试着做一下这组题，没想到该生非常干脆地拒绝了："老师，没学过，我不会。"

执教的数学老师走过来，鼓励他道："你是咱班数一数二的学生，能不会吗？试试看！"

该生说："老师，这个还没学过呢，我真的不会！"

笔者指着其中的第一题，问他："你先说一说，这道题让你干什么呢？"

该生说："要做乘法。"

笔者问："那你说说，这里 7^8 是什么意思？"

该生说："8个7相乘。"

笔者问："7^5 呢？"

该生说："5个7相乘。"

笔者问："那你现在能写出这道题目的结果吗？"

该生说："能，就是 7^{13}。"

笔者说："接着往下做，试一试，你会的。"

接下来，该生又做出了第二题和第三题，到第四题时，他又停了下来："老师，这个我可真不会了。"

笔者鼓励他用分析第一题的方法再试试，该生尝试后，很快得出了正确答案。

对于学习了乘法和幂的学生来说，"$7^8 \times 7^5$"等所代表的同底数幂的乘法就属于对象拓展型新运算。上面的案例中，学生的表现说明他并不缺乏解决这类问题的知识和方法，在自主建构知识的道路上，"没学过，我不会"的观念是他最大的障碍，这一观念阻碍了他自主应用已有的知识和方法。他缺乏的是布鲁纳所说的"对待独立解决难题的可能性的态度"和"对于发现的兴奋感，即由于发现观念间的以前未曾认识的关系和相似性的规律而产生的对本身能力的自信感"。①

学生在学习对象拓展型新运算时缺乏自主性的现象与数学教学中对运算的定位有关。我国数学运算教学重视速度，希望学生在运算方面能够形成条件反射、化为直觉，与此同时，认为一些数学运算规则的产生过程，一方面并不严密，另一方面也无关知识的准确记忆和熟练运用，所以并不看重。②

的确，学生在应用已有运算知识解决问题时，就不再需要运算知识产生的原理了，但是，了解知识产生过程的意义并不仅仅在于帮助学生更好地理解具体知识，它也能帮助学生形成知识与问题相联系的态度，这是我国数学教学所忽视的，也是我国学生的薄弱之处。

二、对象拓展型新运算知识与自主建构知识的能力

（一）对象拓展型新运算知识为培养学生自主建构知识的能力提供了可能

要求所有的知识都经由学生自主建构而得既不现实也不必要，但教师也需要"保留一些令人兴奋的部分，引导学生自己去发现它"③。对象拓展型新运算是适宜引导学生去发现的知识，并能促进学生自主建构知识能力的发展。

对象拓展型新运算指的是：承载一种新运算的算式的要件（运算对象、运算符号、运算名）对学生来说不是新的，它探讨的主要问题是新的对象在参与原有的运算时需要遵循什么样的法则，深层问题则是为什么要遵循这样的法则。在中学，新的运算对象主要是随着数系扩充而出现的，如有理数、实数、整式、分式的加、减、乘、除四则运算。与这类新运算相对应的另一类新运算的概念、表达概念的名称和符号都是全新的，如绝对值、乘方、开方等。这两类新运算产生的思想方法不同，需要的自主建构过程也具有截然不同的特点，例如，在学生学习开方概念和开方符号之前，让学生直接独立

① 布鲁纳.教育过程［M］.邵瑞珍，译.北京：文化教育出版社，1982：38-39.
② 参见：张奠宙.中国数学双基教学［M］.上海：上海教育出版社，2006：52.
③ 布鲁纳.教育过程［M］.邵瑞珍，译.北京：文化教育出版社，1982：39.

解决诸如"求$\sqrt{4}$"这样的问题是不可行的，但是却可以考虑让学生直接解决对象拓展型新运算问题，例如求"$5+（-4）$""$7^8×7^5$"等，因为这样的算式中的运算对象和运算符号（运算名）对学生来说都是熟悉的，他们具有凭借自身对运算对象、运算符号的理解独立得到算式结果的可能。

运算是数学中非常重要的内容，也是数学方法中最为独特的。数学家亚历山大洛夫说："在解决任何数学问题时，其中通常有一部分不是别的，而是一些不同复杂程度的代数计算。"① 我国数学教育历来重视运算，20 世纪 60 年代便将数学运算能力列为三大能力之一，在高中课程标准提出的数学核心素养中，亦将数学运算作为其中的一项。

（二）实践中对象拓展型新运算教学的"探究"未体现学生自主性的误区

在对象拓展型新运算的实际教学中存在着由于未体现学生自主性而导致的"伪探究"问题，这是笔者勾画对象拓展型新运算知识的自主建构过程的基础，而对数学史上这类知识产生过程的分析则是确定对象拓展型新运算知识的自主建构过程的依据。

世纪之交启动的我国第八次课程改革开始重视数学运算教学中学生对算理的理解，在这一背景下，教学实践中老师们也在尝试引导学生通过"探究""探索"得到运算法则，但是，许多为学生设计的运算知识"探究"活动，并未在关键处给学生发挥自主性的机会。

由于算式自身具有"用数学的语言简述现实的故事"的属性，在注重"应用意识""数学建模"的背景下，现实问题经常作为对象拓展型新运算教学的起点。以有理数加法为例，人教版教材设计了这样几个问题：

① 如果物体先向右运动 5 米，再向右运动 3 米，那么两次运动的最后结果是什么？

---

① 亚历山大洛夫，等．数学：它的内容、方法和意义：第一卷［M］．孙小礼，等译．北京：科学出版社，2001：273．

　　② 如果物体先向左运动 5 米，再向左运动 3 米，那么两次运动的最后结果是什么？

　　③ 如果物体先向左运动 3 米，再向右运动 5 米，那么两次运动的最后结果是什么？

　　④ 如果物体先向右运动 3 米，再向左运动 5 米，那么两次运动的最后结果是什么？

　　这样的设计可以起到两个作用：一是体现有理数加法在生活中的应用，并借助这种应用激发学生兴趣；二是为学生获得有理数加法的结果和概括有理数加法法则提供直观支撑。但是，由于解决这些实际问题并不需要有理数加法运算的知识，例如，对于③④，可以借助自然数的减法解决，再加上学生还不能将意义相反的量统一并选择正确的数学运算，所以，问题提出后，教学难以体现学生的自主性，为了保证课堂走向对有理数加法问题的探讨，教师会在列加法算式时提供细致的引导。下面呈现了一个典型的教学过程。

　　师：先看第一个问题，运动最后的结果要从几个方面来阐述？

　　生：两个方面。

　　师：哪两个方面？

　　生：一个是方向，一个是运动了多少米。

　　师：那么怎样用式子表示这两个方面呢？

　　生：可以规定向右为正，向左为负。

　　师：好（板书：规定向右为正，向左为负），如何列式？

　　生：①5+3；②（-5）-3；③（-3）+5；④3+（-5）。

　　师：为了更直观地呈现，我们把原始式子直接呈现，比如①5+3 写为①（+5）+（+3）。下面三个式子可以怎么写？

　　生：②（-5）+（-3）；③（-3）+（+5）；④（+3）+（-5）。

　　师：大家思考这四个式子有什么规律？（提示：可以从符号的角度分析）

本来学生借助已有知识和直观理解很容易就能得到实际问题的解，但是通过教师的精心引导，费尽周折后却刚刚得到有理数加法算式。接下来在探索算式结果的过程中，教师通常还会不断提醒学生"结合两次运动后物体位置的实际情形思考""从符号和绝对值两个角度表示结果"。这样沿着教师设定的方向当然会比较顺利地达到目标，但却剥夺了学生自主、流畅、完整地思考的机会，并未真正尊重学生已有的知识和经验，而探究的本质是自主性，凡是剥夺学生自主性的探究都不是真的探究。

（三）数学史上对象拓展型新运算知识的建构过程

运算法则和性质的产生当然可以与实际问题建立起紧密的联系，但实际问题的解决并非这些知识产生的直接原因。德国数学家 F. 克莱因说："在考察支配加法和乘法的运算基本法则究竟是什么以前，人们早就熟悉了这些运算。"[1] 这种说法描述的是这样一个历史事实，在很长的历史时期内，人们在日常生活、生产实践乃至科学研究中，广泛地应用加法、乘法正确地解决了很多问题，但是，数学中并没有关于加法、乘法的运算法则、运算性质的明确知识。特别是，对于为什么加法和乘法遵从这样的法则、满足这样的性质，无人考察，甚至无人认为需要考察。而引发这些知识产生的真正原因，即对基本原则的研究起因于数学家自我控制的批判精神、对可靠性的追求，希望把数学，推向更高阶段时不至发生问题。[2] 因此，引发数学史上运算知识产生的问题根本上属于反思性问题。运算知识是对人类自发的运算实践活动反思的产物，反过来，对一些运算法则的研究也会为人们将运算拓展到新的范围指明方向、提供方法。

如克莱因关于数学发展过程的描述："数学的发展是像树一样的，……一方面根越扎越深，同时以相同的速度使枝叶向上生发。……从对应于人类

① 克莱因. 高观点下的初等数学：第一卷　算术　代数　分析 [M]. 舒湘芹，陈义章，杨钦樑，译. 上海：复旦大学出版社，2008：5.
② 柯朗. 什么是数学：对思想和方法的基本研究 [M]. 左平，张饴慈，译. 上海：复旦大学出版社，2012：2.

正常思维水平的某一点开始发展，根据科学本身的要求及当时普遍的兴趣的要求，有时朝着新知识方向进展，有时又通过对基本原则的研究朝着另一方向进展。"① 实际上，运算知识是以人们已经非常熟悉并广泛从事的运算活动为基础，基于对基本原则的研究而形成的，是数学之树的根越扎越深的产物。这里，对基本原则的研究包括如下几个问题：实践操作活动的程序到底是什么？为什么可以按照这样的程序操作？按照这样的程序操作有何价值？这几个问题的研究结果分别对应着运算法则、得到运算法则的可靠的方法、运算法则的价值。这一过程可以用图 13-1 表示。

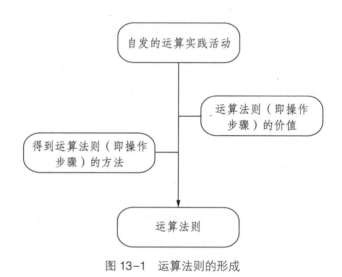

图 13-1　运算法则的形成

三、基于自主建构知识能力培养的对象拓展型新运算教学案例

下面以有理数加法法则的教学为例，呈现学生自主建构知识的过程，分析学生需要具备的能力，并试图从这个案例中抽象出自主建构知识的能力的内涵。在这里，我们通过一个有理数乘法法则的教学片段，来说明学生自主建构知识的过程中容易出现的问题。

---

① 克莱因. 高观点下的初等数学：第一卷　算术　代数　分析 [M]. 舒湘芹，陈义章，杨钦樑，译. 上海：复旦大学出版社，2008：13.

（一）教学思路

知识的自主建构过程与知识的产生过程一致，总是始自问题，而"自主"则需要教师做出开放性的尝试，也就是尽量让学生进行每一步探索，并交流展示每一次探索背后的想法。

有理数加法法则的教学主线如图 13-2 所示。

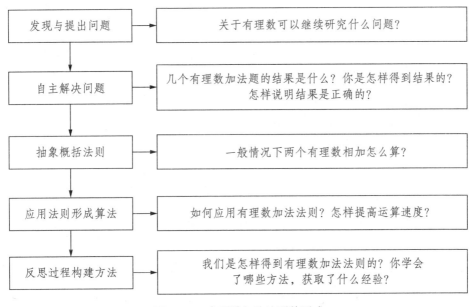

图 13-2　有理数加法法则的形成

（二）教学过程

1. 发现与提出问题

问题的发现与提出是产生知识的起点。数学问题的提出可能来自现实生活，也可能来自数学内部，根据上面对对象拓展型新运算的历史的分析，这里的问题更适宜从数学内部产生，这也有利于避免学生研究问题的方向与教师期望的方向存在较大差距，因此，不妨直接从数学问题开始。

有理数加法（1）

师：这段时间我们一直在学习有理数，根据大家的经验，我们该研究有理数的什么问题了？

生：运算。

师：好，从今天开始我们进入有理数运算的学习。我们学习过的加减乘除运算遇到有理数会怎样呢？我们先研究有理数的加法。加法大家都熟悉，最简单的加法算式就是一个加号两个加数，今天要学习的有理数加法中，这两个加数需要换成有理数了。请同学们说几道有理数加法的题目，我帮大家写下来。

学生口述，教师板书，写了如下几道题：

$$(+7)+(+8) \qquad 0+(-4) \qquad (+3)+(-3)$$
$$(-2)+(+1) \qquad (+1)+(-3) \qquad (-2)+(-3)$$

2. 学生自主调用已有知识和经验解决问题

由于学生已经用了相当多的时间学习有理数，包括正负数的实际意义、符号表示、数轴表示、绝对值概念等，因此，有理数加法算式对于学生来说并无陌生的符号。学生能否解决问题，关键要看他们首次面对一个有理数加法算式时，是否能够主动运用关于"有理数"和"加法"的知识与经验。教学从"加法"运算对象的拓展和"如何算"开始。

有理数加法（2）

师：现在黑板上写了这些有理数加法的计算题，同学们一定已经开始想这些题怎么算了。大家可以自己先试一试，一会儿我们交流。

大约 5 分钟后，教师组织学生交流。

生1：我来说一说，$(+7)+(+8)$，先不看正号，就是学过的 7+8。

生2：我是用温度计思考的，比如 $(+1)+(-3)$，刚开始温度计是 +1℃，下降了 3℃，就变为 -2℃ 了。

生3：$(-2)+(+1)$，假设电梯从 1 层开始下降了 2 层，又上升了 1 层，就停在了−1 层。

　　生 4：（+3）＋（−3）比如先存入 3 万元钱，再取出 3 万元钱，就等于没存入。①

　　生 5：我用数轴的方法，0＋（−4）中 0 就代表现在的位置，向左移动 4 个长度单位，就得到−4。

　　师：大家联想到不同的情境，运用自己的经验得出了算式的结果。虽然大家想到的情境不一样，但是对同一个算式来说，得出的结果一样吗？

　　生（齐声回答）：一样。

　　在解决问题的过程中，教师不做任何引导，而是直接请学生自己试一试，为学生提供利用自己已有的知识和经验解决新问题的机会。

　　生 1 的回答背后的含义是"新问题未必全是新的"。确实，有理数加法算式中，不含负数的问题与小学阶段的计算题相比，只是每个数字都穿上了"+"的外衣，视觉上令人眼花缭乱，但不看前面的正号，就是学过的加法题了。也就是说，表面上的新问题通过分析本质上可能是旧问题，这种透过现象看本质的观念将是学生面对未来学习和工作中的许多新问题时的宝贵财富。

　　这段展示与交流还揭示了一个深刻的道理：每一个有理数加法算式都代表着许多表面并无联系的不同领域的现象，数学的抽象性与广泛应用性的特点同时显现，借助直观经验和现实背景思考抽象的数学问题的方法也得以强化。

　　生 5 的思维与其他发言的学生不同，他利用了数轴。数轴是学生刚刚学过的可以直观地表示有理数的工具，他则创造性地为数轴赋予了运算意义。

　　这节课上，学生用不同的思维方式得到的计算结果都相同，这使得这一过程比较顺利。但是，有些对象拓展型新运算问题，可能会出现学生自主探索时产生不同结果的情形。例如，在有理数乘法的学习中，会有学生提出 $(-2) \times (-3) = -6$，而不是 $(-2) \times (-3) = 6$。如何看待这种不一致呢？由于此时学生是在自主构建知识，学生的逻辑未必与科学的逻辑一致，因此，

---

① 此处不考虑利息。

学生得出与科学结论不一致的结果是正常的，原因主要在于其思考问题的方法存在缺陷。以自主建构知识能力培养为目标的教学，恰恰也需要关注学生已有的思维与科学思维方法之间的差距，并推动学生的发展。下面是在学生报告了自己认为 $(-2) \times (-3) = -6$ 后师生的一段对话：

师：你是怎么想的？

生：因为两个负有理数相加，结果就是两个数的绝对值相加，符号为负，所以我觉得乘法也是。

师：你能够类比有理数的加法得到有理数乘法算式的结果，非常好。那我有点儿好奇了，前面的算式 $(+2) \times (-3)$ 是怎么算的？得到的答案是多少？

生：也是 -6，我觉得 $(+2) \times (-3)$ 就是两个 -3 相加，所以应得 -6。

师：这道题你是结合乘法与加法的逻辑关系给出的结果，并没有直接套用有理数加法法则，看来你解决问题时的方法选择还是很灵活的。不过，同学们可能都意识到了，相信你自己也意识到了，大家对 $(-2) \times (-3)$ 的结果的绝对值为 6 没有争议，但是对符号有争议。怎么解决这个争议呢？这个结果到底是多少呢？

生：我觉得应该是 $+6$，因为如果是 -6 的话，$(+2) \times (-3)$ 与 $(-2) \times (-3)$ 的结果相同了，不太好，式子差一个符号呢！

其他同学也都表示同意以 $+6$ 为结果，有同学补充：$(-2) \times (-3)$ 可以看成是 $(+2) \times (-3)$ 的相反数。

师：看来我们已经达成一致了，$(-2) \times (-3) = +6$，结合 $(+2) \times (-3)$ 的结果，我们觉得这个式子的结果为 $+6$ 更合理。

需要指出，"负负为正"这一法则根本上是人为规定的，通常，人为规定的法则需要具有现实意义，否则得到的数学法则就没有用处。但是就 $(-2) \times (-3)$ 这样的式子而言，学生很难想到一个可以解释式子的现实情境，实际上，有理数乘法的其他情况尽管容易想到现实情境，但学生更容易通过乘法与减法的联系来思考问题。保证数学内部的逻辑相容是一条更为重要的原则。回顾数学史，上面的过程与欧拉的解释何其相似：欧拉认为，(-1) 与 (-1) 的乘积必定是 $+1$ 或 -1，但因为 $1 \times (-1) = -1$，所以 $(-1) \times (-1) = +1$。[1] 对初一的学生而言，他们尚不能够严谨地给出"负负得正"的理由，但以上过程让学生学会结合已经被认可的事实或者法则以及逻辑自洽理解了新运算法则的本质。这样的教学是自然的，学生是自主的，因而学生尽其所能地解决了问题，这样的过程充满了自我效能感。

3. 从具体问题中抽象出一般法则

"抽象"是数学学科最突出的特点之一，其意义在于"透过现象抓本质""通过特殊找一般"，所以，数学抽象活动在课堂教学中占有重要地位，它需要学生反思具体运算活动的数学含义，提升对新运算的理解层次。

不同对象拓展型新运算的具体运算活动与需要归纳出的法则的距离不同。例如，有理数乘法法则，一方面，由于有了有理数加法和减法的学习经验，学生知道运算法则需要按照运算对象的性质分类，将运算结果的符号和绝对值的来源都表述清楚；另一方面，有理数的乘法法则的情况也较为简单，只要学生在前面具体数的运算活动中能够形成共识，法则的概括会非常顺利。

但对有些对象拓展型新运算来说，尽管学生可以顺利地借助实际意义得到计算结果，但法则的概括却并不容易，最典型的是有理数加法法则。有的老师为了使得教学过程顺利，会在学生探索之初先对有理数加法算式进行分类，然后引导学生观察算式结果的符号和绝对值与两个加数的关系。但对学生来说，这样的分类活动缺乏意义，从而使得他们的觉察处于被动状态。实际上，"分类"活动中最重要的是根据要解决的问题确定分类标准。就获得有理数加法法则而言，分类是方法，这种方法应该在得到有理数加法法则的过程中由学生自主发现。

---

① 克莱因. 古今数学思想：第二册［M］. 石生明，万伟勋，孙树本，等译. 上海：上海科学技术出版社，2014：175.

有理数加法 (3)

师：我们同学依托不同的现实情境都得到了算式的结果。虽然大家所说的情境不一样，但是我们得到的结果都是相同的。现在的问题是：如果没有情境和背景，我们直接面对有理数加法问题，又可以怎样做呢？比如要计算 $(-5) + (+7)$、$(-1) + (-5)$，你会怎么想、怎么做呢？

生1：我这样想，比如像 $(-5) + (+7)$ 这样的吧，先不看它们的正负号，先看它们的绝对值，一个是5，一个是7，符号一定要保留（照抄），然后写成7-5；如果负数的那个数字小，正数的数字大，得到的结果的符号就是正号，数字就是7-5，结果就是+2。

师：她说"像 $(-5) + (+7)$ 这样的"就这样算，那什么样的算式可以这样算呢？黑板上有多少道题是这样的呢？

$(+7) + (+8)$	$0 + (-4)$	$(+3) + (-3)$
$(-2) + (+1)$	$(+1) + (-3)$	$(-2) + (-3)$
$(-5) + (+7)$	$(-2) + (-3)$	$(-1) + (-5)$

生2：可以用这种方法算负数符号后边的数字比正数符号后边的数字小的情况。

生3：我觉得只要两个数符号不同就可以这样算，黑板上除了第一个算式外都可以这样算。①

生4：一个正数和一个负数相加就可以这样算。

这段教学过程既展现了学生的智慧，也展现了学生的困难。生1的智慧在于她在借助这个算式的运算方法表述这类算式的运算法则，还在于她"能解决多少就先解决多少"的策略与积极态度。教师发现了学生的智慧，其追问"什么样的算式可以这样算"和"黑板上有多少道题是这样的"所起的作

---

① 学生这里说的并不正确，教师当时并未直接指出，此处保持课堂原貌，不做处理。

用就是借助生 1 的智慧，引导学生找到这类算式的运算法则，当这类算式的运算法则被找到后，"运算法则"问题就往前推进了一大步。

学生的表现有点出乎意料，生 2 对这类算式的界定范围小于标准答案的界定范围，生 3 则放大了范围。按照两个人的界定，有理数加法的运算法则都被正确地表达出来，只不过生 2 的法则可能限制过多，而生 3 的法则又不够严谨。显然，教师对于这两种回答没有心理准备，由于与标准答案的差距较大，所以教学中没有讨论。幸运的是生 4 给出了一个虽然不完美，但已经很接近标准答案的说法，教师没有在此提出一步到位的要求，而是顺势板书了"异号"并将这类问题的探讨告一段落。

"异号"问题的解决显然是重大突破，它带来了一类问题的解决，更重要的是，它帮助学生明晰了有理数加法运算与以前学过的非负有理数加法运算的本质区别在于要考虑数的符号。所以，接下来学生很顺利地得出了同号两数相加的法则，之后，有同学进一步提出了 0+（−4）所代表的加数有 0 的情形，还有同学认为，（+3）+（−3）代表着两个互为相反数的数相加的情况，其结果是 0，没有符号，也应该从异号情形中抽离出来。随后，教师请学生小组交流，将上面的探讨过程用语言组织起来，就得到了有理数加法法则。

4. 应用法则的过程既促进了理解又建构了算法的优化程序

没有运算法则的知识，凭借经验也能解决对象拓展型新运算问题，但运算法则会使解决问题的过程更为可靠，同时也能节省智力资源。学生在应用运算法则时也会本能地寻找一些更为便捷的程序、算法，而经过逻辑检验的程序可能继续被提炼为新的运算知识。例如，多个对象参与运算时，寻求简便方法的本能的反思会带来交换律、结合律、分配率等知识。实际上，这些知识同样属于运算法则的组成部分。伴随着这样的过程，每种新运算的知识得到扩充。

千万不要以为法则已经产生了，学生就可以机械套用法则进行练习了。"计算的实践可能是达到理解数学概念的必要步骤"，"机械练习"与"理解"之间却有一道鸿沟。[①] 为了促进理解，仍然需要为学生提供自主的任务开展练习，比如，基于法则构建程序、寻找更为优化的算法等。

---

① 布鲁纳. 教育过程 [M]. 邵瑞珍，译. 上海：文化教育出版社，1982：46.

有理数加法 (4)

师：今后再遇到有理数加法运算的问题，你可以用法则解题；如果忘记了法则，你还可以回到意义，利用温度计、电梯、收支、数轴等帮助自己解题。下面我们就做一组练习，大家可以边做边体会如何用好法则。

（题目略）

学生独立练习，教师观察学生。观察期间教师对一位学生评论道："你做得太快了。一会儿你得说一说，你为什么算得这么快。"

集体交流时，教师发起了"怎样算更好"的讨论。

生1：我是看绝对值大的，取符号，然后再算绝对值。

生2：我先把好算的算出来了。

生3：先看符号，符号相同，结果符号就定了，符号不同的，以绝对值大的符号为准，再算绝对值。

师：先判断类型，确定符号，然后再算绝对值，而计算绝对值这一步（指着黑板上的几道题），就是小学学过的加法和减法了。由此可以看出，今天学的有理数加法并不全是新的内容，确定好符号后，就转化为了小学的加法和减法运算了。所以，学新知识时，我们都要思考它怎样向已有的知识转化。

有理数加法法则属于陈述性知识，需要将其转化为解决问题的步骤即程序性知识，而程序性知识是由陈述性知识决定的。例如在这里，之所以"先定符号，再定绝对值"，原因在于有理数加法的结果是有理数，而每个有理数都是由符号和绝对值构成的，其中的绝对值，又是学生已经熟悉的非负有理数，因此，绝对值的确定也就变为了小学学过的加法和减法运算。教师借助"怎样算得更快"的讨论，促进了学生对自己解决问题的程序的认识，合理程序的建立也使得每一步变得可视化，新的运算与已有运算之间的内在逻辑关系也被揭示出来了。

5. 归纳总结建构方法

"当局者迷，旁观者清"，课堂中的学生虽然亲历了自我建构知识的过程，但是不一定能够觉察到这个建构过程以及自己在这个过程中的作为、贡献、遇到的与困难与关键的突破，因此，完整回顾全班同学共同创造新知识的过程是很有必要的，它将促进学生的自我觉察和反思，从而为其以后自主解决类似的问题产生更为积极的影响。

有理数加法（5）

师：回顾这节课的学习过程，你有什么收获？你学会了哪些方法？获取了什么经验？

生1：我知道了做有理数加法题有两个途径：一是联系生活，二是应用法则。

生2：我学会了计算有理数加法的步骤——先判断类型，再确定符号，最后计算绝对值。

生3：我觉得有理数的加法和小学学过的加减法很像。

师：你的意思是最终转化为小学学过的加减法。

生4：有理数加法法则共有四种类型——两数同号的，两数异号的，两数互为相反数的和两数中含0的。

师：很好。我们再次回顾这节课学习法则的过程：一开始拿到有理数加法算式而不知道运算法则时，我们应用其实际意义解决了问题；接下来我们又结合这些算式探讨运算规律，得到了运算法则；然后就用运算法则更便捷地解决运算问题了。我要跟同学们说的是，这个过程也是一般的运算法则的研究过程即数学家们得出运算法则的过程，希望同学们今后能够自觉应用这一研究思路解决以后的问题，得到新的法则，比如下节课要学的有理数减法法则。同学们能不能自己解决有理数减法问题、得到有理数减法法则？我相信你们一定能！

知识的学习价值有两种：一为"鱼"，即知识的直接价值，在这里指的是有理数加法法则用于计算的价值；二为"渔"，即知识的启发性价值，即通过对有理数加法法则的学习获得启发，从而能够自主建构其他对象拓展型新运算的知识。我们看到，学生掌握了大量显性知识，对知识的启发性价值也有所体会，但是教师点明这一点仍然是重要的。特别是要在即将学习的"有理数减法"中为学生提供练习自主建构对象拓展型新运算知识的机会。获得知识的启发性价值的重要性在于学生对法则的意义和产生方法有了深刻理解，对自己拥有发现和总结法则的能力感到自豪。知识的意义和自我的成就感是学生自主探索和自主建构知识的内在推动力，这时学生的"自主"不仅仅是一般的积极和主动，还是自觉的。

四、自主建构知识能力目标单元的内涵与实施

对自主建构知识能力目标单元的内涵的理解是做好这一目标单元教学设计与实施的基础，下面笔者结合有理数加法这一对象拓展型新运算的教学过程做进一步分析。

（一）自主建构知识能力目标单元的内涵

自主建构知识的能力具有综合性，因此，该目标单元的内涵即自主建构知识的能力的结构。"有理数加法"的教学，主要通过五方面问题完成。如果学生能够自主提出并解决这些问题，有理数加法法则的知识就可以经由学生自主建构而得。解决这五方面的问题所需的能力也具有一般的迁移意义，将成为学生自主建构对象拓展型新运算知识的能力中的必要组成部分，如表13-1所示。

表13-1 学生自主建构知识的能力

过程	具体问题	能力
发现与提出问题	关于有理数可以继续研究什么问题？	以对数的理解为基础的提出运算问题的能力

续表

过程	具体问题	能力
自主解决问题	几个有理数加法题的结果是什么？你是怎样得到结果的？怎样说明结果是正确的？ （−2）×（−3）到底是等于−6还是等于+6？	根据已有知识、经验分析、解决新问题的能力 确定判断新问题的答案是否正确的标准的能力
抽象概括法则	一般情况下两个有理数相加怎么算？	概括法则、表达法则的能力
应用法则形成算法	如何应用有理数加法法则？怎样提高运算速度？	将法则变为解决问题的程序的能力
反思过程建构方法	我们是怎样得到有理数加法法则的？ 你学会了哪些方法，获取了什么经验？	归纳总结能力，包括梳理新知识的能力、提炼新知识的产生方法的能力以及认识自己在知识建构过程中的优势与不足的能力

　　支撑能力的是知识和态度，因此，能力结构的背后是知识结构和态度结构。

　　解决不同类型的问题所需要的知识不同，这种不同并非具体知识的不同，而是知识的层面不同。实际上，以培养学生自主建构知识的能力为目标的教学过程当然会比直接教知识艰辛、曲折，学生也需要教师更多的帮助，但是，这样的教学过程带给学生的是"活的有机的知识"，这些知识可以分为四个层面，如表13-2所示。

表13-2　自主建构的对象拓展型新运算知识的结构

知识类型	内容
事实性知识	对象拓展型新算式的计算方法
概念性知识	对象拓展型新运算的法则以及新法则与之前学过的运算法则的联系

续表

知识类型	内容
方法性知识	问题解决的方法：经验归纳法；联系与转化；尝试；基本概念的变化即数的性质的变化带来的方法的改变。 约定法则的方法：还原现实意义；新法则与旧法则满足逻辑自洽。 表达法则的方法：分类；适用条件；使用团体认可的语言。 将法则变为运算程序的方法：根据结果是有理数的特点，先定符号，再定绝对值
价值性知识	直接价值：法则自身对于计算有理数有用，能够节省智力资源。 间接价值：学会了制定法则，发现了自我的能力

仅有知识是不够的，在学生自主建构知识的过程中，他们对问题的态度、对知识的态度及对自我的态度都将决定其已有的知识能否被激活、能否发挥作用。态度的具体内容如表 13-3 所示。

表 13-3　自主建构知识的能力中需要的态度的结构

态度指向	态度的内容
对问题的态度	发现问题的兴奋感 解决问题的主动与自信 问题是创造知识的来源 问题是可以分析的，新的问题也并不是全新的 解决问题的方法是探索而来的
对知识的态度	新旧知识是有联系的 知识是伴随着解决问题而产生并能够用来解决问题的 知识是人类创造的知识，创造知识是有方法的 知识是有社会性的，即是大家共同的约定
对自我的态度	我是有能力的，什么问题都敢面对 我的知识和经验可能是有用的 实在回忆不起来，使用试误的方法 我能解决多少就先解决多少 我也是可以创造知识的

自主建构知识的能力的结构如图 13-3 所示。

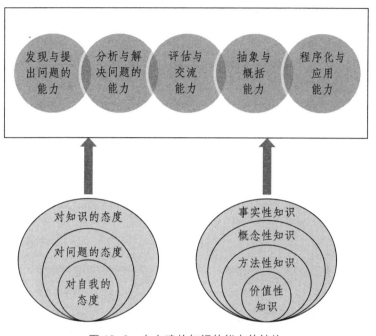

图 13-3 自主建构知识的能力的结构

（二）自主建构知识能力目标单元的设计与实施

自主建构知识能力目标单元是多维目标单元，需要借助多个知识单元作为载体进行设计与实施。不同具体知识的建构过程尽管有不同的特点，但作为自主建构知识能力目标单元的组成部分，其共性也非常明显。

1. 自主建构知识能力目标单元是多维目标单元

有理数加法法则作为一种特殊的对象拓展型新运算知识，其学习过程让学生收获了有理数加法法则的具体知识。同时，作为自主建构知识能力目标单元的组成部分，它又承载了让学生学会建构对象拓展型新运算这类知识的方法，形成对待问题、知识和自我的积极态度，建立自主建构对象拓展型新运算知识的信心的目标。

2. 不同知识的自主建构过程具有类似性

由于对象拓展型新运算知识与学生的经验联系紧密，学生自主建构该类知识的过程不会太曲折。对象拓展型新运算知识并非唯一能够经由学生自主建构而得的知识。作为自主建构知识能力目标单元的组成部分，完整的自主建构知识的过程应该包括对以下问题的探索：具体算式的结果是什么，得到运算结果的操作步骤是怎样的，为什么这么操作，等等。

例如，在学习不等式的性质和如何解一元一次不等式前，面对一个一元一次不等式时，学生一定会凭借自己的本能，参考一元一次方程的解法对一元一次不等式进行变形，从而得到它的解。当然，学生的解答很有可能会出现错误，例如，图 13-4 就展示了学生在求解不等式时出现了错误进而引发其他同学质疑的情况。

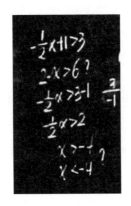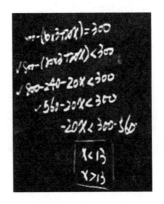

图 13-4　学生解不等式的作答过程

通过学生间的讨论，错误得到了修正，而在讨论的过程中，学生探讨的就是"不等式是不是与等式遵循一样的运算性质"。这种探讨将引出不等式的性质，也为学生提供了自主建构不等式性质的知识和解不等式的方法的机会。

实际上，数学中的每个知识都不是无源之水、无本之木，而是发端于一些"种子"，这些"种子"或者来自日常的生活经验，或者来自人们已知的数学知识。因此，当学生面对它的时候，必然会建立该事物、该问题与自己已有经验、已有知识或者已经解决过的问题等的联系。本能的必然并不是现实的必然，"种子"需要内在力量和外在环境的共同孕育。内在力量就是学生与生俱来的自发的探究本能，但这种本能由于长期的压抑可能需要教师的唤醒，同时也需要在教师的引导下发展；外在环境就是数学知识的探究性和教师所提供的探究机会和推动力。学生自发或者自觉建立的这种联系有时能够带来问题的解决方案，有时却不能成功解决问题，但是教师能够带领学生分析、反思自己的想法哪些合理、哪些不合理。解决问题的方法也可能从学生的困难中生长出来，新知识的自主建构就成为可能，学生自主建构知识的能力也将在这样的经历中得以发展。

3. 自主建构知识能力目标单元需要为学生提供自主空间

要允许学生有出乎教师预料的想法，甚至走弯路、犯错误。即使是距离学生的经验很近、学生理应能够凭借自己已有知识建构而得到的对象拓展型新运算知识，其自主建构过程也同样可能遭遇曲折。例如，前文所述有理数乘法法则的学习中，有学生认为（−2）×（−3）的结果应该为−6；在合并同类项的探索中，可能会有学生认为 $5\,ba^2 + a^2 = 6\,ba^2$；在总结有理数加法法则时，学生可能始终不能产生与标准答案一样的表达；在应用二次根式加法法则时，学生可能由于化简不熟练而得不出正确的结果。

但是，正如数学家波利亚所言，"如果学生在学校里没有机会尝尽为求解而奋斗的喜怒哀乐，那么他的数学教育就在最重要的地方失败了。"[1] 教师对此要有态度、方法和知识上的准备，其中尤为重要的是观念：学生遭遇挫折之处将会成为其思维发展的宝地，而通过对从挫折中走出来的过程的反思，学生会形成对自我更为清醒的认识。

---

[1] 波利亚. 怎样解题 [M]. 阎育苏，译. 北京：科学出版社，1982：93.

第十四章

体育：以"篮球体前变向换手运球"为线索的多维目标单元设计

[导读]

本章直接以"多维目标"为题，这与运动能力的多维目标的"显在"有关。另外，本章在多维目标中侧重第八次课程改革提出的三维目标，教师对此比较熟悉，能更直观地帮助我们理解多维目标之间的关系和多维目标单元的设计。

本章的重点目标是学生对"篮球体前变向换手运球核心技术"的掌握，这个核心技术的内涵非常丰富，不仅仅是"技术"，还需要很多东西支撑。也就是说，这个重点目标是需要多维目标的共同支撑才能实现的。

多维目标单元设计与实施中有两个难点需要注意。一是要特别关注各维目标在实际教学过程中的横向联动关系。例如，只有理解了篮球体前变向换手运球在比赛中改变进攻方向时的作用，才会重视在什么情境下运用这一技术。另一个难点是设计重点目标时的阶段安排即纵向关系。"篮球体前变向换手运球"始终是重点目标，但由于这个目标的实现需要一个过程，而这个过程有内在的先后发展的逻辑，因此，每个阶段的重点目标的具体内涵会有所不同。初一年级这一目标的内涵是"绕固定障碍物练习篮球体前变向换手运球"；初二年级这一目标的内涵是"在比赛和游戏中正确判断运用篮球体前变向换手运球的时机"；初三年级这一目标的内涵是"熟练掌握运球的持球起动、标志杆之间变向换手运球、折返处的转身变向换手运球、终点冲刺变向换手运球"等。

目标单元是构建体育课程体系，创新体育活动的内容、方式和载体的基本单位，也是课程设计的基本单位。从体育教学实践来看，设计和实施目标单元教学非常有必要，否则学科的课程目标容易在教学过程中迷失。从教材分析、教材统合性、教学实施形态和教学综合理解来看，多维目标单元教学是基于教材特性、单元需求和目标统整构建的目标单元教学类型之一。以篮球体前变向换手运球单元教学为例进行说明，有助于厘清多维目标单元教学设计和实施的样态，让教师理解多维目标单元教学在体育课程设计和实施中的价值，为体育课程设计提供指导，为体育课程实现多维目标提供研究范式，为体育学科教学转向体育学科教育提供实践路径。

一、体育学科多维目标单元教学的提出

（一）体育课程的使命与多维目标单元教学的提出

无论是体育课程的使命、学校体育三位一体目标，还是体育学科核心素养的提出，都赋予了体育课程多维目标。多维目标单元是实现体育课程多维目标的基本单位，是基于课程使命、工作目标和核心素养多维视角提出的。

1. 体育课程的三维使命责任

开设体育课程本初的目的是促进广大青少年爱国并强壮身体、文明精神，如今其目的依然是促进广大青少年爱国并强壮身体、文明精神，此外又加入了"使终生享受体育文化并依靠这个过程能幸福生活一辈子"的现代社会目的。[①] 可见，无论社会如何变化，体育课程永不变的目的就是"锻炼青少年的身体""学习用于健身和娱乐的运动技能"以及"利用体育的教材特性优化青少年的品行"[②]（我们称之为体育课程的三维使命责任），体育教学就是

---

① 毛振明. 什么是成功的体育课改？[J]. 体育教学，2010（9）：32.

② 潘建芬，毛振明，陈雁飞. 体育教师论 [M]. 北京：北京体育大学出版社，2014：Ⅶ.

"通过有相当负荷量的身体练习帮助学生锻炼身体、学习运动技能和接受品行教育"。多维目标单元则是落实体育课程三维使命责任的有效载体。

2. 学校体育的三位一体目标

2013 年，教育部列出七项国家重点扶持的体育项目，试图依托田径、游泳、体操、足球、篮球、排球和武术七个体育项目，实现学校体育"提高学生体质健康水平，提高学生运动技能，培养健全人格"的三位一体目标，加快体育教育改革的步伐。2016 年《国务院办公厅关于强化学校体育促进学生身心健康全面发展的意见》的工作目标提出：学生体育锻炼习惯基本养成，运动技能和体质健康水平明显提升，规则意识、合作精神和意志品质显著增强。要大力发展这些基础项目、团队项目或国粹项目，要强化学校体育促进学生身心健康全面发展的作用，没有课程内容的科学安排，没有专项运动的系统连贯的学习和练习，没有目标单元教学的整体构建，这些都是无法实现的，也难以达成其三位一体的目标。

3. 体育学科的三维核心素养

根据国际体育课程的发展趋势、中国学生发展核心素养和体育学科的特点，2016 年高中体育与健康课程标准修订组认为，运动能力、健康行为和体育品德是体育学科的核心素养。[1] 这三方面的学科核心素养在体育与健康教育中得以提升，并在解决不同实际问题的过程中整体发挥作用。体育课程的实施，旨在促进学生在运动能力、健康行为和体育品德三方面获得全面发展，培养学生应具备的体育与健康方面的能力和品格，使其形成乐观开朗、积极进取、充满活力的人生态度。承载目标单元的教学才有可能使学生对核心素养有更丰富、更深刻的体验，对"体育""运动""身体""健康""集体"等形成更全面、更科学的认识。体育学科核心素养可以说是三维目标的整合和提炼，尤其凸显价值引领和非认知因素的作用。

（二）多维目标单元教学符合运动习得的规律

无论是从系统论的整体原理和学生运动技能的习得规律来看，还是从教

---

[1] 钟秉枢. 从素质教育到核心素养，不仅仅是名词的变化 [J]. 中国学校体育，2017(2)：3.

学的系统性和连贯性来看，都能充分体现多维目标单元教学的重要性，也能体现多维目标设计的必要性。

1. 系统论的整体原理

亚里士多德曾指出，整体大于各孤立部分的总和，部分的量变会引起整体的质变。学校体育教学目标是一个有机整体，体育教学过程是一个有机整体，体育教学内容也是一个有机整体，运用系统的整体原理编排教材、备课、组织教学，可以使每册教材、每个单元的技术点和知识点不再零散，而是从全局的视角形成一个"目标链""知识链"，而这个整体就是多维目标单元。可见，多维目标单元教学是把握体育教学系统性、完整性和连贯性的核心，是学生全面发展的需要，是促进体育教学整体质变的内容载体。

2. 学生运动技能的习得规律

就体育教学而言，仅靠教师讲解和学生练习，学生积累的篮球技术往往是比较零散的，缺乏系统性，学会的技术没有与实际场景或真实情境联系起来，也难以形成长久技能。学生运动技能的形成是一种复杂的、连锁的、本体感受性的条件反射，就是肌肉的收缩和放松能够有顺序、有规律、有严格的时间间隔，并符合动作的要求，使条件反射系统化。学生的认识过程大致可分为感知与领悟、巩固与记忆、运用与交际三个阶段。很明显，常态的教学活动和技能学习多是孤立的，忽略了实战与运用。因此，教师只有基于多维目标，通过技术学习和体能锻炼，再通过战术运用，在教学中将学生自身经验与篮球运动的实际运用有意义地结合起来，才能形成技能的迁移内化和自动化习得。

（三）多维目标单元教学是把学生作为一个有健全人格的完整的人来培养

从学生发展的角度来看，确定多维目标的意义是将学生作为一个完整的、有机的人来理解。多维目标单元教学设计符合把学生作为完整的人的培养理念。

1. 体育是完整健全人格的前提

体育是一门集文化与技术、思想品德与行为规范于一身的学科。蔡元培先生曾讲过：健全人格，首在体育。清华大学的体育观是育人为本、体魄和人格并重。体育锻炼可以带给学生很多东西，既有身体的健康、强壮，也有意志力、坚持和自律等精神层面的蜕变，还有思想品格、智力水平和审美素质的提升。体育作为教育的重要载体，体育教学作为学校教育的重要组成部分，单元教学作为体育教学的核心内容，进行多维目标的单元教学设计尤为重要。多维目标注重课程、教学、教育理念和实践的完整性，也就是基于"人"的完整的发展，把学生的成长、进步和发展作为教学核心，并指向人的健全性。

2. 多维目标统一于学生的整体发展

所谓多维目标，就是从多个维度去达成一个整体目标，并统一于学生的整体发展和素质提升。学生体能、运动技能和态度信念等是相互联系、相互渗透的整体，是一个完整的人在体育学习活动中实现素养提升的多个侧面。体育课程的多维目标单元教学，不仅注重教会学生运动技能、增强学生的体质，还注重促进学生优良品质的培养和健全人格的发展等多维目标。关注体育学习的人，关注学生的终生发展，努力使学生成为一个有健全人格的完整的人。

可见，无论是体育课程的三维使命责任、三位一体目标还是其三维核心素养，都是相对的多维目标。因为能力本身是多维目标的整合，更因为学生的发展是整体的。目标单元是多维的，且目标单元中还有一些诸如学生自我实现、学习能力提升等目标没有涉及；多维目标也是相对的，有时只是某一维度的目标是重点目标和显性目标，而其他维度的目标是辅助目标和隐性目标。

二、对篮球体前变向换手运球进行多维目标单元教学设计的必要性

（一）以篮球体前变向换手运球技术为主的教学常态

篮球体前变向换手运球作为篮球项目的一个基本技术，作为体育中考项

目篮球运球绕杆的一个核心技术，一般安排在初中阶段开展教学。有的学校在初一年级安排 5 次课的单元教学，从熟悉球性的运球开始，过渡到原地单手和双手运球、原地体前变向换手运球，再到行进间急停急起、高低结合运球技术；有的学校在初二年级以 3 次课为一个单元展开教学，从原地跨步侧身护球的分解动作开始，到原地跨步侧身护球、原地上一步体前变向换手练习，再到行进间运球 3—4 步用体前变向换手运球绕过障碍，每节课安排一个运球传递类小游戏；有的学校在初三年级安排 6 次课的单元教学，教学内容依次为单手原地运球、行进间运球、急停急起的行进间运球、左右手交换运球、三步过杆运球、起跑加速和冲刺过杆运球，从而达到学生能够熟练掌握并强化篮球运球技术的目标；还有的学校在初二年级的一节课内，将篮球体前变向换手运球从动作要领口诀、个人原地变向运球、两人原地错肩变向运球配合到行进间绕标志物变向运球展开教学，最后进行行进间绕标志物变向运球比赛接力，一节课一气呵成进行完整技术动作的学习。

（二）篮球体前变向换手运球需要多维目标单元教学

从这些典型的教学常态来看，无论是初一、初二还是初三，篮球体前变向换手运球教学都从原地运球开始，各年级学生的教学起点相近、教学内容相近、教学难度相近；教学都注重技术动作学习，但多是单一技术教学，无组合、少配合；技术动作教学一般是从分解到完整或从完整到分解或由易到难，无情境、无运用；篮球课都从跑步开始，到一般性课课练结束，看不到专项热身、专项体能练习；篮球课缺失了球类项目特点，没有游戏和比赛，没有规则和战术，缺少氛围和文化。从这些常态篮球课可以看出，我们的篮球课教学重在基本知识、基本技术、基本技能的"三基教学"，对技术的教学非常注重，但没有考虑篮球运动本身的特性，忽略了球类的战术，失去了篮球运动的魅力，更没有考虑学生发展的需要，忽视了学生身体素质的提升，在技术的训练中也难以实现球类项目所能承载的道德意志品质的培养。从根本上说，常态篮球课缺乏技术之上的目标设计，缺乏对学生的关照，具体体现为在篮球教学设计中缺乏多维目标。篮球运动的教学目标在中小学校主要包括技术、战术、身体素质和道德意志品质四个部分，这四个组成部分是同样重要的。篮球运动具有复杂性和综合性，不同于其他体育项目，篮球技术或战术的学习和练习与实战运用没有孰先孰后，也没有孰轻孰重：不是一定要先学好技术或战术才能进行篮球比赛；当然也不能为了提高学生的兴趣，一上来就进行比赛，而忽视运动技术或战术的学习。同时，多维目标设计中还要考虑学生挑战高难度篮球运动的兴趣以及社会性发展。

三、篮球体前变向换手运球多维目标的具体内涵

（一）依据课标理解体育课程的多维目标，分析篮球体前变向换手运球中蕴含的多维目标

《义务教育体育与健康课程标准（2011 年版）》在水平四的内容标准中，提出了参与体育学习和锻炼，体验运动乐趣与成功，学习体育运动知识，基本掌握并运用一些球类运动项目的技术和简单战术，在运动项目练习中提高灵敏性、速度、力量、心肺耐力和健身能力，积极应对各种困难并果断做出决策，形成合作意识与能力等。因此，学习篮球运动相关知识和规则、基本掌握并运用篮球运动的技术和简单战术、在篮球运球突破时提高灵敏性、在篮球比赛中根据场上的形势变化果断做出决策等，是构建篮球体前变向换手运球多维目标的基础，是"认知—技能—品德"多维目标单元教学的基础（见表 14-1）。

表 14-1　篮球体前变向换手运球蕴含的多维目标①

多维目标		目标意义	具体目标内涵点
认知	认知	为了牢固和持久地掌握知识并能进行正确判断	知道动作、理解作用、应用比赛、分析难点、评价标准、创造组合

---

① 参见：马滕斯．执教成功之道［M］．钟秉枢，等译．北京：北京体育大学出版社，2007：194-195.

续表

多维目标		目标意义	具体目标内涵点
技能	身体技能	为了满足篮球体前变向换手运球对身体的要求而做的身体准备	速度、灵敏性、爆发力、平衡、柔韧、耐力、力量
	技术技能	为操作需要完成的任务而移动某人身体的能力	跑、推、转
	战术技能	为了在比赛中获得超出对手的优势、在考试中获得理想成绩而做出的决定和行动	阅读情境、知识、自我分析、情境战术、比赛计划、规则、策略、决策技能
品德	心理	为了满足篮球体前变向换手运球对心理的要求而做的心理准备	情绪控制、动机、注意、信心
	沟通	相互间发送和接受语言与非语言信息	语言信息、非语言信息
	品格	清楚价值标准和行动准则，有方向	尊重、值得信赖、责任、公平、关心、合作、公民行为

（二）篮球体前变向换手运球多维目标的具体内涵

"认知—技能—品德"多维目标单元（见图 14-1）很好地将篮球体前变向换手运球技术、战术和身体素质的学习与练习融为一体，且在过程中自然有效地锻炼了学生的道德意志品质。因为篮球运动是一种综合性的复杂技术的组合体，随着学生年龄的增加、知识的丰富，仅学篮球的一些基本动作是不够的，仅靠简单的游戏是不足以满足学生学习要求的，学生需要系统学习其知识与技术并参与有高度组织的正式比赛活动，以满足他们在篮球学习过程中的要求。特别是篮球作为球类项目，在中小学体育课教学中，需要回归球类项目的本源，充分发挥球类运动的特性，采用多种形式的游戏和教学比赛，多给学生提供参加运动实践的机会，也就是说，不仅要让学生"学会"，还要让学生"会学"和"会用"。同时，解决实践教学中只注重简单技术学

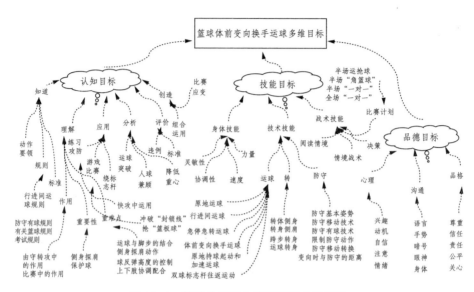

图 14-1　篮球体前变向换手运球多维目标

习而忽略知识规则、简单战术、体能练习及其在比赛情境中运用的问题，并将发展运动能力的练习、技术学习过程和战术运用综合起来，使学生的道德意志品质在学习技能的过程中得到发展。

（三）结合初中阶段的进阶发展，设计篮球体前变向换手球的多维目标

我们根据运动技能的形成规律，结合学生的学习特点，在初中三个年级有针对性地设计多维目标单元教学目标，也就是同时考虑多维目标，但在某个阶段以某个维度的目标为主，有重点、有兼顾、螺旋式上升地设计阶段进阶目标（见表 14-2）。①

——————————

①　潘建芬，史红亮，曹强. 体育中考导航［M］. 北京：北京出版社，2017：162.

表 14-2　篮球体前变向换手运球多维目标单元教学设计

年级	认知目标	技能目标			品德目标
		身体技能	技术技能	战术技能	
初一	了解体前变向换手运球的技术动作及意义，建立正确的动作概念	发展与篮球相关的身体素质，包括急停急起、转身等	1. 熟悉球性，掌握几种运球的方法，提高控制球的能力；2. 基本掌握体前变向换手运球动作技术	能够比较熟练地运用体前变向换手运球动作完成绕障碍练习	懂得运动技能要以知识原理的理解和体能为基础并自觉学习和锻炼，获得控制球的自我效能感
初二	懂得防守的正确含义和简单规则，理解技术在防守和篮球比赛中的作用和意义	发展与篮球相关的身体素质，包括变向跑、急停急起变向等	1. 进一步学习掌握行进间体前变向换手运球技术；2. 掌握防守有球人的基本方法（脚步移动、抢断）	能够在游戏和比赛的对抗形式下合理运用动作技术	在游戏或比赛中明确自己的位置，具有扮演好自己角色的意识，并能在情境中做出决策
初三	懂得人球协调配合的重要性，熟悉考试规则，理解综合的核心技术练习与基本技术练习的关系	养成提高体能的意识和习惯，发展与篮球相关的身体素质，包括折返跑、变向跑等	熟练掌握起动、变向运球、折返转身、终点冲刺几个环节的动作技术	能够以较快的速度完成绕标志杆往返练习	在明确目标、遵守规则的基础上，形成良好的心理品质和品格，能合理安排时间

（1）通过初一年级的学习，了解体前变向换手运球在篮球运动中的意义，知道体前变向换手运球的技术结构和动作要领，发展与篮球相关的身体素质，在绕固定障碍物练习中能够做出正确的动作，获得控制球的自我效能感。初一年级的多维目标设计，技术技能目标是重点，认知和身体技能目标是基础，自我效能目标是方向。

（2）通过初二年级的学习，理解体前变向换手运球在篮球比赛中的作用，发展与篮球相关的身体素质，正确判断运用体前变向换手运球的时机，能够在游戏和比赛情境下合理运用，并能在情境中明确角色、做出决策、历练品行。初二年级的多维目标设计，战术技能目标是重点，认知和技术技能目标是基础，情境中的角色意识和决策目标是方向。

（3）通过初三年级的学习，依据体育中考篮球考试办法，发展与篮球相关的身体素质，熟练掌握持球起动、标志杆之间变向换手、折返处的转身、终点冲刺等几个环节的动作技术，在绕标志杆练习中能够控制节奏，提高动作的规范性和稳定性，提高心理素质，塑造良好品格。初三年级的多维目标设计，技术技能综合运用目标是重点，身体技能和规则意识目标是基础，战术技能运用目标是方向。

四、篮球体前变向换手运球多维目标单元教学重难点目标的确定及进阶安排

篮球体前变向换手运球多维目标能否达成，关键在于是否能处理好重点目标的突出和难点目标的突破，也就是达成多维目标中的重点目标和难点目标，即"教学重难点目标"。

（一）根据教材分析技术要领，明确技术教学的重难点目标

篮球体前变向换手运球是一项实用性很强的篮球基本技术，是个人控制球、支配球、组织战术配合及突破防守的重要手段，包括身体姿势、手臂动作、球的落点和脚步动作四个技术环节，包括行进间直线运球、高低重心转换运球等多项技术细节（见图14-2）。可以说，它是学生学习的核心技术和学生在特定情境位置的核心技术的组合，头部抬起的左右手运球是学生学习的核心技术，急停急起和转身是学生在特定情境位置的核心技术。因此，篮球体前变向换手运球的教学重点目标是"变向时换手和跨步转体的协调配合"，教学难点目标是"在对抗下的合理运用和护球"。

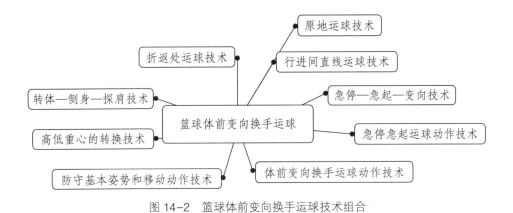

图 14-2 篮球体前变向换手运球技术组合

（二）依据体育中考，分析篮球体前变向换手运球技术的重要性和教学重难点目标

篮球作为学校体育活动中开展得最广泛、最具有代表性和影响力的体育中考项目之一，要求学生必须熟练地掌握行进间的体前变向换手运球技术，以及"20 米篮球运球绕杆折返跑"的运球技术，其中体前变向换手运球是体育中考篮球运球绕杆折返跑的核心技术。因此，从考试视角来看，篮球体前变向换手运球教学的重点目标是控制运球次数、运球节奏和变向换手时机，教学难点目标是控制身体重心的变化和对球落地反弹点的控制。

（三）依据篮球体前变向换手运球的基本技术，落实单元每一节课的教学重难点目标

教学重点是针对教材、内容而言的，不以学习对象的不同而改变，解决的办法就是要研究教材，将教材重点落实到单元每一节课的内容上。教学难点是针对学生而言的，是在学生学习中产生的，是与学生自身能力相关的，解决的办法就是要研究学生，研究学生在完成教学内容时可能出现的问题或困难。这些重难点形成了篮球体前变向换手运球学习难度的进阶，也是实现多维目标的一个个节点（见表 14-3）。

表 14-3　篮球体前变向换手运球教学内容与教学重难点目标

年级	课次	教学内容（核心技术）	教学重点目标	教学难点目标
初一	1	原地运球技术	运球手型和按拍球的动作	手腕手指随着球的反弹协调用力
	2	行进间直线运球	按拍球的部位和球的落点	按拍球次数与脚步协调配合
	3	急停急起运球	按拍球动作和脚步动作	快速行进中身体重心的控制
	4	体前变向换手运球	按拍球的部位	换手时对球的控制
	5	变向时能做出转体侧身动作	按拍球的落点	变向时的脚步动作
	6	慢跑中能采用体前变向运球技术绕过杆	按拍球动作与脚步动作配合	上下肢协调一致
	7	改进体前变向换手运球身体重心过高的问题	变向时降低身体重心	变向时的快速性（突然性）
初二	8	变向突破时做出侧身探肩动作	变向后侧身探肩动作	变向时的攻击性
	9	连续变向绕标志杆测验	体前变向换手运球动作技术	在快速移动中技术的运用
	10	正确的按拍球方法和脚步	按拍球动作和脚步动作	按拍球的速度和换手后对球的控制
	11	半场运抢球游戏	对球的保护动作	变向的合理时机
	12	"冲破封锁线"游戏	防守姿势和脚步移动	快速移动中身体重心的控制
	13	半场一对一练习	变向时与防守的距离	变向换手后的快速推进
	14	半场一对一攻防	运球与脚步的结合	变向时转体侧身探肩及对球的保护
	15	争抢球游戏	快速移动中动作的运用	对抗中动作的合理运用和对球的保护

续表

年级	课次	教学内容（核心技术）	教学重点目标	教学难点目标
初三	16	抢篮板球游戏	快速移动中动作的运用	对抗中动作的合理运用和对球的保护
	17	半场角篮球比赛	对抗中动作的运用	根据防守做出合理的决策
	18	一对一攻防测验	在对抗中体前变向运球的运用	动作技术运用的合理性
	19	原地持球起动和加速运球动作技术	持球姿势和起动动作	放球和蹬地加速的配合
	20	复习急停急起运球技术	按拍球的部位	身体重心的控制
	21	行进间体前变向换手运球动作技术	按拍球的部位	跨步、转体和换手的配合
	22	复习行进间体前变向换手运球动作技术	变向换手后对球的控制	跨步、转体和换手的协调配合
	23	复习和改进行进间体前变向换手运球动作技术	对球的反弹高度的控制	身体重心的转移
	24	复习和改进行进间体前变向换手运球动作技术	侧身探肩动作	上下肢的协调配合
	25	改进和提高行进间体前变向换手运球动作技术	球的落点	人与球的位置的控制
	26	巩固行进间体前变向运球动作技术	各个动作的衔接	完成动作的节奏
	27	双排标志杆往返运球测试动作完成的质量	快速移动中动作的稳定性	快速移动中动作的稳定性

五、篮球体前变向换手运球多维目标单元的实施原则及教学反馈

多维目标是单元教学的主导方向，多维目标单元有其自身设计与实施的主要依据，也就是实施原则。实施原则主要是针对多维目标同步实现而言的，从单元教学的目标及实施过程入手，提出具体的实践思路，辅以学生的实践反馈，实现多维目标的整合。

（一）把发展运球能力的练习渗透到技术学习之中

为了让学生逐步掌握篮球体前变向换手运球的技术结构和动作要领，特别是熟练掌握持球起动、标志杆之间变向换手、折返处转身、终点冲刺等环节的动作技术，教学中围绕篮球体前变向换手运球这一基本技术，采用简单技术组合的方式，突破变向时换手和跨步转体的协调配合这一教学难点。例如，低运球—高运球—半蹲走运球组合、撤步—变向换手—上步运球组合、跑至标志物前一手臂处—变向换手运球组合、行进间运球—原地体前变向换手—行进间运球组合、急停—急起—变向运球组合等，以变换节奏、变换身体姿势、变换时空的运球组合，将提升学生运球能力的练习融入体前变向换手运球的技术学习之中。

[教学反馈] 学生喜欢这种动作的多元组合和实战组合。例如，通过运球急停急起、运球与传接球、运球与投篮等组合练习，体会篮球技术战术的组合运用；通过原地的不同反弹高度的运球练习，体会不同反弹高度手触球力量的大小。抓住运球中的变向技术和运球急停急起技术，同时兼顾手脚协调配合，就能有效提高不同技术衔接的连贯性与合理性，增强熟练性。在关注技术战术的练习中，学生的运动能力也得到了发展。

（二）让学生在练习中获得乐趣

篮球运动源于游戏，趣味性是篮球运动的文化符号之一。其乐趣就是去控制球，就是对高难度的挑战，就是竞争和表现。教学中，有了这一正确的

指导思想，采用合适的教学内容、合理的教学方法，就能让学生在篮球运动中获得乐趣，进而培养学生对篮球运动的兴趣，同时让学生得到教育。如原地（小碎步）体侧高低运球、半蹲走运球、两人手拉手半蹲走运球、变换节奏的高低运球，可以让学生饶有趣味地进行原地或行进间的运球动作技术练习；通过利用标志线或标志物、听信号（口哨）、限制练习、同伴帮助、模拟测试等手段和方法，让学生在由易到难、不断变换的条件中学习、练习；两人一组多种组合练习、一前一后追赶式练习、小组分组比赛等形式，让学生在竞争的情境中学习、练习并运用技术。

［教学反馈］学生更喜欢这种多样化的、专业的练习方式。通过练习距离、球的数量、组合方式、练习器材等的变化，把发展运动能力的练习渗透到技术学习过程中，使练习不枯燥、不单一、有趣味，使课有技术和战术、有强度、有对抗，这样学生就能积极主动地参与，体验到学习的乐趣。有了乐趣就有兴趣，有了兴趣就有志趣，学生参与体育活动的热情就能得到激发与保持。

（三）能在游戏和比赛情境下合理运用技术

篮球是一种综合性的复杂技术的组合体，其技术战术体系比较复杂，具有集体性、对抗性、趣味性、比赛性等特点。所以在初一年级学生基本掌握技术的基础上，初二年级完全以游戏、比赛为主线展开教学，通过半场运抢球游戏、"冲破封锁线"游戏、半场一对一攻防、争抢球游戏、抢篮板球游戏、半场角篮球对抗等，使学生在慢跑中能够采用体前变向运球技术绕过标志杆；在限制防守的情境下，进行行进间体前变向练习、半场一对一攻防练习、撤步再体前变向练习；利用标志杆进行 8 字路线运球、折返处运球等；在游戏和比赛的情境中运用技术，突破在对抗中动作的合理运用和对球的保护这些难点，并熟悉有关篮球比赛、防守等的简单规则和战术。

［教学反馈］学生认为这种从实战出发的比赛更有意思。也就是将学生现有的篮球技术战术融入实战中，使学生在正确的时间做出正确的反应，充分体验篮球运动的动态性。对学生来说，这些比赛情境下的练习，也是从体育考试实战出发，选择适合学生的练习方法和强度，设置为基于情境的专项

练习，让学生知道在比赛中什么时候传球、突破和投篮，并期待提高自己的篮球技能。

（四）嵌入学生体能练习，发展与篮球运动相关的身体素质

在让学生学习运动技能和接受品行教育的同时，通过有相当负荷量的身体练习，帮助学生锻炼身体，是体育课的核心任务，也是该单元的核心目标。在初一年级学生熟悉球性、掌握基本技术的基础上，初二年级和初三年级将"发展与篮球相关的身体素质"作为教学目标之一。在每节课上以运球跑、跟随平行跑、变向跑、折返跑、急停急起、迎面接力运球比赛、听信号折返跑、原地小碎步接加速跑、迎面接力跑、8字跑、慢跑绕标志杆等形式进行练习，将素质练习、辅助练习嵌入运动技术战术的学习和跑动中，潜移默化地提高学生体能。

［教学反馈］学生更喜欢这种有方向的专项练习。篮球项目考试检验的不仅仅是学生对行进间体前变向换手运球技术的掌握程度，起动、变向、冲刺等环节都需要学生具备良好的爆发力，快速行进中按拍球与脚步动作的配合、变向时身体重心与球的方向的快速转化都需要学生具有良好的协调性。这些练习是针对篮球项目考试要求学生具备的爆发力、协调性的练习。还有针对控球能力的练习，结合运球方法、脚步移动和速度练习，学生觉得这种练习方式更有意思。

六、结束语

目标单元是多维的，能力本身是多维目标的整合，学生发展也是整体的。当同时关注篮球体前变向换手运球的多维目标时，多维目标就显性化了。篮球体前变向换手运球多维目标单元的设计与实施，就是在"认知—技能—品德"的多维目标引领下，把发展运球能力的练习渗透到技术学习过程中，让学生在游戏和比赛情境下合理运用技术，提升体能，发展与篮球运动相关的身体素质，让学生在练习中获得乐趣。由于考虑了多维目标，不同目标所需要的时间长短是不同的，有的目标集中在第一阶段，有的贯穿在三个阶段，

在设计和实施时教师要心里有数，可以根据学生的实际情况调整，以连续或非连续状态安排教学。多维目标是单元教学过程实施的主导方向，教学过程的实施就是针对多维目标的同步有机实施，确保多维目标和教学过程的同一性，使多维目标更具可实现性，使教学过程更具实效性，从而实现多维目标的整合。

后　记

　　培养能力是教育的重要目的。知识与能力的关系是重要的实践问题，也是教育学长期研究的一个理论问题。笔者于 2009 年撰写的《教什么知识——对教学的知识论基础的认识》主要是围绕这个问题展开的。该书的主要观点是，一个知识点应该由四个层面的知识构成，这样的知识才能成为活的有机的知识，这样的知识才能形成能力。随着对能力的研究的深入，笔者从对知识与能力关系的思考进展到对能力自身的思考，从而有了两个重要的发现：一是能力有相对稳定的结构；二是笔者多年来所倡导的多维目标单元假如根据能力结构进行设计，就会孕育出我们希望学生形成的能力。这两个发现合在一起就是本书的书名："多维目标单元：孕育有结构的能力"。本书是在《教什么知识——对教学的知识论基础的认识》基础上的发展。

　　本书作为研究成果是集体成果，属于北京教育学院"新课程理念转化为优质教学实践的过程研究"课题组（简称"转化"团队，后升格为"学科教育学"团队）的研究成果。团队的每一位老师都为这项研究做出了重要贡献。具体编写分工如下：总论部分（第一章至第六章）以及分论部分各章的导读由季苹教授撰写；第七章由陈红副教授撰写；第八章由方美玲副教授撰写；第九章由张素娟教授撰写；第十章由何彩霞教授撰写；第十一章由李宝荣教授撰写；第十二章由周莹老师撰写；第十三章由顿继安教授撰写；第十四章由潘建芬副教授撰写。希望我们的研究成果能够为教师培养学生的能力提供一些帮助。

感谢北京教育学院领导对我们研究的大力支持！感谢团队同伴们在研究中的长期坚守和付出的努力！

出版人　李　东

责任编辑　何　薇

版式设计　沈晓萌

责任校对　贾静芳

责任印制　叶小峰

图书在版编目（CIP）数据

多维目标单元：孕育有结构的能力／季苹等著. —
北京：教育科学出版社，2019.9
　ISBN 978-7-5191-1987-4

　Ⅰ.①多…　Ⅱ.①季…　Ⅲ.①教育学—研究　Ⅳ.
①G40

　中国版本图书馆 CIP 数据核字（2019）第 199825 号

多维目标单元：孕育有结构的能力
DUOWEI MUBIAO DANYUAN：YUNYU YOU JIEGOU DE NENGLI

出版发行　**教育科学出版社**

社　　址	北京·朝阳区安慧北里安园甲 9 号		市场部电话	010-64989009	
邮　　编	100101		编辑部电话	010-64981277	
传　　真	010-64891796		网　　址	http://www.esph.com.cn	
经　　销	各地新华书店				
制　　作	北京金奥都图文制作中心				
印　　刷	保定市中画美凯印刷有限公司				
开　　本	720 毫米×1020 毫米　1/16		版　　次	2019 年 9 月第 1 版	
印　　张	16.75		印　　次	2019 年 9 月第 1 次印刷	
字　　数	247 千		定　　价	49.80 元	
